「双碳」目标下四川新型工业化路径研究

李海龙◎著

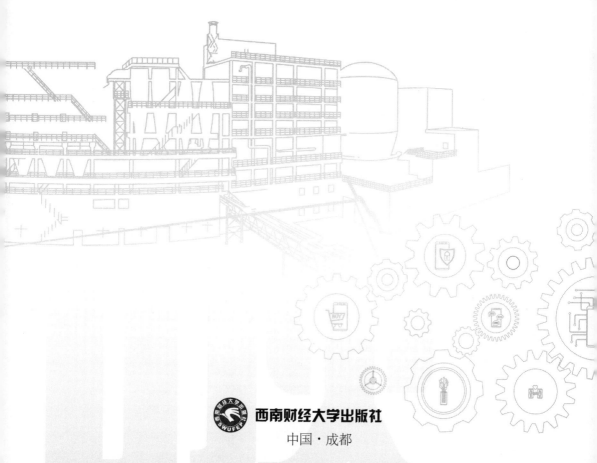

西南财经大学出版社

中国·成都

图书在版编目（CIP）数据

"双碳"目标下四川新型工业化路径研究/李海龙著.

成都:西南财经大学出版社,2025.5. --ISBN 978-7-5504-6717-0

Ⅰ. F427.71

中国国家版本馆 CIP 数据核字第 2025HW1455 号

"双碳"目标下四川新型工业化路径研究

SHUANGTAN MUBIAO XIA SICHUAN XINXING GONGYEHUA LUJING YAN JIU

李海龙　著

责任编辑:李特军

助理编辑:王晓磊

责任校对:王甜甜

封面设计:墨创文化

责任印制:朱曼丽

出版发行	西南财经大学出版社(四川省成都市光华村街 55 号)
网　　址	http://cbs.swufe.edu.cn
电子邮件	bookcj@swufe.edu.cn
邮政编码	610074
电　　话	028-87353785
照　　排	四川胜翔数码印务设计有限公司
印　　刷	成都市新都华兴印务有限公司
成品尺寸	170 mm×240 mm
印　　张	17.5
字　　数	278 千字
版　　次	2025 年 5 月第 1 版
印　　次	2025 年 5 月第 1 次印刷
书　　号	ISBN 978-7-5504-6717-0
定　　价	88.00 元

前　言

　　工业是立国之本、强国之基，工业化是现代化的基本前提、动力基础和核心内涵，是一个国家和民族繁荣富强的必由之路。新型工业化是党中央根据我国经济发展实际和全球经济形势提出的中国特色发展理论，是新时代新征程以中国式现代化全面推进强国建设、民族复兴伟业的关键任务。党的十八大以来，党中央深刻把握世界工业化规律和时代发展趋势，就推进新型工业化的一系列重大理论和实践问题作出重要论述，提出一系列新思想新观点新论断，为推进新型工业化提供了根本遵循和行动指南。与此同时，工业也是能源消耗最大、二氧化碳排放量最多的产业，工业是实现碳达峰碳中和目标的关键。习近平主席在联合国大会上向全世界郑重宣布，我国"二氧化碳排放力争于 2030 年前达到峰值，努力争取 2060 年前实现碳中和"。实现碳达峰碳中和，是以习近平同志为核心的党中央经过深思熟虑作出的重大战略决策，是着力解决资源环境约束突出问题、实现中华民族永续发展的必然选择，也是构建人类命运共同体的庄严承诺①。

　　四川省是全国经济大省和国家战略大后方，正处于工业化中期向中后期转型推进的关键阶段，必须把推进新型工业化摆在全局工作的突出位置，加快产业体系优化升级，为全面建设社会主义现代化四川奠定坚实基础②。四川省委十二届二次全会提出实施"四化同步、城乡融合、五区共兴"发展战略，把新型工业化摆在"四化同步"的首要位置；四川省委十二届三次全会作出深入推进新型工业化、加快建设现代化产业体系的决

---

① 人民日报. 积极稳妥推进碳达峰碳中和[EB/OL]. (2023-04-06)[2025-03-03]. http://www.gov.cn/yaowen/2023/04/06/content_5750183.htm.

② 四川日报. 中共四川省委关于深入推进新型工业化加快建设现代化产业体系的决定[EB/OL]. (2023-07-03)[2025-03-03]. http://jxt.sc.govcn/scijxt/gzdt/2023/7/3/a71f828b48d44a6a15cd230bboc20bc_shtml.

定。改革开放以来，四川省工业化进程不断加快，规模总量连续跨越新台阶、产业结构持续优化、内生动力明显增长、企业主体日渐壮大、产业布局不断完善、对外开放加快拓展、绿色低碳势头良好，构建了涵盖41个大类行业190个中类行业497个小类行业的完备工业体系，实现了由小到大、由弱到强的整体性、历史性腾飞。

当前，四川省正处于工业化中期向中后期转型推进的关键阶段，既具有推进新型工业化建设的产业基础和独特优势，也面临着多重挑战和困难。四川省清洁能源资源优势突出，是全国可再生能源大省和重要的优质清洁能源基地；其水力发电装机容量和年发电量均稳居全国首位，天然气（页岩气）产量居全国第一。四川省科教资源丰富，目前拥有西部唯一的国家实验室，普通高校数量稳居西部第一，人才资源总量超过1 100万人①。然而，与发达省份相比，四川省还存在工业总量偏低、工业化率下降过早过快、企业数量特别是领军企业数量较少实力较弱、科技创新动力活力不够、产业结构层次不高、产业链供应链韧性不强等短板弱项。除此之外，世界经济复苏乏力、"逆全球化"思潮抬头，单边主义、保护主义明显上升，特别是国外"高端制造业回流"和"中低端制造业分流"对我国工业发展的挤压较大，给四川省新型工业化建设带来较大挑战。同时，四川省还面临着国内经济需求收缩、供给冲击、预期转弱的三重压力和其他省份的激烈竞争。

本书在回顾学术界关于新型工业化和工业"双碳"的研究基础上，提出了新型工业化的理论基础，阐释了"双碳"目标与新型工业化的内在关系，计算了四川省工业碳排放总量、强度和影响因素并与其他省份进行对比分析，从定量和定性两个角度分析了四川省工业发展的基本情况、发展特征和面临形势，基于"微观—中观—域观"的基本逻辑理路构建了四川省新型工业化路径框架，进而提出推进四川省新型工业化的主体路径、结构路径和空间路径，最后在借鉴国内外经验的基础上提出四川省新型工业化的政策供给选择。

本书由理论基础、现状评价、框架构建、路径选择、政策供给五个板块组成，共计八章。理论基础部分包括第一章和第二章。其中，第一章为绪论，阐释了研究"双碳"目标下四川新型工业化的重要意义，从内涵特

---

① 四川日报. 问答之间看四川万千气象：四川代表团开放团组活动观察[EB/OL]. (2024-03-11) [2025-03-15]. https://www.sc.gov.cn/10462/10464/10797/2024/3/11/c3f2cdfb8ea24433948f44ed89defdf2.shtml.

征、评价体系、区域特征、实现路径等方面回顾了新型工业化的文献研究，从影响因素、"区域—行业"差异、碳达峰预测、低碳路径等回顾了工业碳排放的文献研究，给出了本书的研究思路、内容和主要章节安排。第二章为核心概念与基础理论，本书在分析新型工业化时代内涵的基础上，提出了新型工业化"1+3"的理论基础。其中，"1"是新型工业化的基本理论，即"生产力—生产关系"的一般性原理；"3"是新型工业化的三大具体理论：创新理论、产业结构理论和生产力布局理论。本书在分析碳达峰、碳中和概念内涵的基础上，引入了绿色可持续发展理论、碳足迹理论、碳排放脱钩理论。进一步阐释了"双碳"目标与新型工业化的内在关系，从短期看，"双碳"目标制约工业经济增长；从长期看，二者统一于高质量发展的目标要求；从作用机理看，二者相互促进、相辅相成、相得益彰。

现状评价和框架设计部分包括第三章和第四章。本部分通过定量和定性方式对四川工业碳排放和工业发展整体情况进行分析，并与其他省份进行横向对比，认清四川新型工业化的主要优势、存在短板和面临形势，从而构建四川新型工业化路径的框架路线。第三章从定量角度分析了四川工业的碳排放总量、排放强度、分布特征，分别基于STIRPAT模型和LMDI模型计算了影响四川工业碳排放的主要因素，结果表明四川工业碳排放总量于2013年开始呈下降趋势，碳排放强度相对较低，比较优势明显。第四章从规模总量、产业结构、科技创新、企业主体、产业布局、对外开放、绿色低碳等方面回顾了四川工业发展历程和成就并与其他省份进行横向对比，分析了四川新型工业化面临的国内外形势，结合四川省关于新型工业化和"双碳"目标的战略安排，基于"微观—中观—域观"的逻辑理路提出了"主体—结构—空间"三维路径框架。

路径选择部分包括第五章至第七章。推进四川新型工业化是一项复杂且艰巨的长期性系统性工程，我们必须抓住重点领域、关键环节和核心问题，因地制宜制定针对性的有效举措。第五章、第六章和第七章分别从企业主体、产业结构、空间布局三个维度提出了四川新型工业化的建设路径措施。第五章为"双碳"目标下四川新型工业化的主体路径。企业是工业发展的支撑，也是科技创新的重要主体。本书在分析四川工业企业数量、资产、分布和科技创新的基础上，通过与经济大省的横向比较，从培育壮大工业企业队伍、强化企业科技创新、促进企业绿色低碳发展、扩大对外开放合作水平等四个方面提出了具体举措。第六章为"双碳"目标下四川新型工业化的结构路径。产业结构直接决定工业经济的发展质量和效益，直接影响碳排放数量。一方面，本书利用偏离—份额法和结构偏离度对四川工业结构合理化水平进行了分析，并与经济大省进行横向对比；另一方面，本书分析了四川工业能源的消费结构及变化趋势，发现清洁能源比例还有较大提升空间。本书从优化产业结构和能源消费结构两个方面，提出了推动传统产业转型升级、培育战略性新兴产业和未来产业、积极承接发达地区产业转移、提升产业链供应链韧性和安全水平、提升清洁能源供给保障能力和使用比例等具体举措。第七章为"双碳"目标下四川新型工业化的空间路径。一方面，本书利用区位熵对四川工业集聚度进行了分析并与经济大省进行横向对比；另一方面，本书分析研判了四川各市州和五大经济区的工业空间差异，结合对比分析情况和产业分布实际，提出了以"五区共兴"为指引优化工业空间布局、以中心城市和"链主"企业为带动推进区域产业协作、以产业园区为载体推进产业专业化集聚、以制度供给为保障促进跨区域产业合作等具体举措。

政策供给部分为第八章。适合的政策是新型工业化高质量推进的重要保障，本书在总结发达国家和先进省市支持工业化的典型经验的基础上，从资源要素、企业扶持、产业促进、科技创新、开放合作、生态环保等方面提出了支持四川新型工业化的具体举措。

李海龙

2025 年 3 月

目　录

第一章　绪论

一、研究背景及意义

《中共中央 国务院关于完整准确全面贯彻新发展理论做好碳达峰碳中和工作的意见》提出，"实现碳达峰、碳中和，是以习近平同志为核心的党中央统筹国内国际两个大局作出的重大战略决策，是着力解决资源环境约束突出问题、实现中华民族永续发展的必然选择，是构建人类命运共同体的庄严承诺。"

第一，"双碳"目标是破解资源环境约束的迫切需要。党的十八大以来，我国深入贯彻新发展理念，坚定不移走生态优先、绿色发展道路，着力推动经济社会发展全面绿色转型。但我国产业发展仍处于高能耗、高排放阶段，以煤为主的能源结构还未发生根本性转变。《中华人民共和国2024年国民经济和社会发展统计公报》数据显示，2024年，我国煤炭消费量占能源消费总量比重为53.2%。推进"双碳"工作，我们要加快建设绿色低碳循环发展经济体系，大力推进能源绿色低碳发展，更好满足经济社会发展的能源需求，提高能源自给率，增强能源供应的稳定性、安全性、可持续性。

第二，"双碳"目标是高质量发展的内在要求。改革开放以来，我国经济迅猛发展，经济增长过程中暴露出供给侧结构性矛盾尖锐、需求侧内需扩大进程受阻、城乡二元结构问题突出、区域发展差距较大、创新能力不足等问题。传统产业占比较高，战略性新兴产业、高技术产业尚未成为经济增长的主要动力，转方式调结构任务艰巨。中国特色社会主义进入新时代，我国经济发展已由高速增长阶段转向高质量发展阶段，推动经济社会发展绿色化、低碳化是实现高质量发展的关键环节。生态环境保护和经济发展不是对立的关系，而是辩证统一的关系。一方面，绿色低碳是高质量发展的重要内容；另一方面，高质量发展又是绿色低碳的内在驱动力。绿色发展本身就是要降低碳排放。它不仅蕴含着巨大的发展机遇和潜力，还将倒逼经济社会体系全面转型升级，进而推动构建绿色低碳产业结构、生产方式、生活方式和空间布局。推进碳达峰、碳中和，是顺应高质量发展趋势、推动高质量发展进程的内在要求。

第三，"双碳"目标是生态文明建设的重要举措。生态环境是关系党的使命宗旨的重大政治问题，也是关系民生的重大社会问题。生态文明建设是"五位一体"总体布局和"四个全面"战略布局的重要内容。人类的文明史就是人类在发展进程中探索如何正确处理环境与发展关系的历史。党的十八大以来，我国生态文明制度体系不断完善，生态文明建设发生了历史性、转折性、全局性的变化。我们可以看到，生态文明建设已进入以降碳为战略方向、推动减污降碳协同增效、实现生态环境质量改善由量变到质变的关键时期。推动绿色低碳发展是生态文明理念的基本内涵，也是践行新发展理念、推动生态文明建设的重要举措。

第四，"双碳"目标是满足人民日益增长的优美生态环境需要的战略路径。党的十九大报告指出，"中国特色社会主义进入新时代"。"我国社会主要矛盾已经转化为人民日益增长的美好生活需要和不平衡不充分的发展之间的矛盾"。随着经济社会发展和人民生活水平不断提高，人民对优美生态环境需要越来越迫切。习近平总书记指出："良好的生态环境是最公平的公共产品，是最普惠的民生福祉。"党的十八大以来，我国通过蓝天保卫战，开展大气污染防治，下大力气治理水环境污染等，生态环境质量持续改善，城乡环境更加宜居，但稳中向好的基础还不够稳固，距离人民群众的期望还有一定差距。"双碳"目标是对人民日益增长的优美生态环境需要的直接回应，将会使环境保护与经济增长形成动态平衡，形成绿色低碳循环发展的经济体系，使人民生活水平迈上新台阶。

第五，"双碳"目标是展现大国责任担当的具体行动。碳排放权就是发展权，发达国家之间的减排额分配实际上是成本的分配，也是发展权的第三方分配。中国正式提出"双碳"目标承诺彰显了我国积极应对气候变化、保护全球生态环境、走绿色低碳发展道路的坚定决心，体现了中国主动承担应对气候变化的大国担当。中国的"双碳"目标将完成全球最高碳排放强度降幅，用全球历史上最短的时间实现碳达峰、碳中和。中国的

"双碳"目标探索道路将为解决全球变暖问题提供中国答案，为共建清洁美丽世界作出重要贡献。

我国推进新型工业化，是着眼中国式现代化建设、全面建成社会主义现代化强国作出的战略部署，是在把握工业化、现代化的普遍规律的基础上，根据全球经济和科技革命的发展趋势的路径选择，也是基于自身发展阶段的现实需要，"双碳"目标下推进新型工业化具有重大现实意义和理论价值。

第一，新型工业化是实现中国式现代化，建成社会主义现代化强国的根本支撑。工业是一国综合国力的根基。工业化不仅推动自身的现代化进程，还为国民经济各部门提供能源、原材料、生产工具和技术装备，为社会经济发展奠定物质基础。从工业化和现代化的关系来看，工业化是经济领域的现代化，是现代化的关键组成部分；现代化作为人类社会从传统社会向现代社会变迁的历史过程，它的重要动力是经济增长和结构变革，也就是工业化。一般经典理论认为，现代化具有诸多逻辑向度，其核心是工业化逻辑。没有工业现代化，就没有经济的现代化、国家的现代化。中国式现代化建设既有特殊性，同样也遵循着工业化、现代化的普遍规律。新中国成立以来，中国经济快速发展，这除了党的坚强领导这一根本保证之外，也得益于工业化的强大支撑。新时代新征程，以中国式现代化全面推进强国建设、民族复兴伟业，实现新型工业化是关键任务。

第二，新型工业化是着力实体经济，建设现代化产业体系的核心内容。现代化产业体系是现代化经济体系的基础和核心，包括现代化农业、现代化工业、现代化服务业和现代化基础设施等内容。其中，现代化的工业是现代化产业体系最重要的基础和核心。党的二十大报告强调"建设现代化产业体系。坚持把发展经济的着力点放在实体经济上，推进新型工业化"。如果没有强大的工业基础和完备的工业体系，没有现代化工业提供坚实的物质技术基础，我们就难以支撑农业、服务业的现代化技术改造。一个国家的工业形态是否先进，不仅取决于科学技术的创新运用，还取决于产业体系的全面升级和优化。以工业化为核心的产业体系是否先进，决定国民经济现代化的速度、规模和水平，是影响现代化建设的关键，其在当代世界各国经济中起主导作用。党的二十大部署的建设现代化产业体系的主要任务，即建设制造强国、打造战略性新兴产业、构建优质高效的服务业新体系，是进一步推进新型工业化的重要举措。新型工业化是建设现代产业体系的核心，推进新型工业化是加快建设自主可控、安全可靠和具有竞争力的现代化产业体系的必然要求。

第三，新型工业化是应对"逆全球化"，提升大国竞争力的关键举措。新中国成立以来，我国用几十年时间走完了发达国家几百年的工业化历程，建成了全球最完整、规模最大的工业体系，并成为全世界唯一拥有联合国产业分类中所列全部工业门类的国家。然而，我国工业发展也遇到了传统产业竞争力下滑、新动力培育不足等问题。当前，单边主义、保护主义、"逆全球化"思潮抬头，西方发达国家对中国高科技产业的阻挠和"长臂管辖"，以及不断限制中国产业的强制"脱钩"策略，在一定时期内会影响产业发展和经济增长。新型工业化就是要抢抓新一轮科技革命和产业变革机遇，自力更生、艰苦奋斗，坚持创新驱动发展，加快关键核心技术攻关，破解"卡脖子"的关键核心技术；催生更多新技术新产业，开辟更多新领域新赛道，增强发展新动能新活力；实现高水平科技自立自强，保护好全球最完整的产业体系，提升产业链供应链韧性和安全水平，提高制造业在全球产业分工中的地位和竞争力。

第四，新型工业化是破解发展不平衡不充分，促进共同富裕的迫切需要。党的二十大报告强调，发展不平衡不充分问题仍然突出。新型工业化相较于传统工业化而言，更加强调区域协调发展。通过大数据和互联网等新技术，推进其与周边地区相关产业集群化、融合化发展，同时注重推动先进技术在不同地区间最大程度地扩散应用，从而减少地区差距。新型工业化通过与农业现代化协同推进，一方面，能够引导产业向农村转移；另一方面，还能将工业化理念以及先进技术、社会化服务等工业化成果广泛运用到农业领域的价值创造过程中，以促进农村地区经济结构的升级、农民收入水平的提高和城乡经济循环的畅通，有助于缩小城乡差距。新型工业化一方面，通过推动产业结构优化升级创造更多就业机会，同时提高劳动者收入水平、促进收入分配更加均衡；另一方面，通过完善的人才培养和技能培训体系来缩小劳动者之间的劳动素质差距，有助于缩小个体发展差距。

第五，新型工业化是推动绿色发展，实现"双碳"目标的重要途径。工业是我国能源消耗和二氧化碳排放主要领域。研究显示，2010年工业部门的碳排放占到了全国碳排放总量的85.66%[1]。随着中国经济由高速增长向高质量增长转变，经济发展模式转变、经济结构优化减少了工业领域碳排放的占比，但仍然超过70%[2]。中国碳排放核算数据库（CEADs）的数据显示，1997—2021年，我国工业领域的二氧化碳排放量占全国二氧化碳总量的比例保持在80%~87%（详见图1-1）。由此可见，工业领域碳排放直接决定了全国的碳排放，关系着"双碳"目标的实现。"双碳"目标实现的关键在于有效控制工业部门的碳排放。

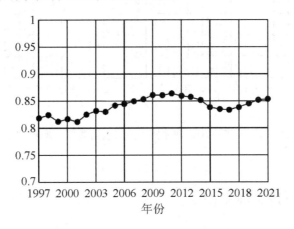

图1-1　1997—2021年中国工业碳排放占全国碳排放总量的比例

从排放绝对量看，我国工业二氧化碳排放量总体呈上升趋势。中国碳排放核算数据库（CEADs）的数据显示，1997—2013年，我国工业碳排放呈快速增长趋势，这主要是因为工业投资额度和增速较大。2013年之后，工业碳排放增长速度明显放缓，表明绿色发展成效显著，为实现"双碳"目标奠定了较好基础（详见图1-2）。

---

①　吴英姿，都红雯，闻岳春. 中国工业碳排放与经济增长的关系研究：基于STIRPAT模型[J]. 华东经济管理，2014，28（1）：47-50.

②　袁晓玲，郜继宏，李朝鹏，等. 中国工业部门碳排放峰值预测及减排潜力研究[J]. 统计与信息论坛，2020，35（9）：72-82.

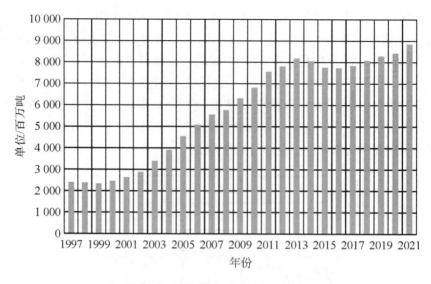

图 1-2　1997—2021 年中国工业二氧化碳排放变化情况

二、国内外文献梳理

（一）新型工业化的相关研究

1. 新型工业化内涵特征的研究

国内学者对新型工业化特点的描述虽存在差异，但多数已把握其典型特征，且不同发展阶段呈现显著性差异①。党的十六大提出"走新型工业化道路"后，理论界掀起了研究热潮，对新型工业化与传统工业化的差异性、新型工业化"新"在何处、新型工业化的特征等进行了深入研究。一些代表性的文献，如布朗（2002）认为，新型工业化的"新"是指新的发展思路和新的模式，在提高经济发展效益的同时保护资源、改善环境②。

---

① 也有不少文献从工业高质量的角度研究新型工业化的内涵特征，大体上有三种观点：一是认为高效率就是高质量发展（郭克莎，1998；王一鸣，2018）；二是认为符合新发展理念的发展就是高质量发展（杨伟民，2018；张军扩，2019）；三是认为完成了动力变革、效率变革和质量变革三大变革的发展就是高质量发展（鲁继通，2018）。这三种观点构成了高质量视角下理解新型工业化内涵特征的典型认识。

② 莱斯特·R. 布朗. 生态经济 [M]. 林自新，戢守志，等，译. 北京：东方出版社，2002.

任保平（2003）则认为，新型工业化与传统工业化相比更强调转变政府职能，实现资源配置的市场化①。史清琪（2003）认为"新"主要是在全球化条件下实现工业化，是在激烈竞争中和跨越式发展中实现工业化，依靠科技创新和体制创新缩短工业化历程②。吕政（2003）认为，中国新型工业化道路与过去传统工业化道路的区别在于坚持公有制为主体，多种所有制并存的方针，充分发挥市场机制的作用③。辜胜阻和郑凌云（2005）提出，区别"新"和"旧"工业化的重要标志在于向以民间资本推动、技术创新为竞争优势、大中小企业分工协作、强调人力资本开发和集约型集群发展模式等五个方面转变④。刘世锦（2005）则指出，利用高新技术对传统产业的融合和改造是新型工业化最为重要的标志⑤。李同宁（2006）认为，当时的新型工业化具有信息化、集约化、生态化、全球化、人本化等特征⑥。路红艳（2007）指出，与传统新型工业化相比，此时的新型工业化强调信息技术的应用和对传统产业的渗入、改造，强调与资源、环境的可持续、和谐发展，强调在全球产业分工中实现产业结构优化和资源全球配置，强调"以人为本"的人力资源开发理念⑦。曲昭仲和孙泽生（2010）认为，我国的新型工业化具有可持续发展的生态化特征、适度满足国内需求的经济性特征、确立增长与消费互相制约的价值观特征以及尊重社会发展的文化性特征⑧。我们可以看出，在党的十八大以前，新型工业化主要强调信息化带动工业化；党的十八大以后，其以"两化"深度融合为基础，进一步推动工业化、信息化、城镇化、农业现代化同步发展。

进入新时代，新型工业化呈现新的效率源泉、新的生产要素、新的组织形态、新的约束条件等一般性的新特征，同时中国式现代化也对新型工业化赋予了自身的特殊性⑨。王雷（2020）认为，平衡协调、四化同步实

① 任保平. 新型工业化：中国经济发展战略的创新 [J]. 经济学家，2003（3）：4-11.
② 史清琪. 中国产业发展与新型工业化 [M]. 北京：经济科学出版社，2003.
③ 吕政. 我国新型工业化道路探讨 [J]. 经济与管理研究，2003（2）：3-6.
④ 辜胜阻，郑凌云. 新型工业化与高技术开发区的二次创业 [J]. 中国软科学，2005（1）：15-22.
⑤ 刘世锦. 正确理解"新型工业化" [J]. 中国工业经济，2005（11）：5-9.
⑥ 李同宁. 我国及各省市区新型工业化进程监测分析 [J]. 软科学，2006，20（2）：40-42，27.
⑦ 路红艳. 中国工业化进程与新型工业化 [J]. 经济纵横，2007（1）：29-31.
⑧ 曲昭仲，孙泽生. 关于推进我国新型工业化进程的思考 [J]. 经济问题，2010（1）：27-29.
⑨ 中国社会科学院工业经济研究所课题组. 新型工业化内涵特征、体系构建与实施路径 [J]. 中国工业经济，2023（3）：5-19.

现是新型工业化发展的新要求、新目标，智能化、数字化、绿色化发展正成为新型工业化建设新的发力点，科技自立自强是新型工业化加快创新驱动发展的新使命，培育综合竞争新优势是新型工业化战略布局的新取向①。赵敏和朱铎先（2023）提炼了当前的新型工业化与党的十六大提出的新型工业化存在的十大区别，包括产品和生产设备联结入网、以数据为代表的新生产要素成为重要竞争力等②。杜传忠等（2023）认为新型工业化的新特征是劳动力要素与新技能、新就业形态有效匹配，完善要素市场化配置，新消费场景和新消费模式涌现，绿色低碳发展③。程恩富和宋宪萍（2023）认为新型工业化的逻辑起点是国家自主创新能力的重构，相对于传统工业化道路，更加强调与信息化融合、提高科技含量和经济效率、保护资源环境和充分发挥中国人力资源优势④。李晓华（2024）认为，新型工业化具有高质量的特征，具体表现为科技水平高、生产效率优、经济效益好、产业韧性强、生态负面影响小五个方面⑤。

尽管学界关于新型工业化的认识尚未达成统一，但学界普遍认为，新型工业化是高质量发展的工业化，是符合新发展理念的工业化，是强调人与自然共生的工业化，是可持续发展的工业化。同时，新型工业化的动力更加注重科技创新，更加注重要素之间的协调融合发展。

2. 新型工业化评价体系的研究

基于对新型工业化内涵和特征的认识，学者们从不同视角构建了新型工业化评价体系。陈佳贵和黄群慧（2003）认为评价工业现代化的指标体系应包括效率指标、工业结构指标和工业环境指标⑥。张克俊和曾科（2004）从人均国内生产总值、产业结构、劳动力结构、信息化程度、科

① 王雷. 新时期中国特色新型工业化的内涵及推进路径 [J]. 中国发展观察，2020 (24)：12-16.

② 赵敏，朱铎先. 新型工业化内涵及评价指标 [J]. 新型工业化，2023，13 (8)：9-14.

③ 杜传忠，王纯，王金杰. 中国式现代化视域下的新型工业化研究：发展逻辑、内涵特征及推进机制 [J]. 财经问题研究，2023 (12)：41-51.

④ 程恩富，宋宪萍. 全球经济新格局与中国新型工业化 [J]. 政治经济学评论，2023，14 (5)：3-25.

⑤ 李晓华. 推进新型工业化要牢牢把握高质量发展的要求 [J]. 前线，2024 (1)：24-27.

⑥ 陈佳贵，黄群慧. 工业现代化的标志、衡量指标及对中国工业的初步评价 [J]. 中国社会科学，2003 (3)：18-28.

技创新与进步、资源消耗六个方面设计了新型工业化的评价体系①。汪晓昀和吴纪宁（2006）认为，新型工业化的评价体系要包括反映工业化质量、工业化协调性和工业化可持续性三方面的指标②。卢华丽（2008）建立的评价体系包括，工业化进程、工业化结构、信息化状况、工业化与资源环境的可持续性、工业化与社会协调和可持续性等7个子准则，26个具体指标③。李世英和李亚（2009）从工业发展水平、工业结构、科技含量、效益、可持续发展、人力资源、信息化等方面构建的新型工业化评价体系④。叶祥凤等（2010）选取了工业化发展阶段、结构变动、科技化水平、可持续发展与人力资源利益、信息化水平5个一级指标和30个二级指标的新型工业化评价体系⑤。杜传忠等（2011）构建了包括工业化进程、工业化结构、人力资源指标、能耗指标、环保指标、科技创新指标、信息化指标、工业效益指标8个一级指标、32个二级指标的新型工业化评价体系⑥。袁晓玲等（2012）构建的新型工业化发展水平评价体系包括信息化水平、科技水平、经济发展水平、资源与环境协调发展水平、人力资源利用水平5个方面、20个具体指标⑦。孙智君和周滢（2013）根据欠发达地区在新型工业化过程中具有目标多重性和条件约束性的特征及其影响因素，构建了一个包含工业化程度、信息化水平、科技含量、经济效益、资源环境、人力资源利用、国际竞争力7个方面、27项指标的评价体系⑧。王中亚（2013）从经济发展、经济效益、资源与环境、人力资源与科技创新、信息化5个方面选取了28个二级指标构建区域新型工业化发展水平评价指标

---

① 张克俊，曾科.新型工业化标准与评价指标体系研究 [J].中国科技论坛，2004 (6)：125-127.

② 汪晓昀，吴纪宁.新型工业化综合评价指标体系设计研究 [J].财经理论与实践（双月刊），2006，27 (6)：122-124.

③ 卢华丽.中国新型工业化进程的区域比较研究 [J].生产力研究，2008 (20)：81-82.

④ 李世英，李亚.新型工业化发展水平评价指标体系的构建及实证研究：基于陕西的数据 [J].当代经济科学，2009，31 (5)：28-25.

⑤ 叶祥凤，廖功磊，宾勇.四川省新型工业化发展水平评价及对策研究 [J].开发研究，2010 (2)：66-69.

⑥ 杜传忠，刘英基，孙晓霞.中国新型工业化区域差异及协同发展分析：基于因子分析模型的研究 [J].东岳论丛，2011，32 (8)：144-149.

⑦ 袁晓玲，张薇，景行军.新型工业化发展水平及影响因素的实证分析：以陕西省为例 [J].城市发展研究，2012，19 (6)：91—97.

⑧ 孙智君，周滢.中三角区域新型工业化水平测度 [J].统计与决策，2013 (2)：46-49.

体系①。成新轩和宋长钰（2023）从科技与信息化、经济效益、资源与环境、人力资本4个方面构建新型工业化的评价指标体系②。柳杨等（2023）构建的指数体系包括综合效益、科技创新、结构优化、数实融合、绿色低碳、产业治理6个一级指标、15个二级指标、40个三级指标③。刘雯和姜佳（2023）基于新发展格局构建了包括工业化基础水平、科技进步与创新、节能减排、工业化投入、人力资本5个方面的新型工业化指标体系④。李鹏和蒋美琴（2023）从以人为本、质量优先、自主创新、绿色低碳、数实融合和开放循环等6个维度构建新型工业化指标体系，选取了20个二级指标和41个三级指标⑤。

分析可见，学者们在不同发展阶段构建的新型工业化评价体系有所差异，这是由新型工业化在不同时期的内涵差异决定的。但总体上，大多数学者在构建新型工业化评价体系时，既考虑工业发展速度又考虑发展质量，将科技创新、产业结构、产业协调性、资源与环境作为重要指标，同时根据考察对象的特殊性，增设个性化指标完善评价体系。这表明新型工业化是一个系统工程，不同地区不同发展阶段有所侧重。

3. 新型工业化区域特征的研究

李同宁（2006）发现我国东、中、西部地区的新型工业化水平明显梯次降低⑥。唐浩和贺刚（2014）也得到相似的结果，四大经济板块呈现出东—东北—中—西的依次递减态势，即东部地区新型工业化最高，西部最低⑦。杜传忠等（2011）发现东部沿海地区技术先进、人力资源丰富是新

① 王中亚.我国区域新型工业化水平综合评价的实证研究［J］.生态经济，2013（1）：85-88.

② 成新轩，宋长钰.新型工业化发展绩效评价及障碍因子诊断：以河北唐山为例［J］.科技管理研究，2023（12）：85-92.

③ 柳杨，左璇，陈杨，等.我国新型工业化发展水平评价与态势分析［J］.新型工业化，2023（11）：9-17.

④ 刘雯，姜佳.新发展格局视角下西部欠发达地区新型工业化及空间溢出效应研究：以甘肃省为例［J］.海峡科技与产业，2023（10）：31-36.

⑤ 李鹏，蒋美琴.中国新型工业化进展、区域差异及推进策略［J］.当代财经，2024（5）：3-16.

⑥ 李同宁.我国及各省市区新型工业化进程监测分析［J］.软科学，2006，20（2）：40-42.

⑦ 唐浩，贺刚.中国特色新型工业化综合评价指标体系的构建与实证研究［J］.软科学，2014，28（9）：139-144.

型工业化的主要支撑；西部地区新型工业化程度低主要原因是技术落后[①]。谢春和李健（2011）认为广东、江苏、上海处于新型工业化高级阶段；天津、浙江等处于新型工业化中级阶段[②]。孙智君和周滢（2013）对湖北省2002—2010年新型工业化水平进行测度，结果表明湖北省新型工业化呈现逐年增长的趋势，但整体水平较低，2010年刚进入新型工业化中期阶段。王中亚（2013）对我国经济较为发达的环渤海经济圈、长三角地区和珠三角地区以及中部地区共15个省市的研究结果显示，北京和上海新型工业化水平较高，其他省市属于中等水平和低等水平，新型工业化水平与经济发展水平密切相关，与产业结构高级化程度存在较为显著的正相关关系[③]。李鹏和蒋美琴（2023）认为，东部地区是推动新型工业化水平提升的最重要来源[④]。

以上研究可见，中国新型工业化水平整体不断提升，但总体水平还不高。由于资源禀赋不同和开始时间的差异较大，因此新型工业化进程也差别较大。新型工业化水平与经济发展程度具有较高的一致性，经济越发达的地区新型工业化水平越高。东部地区新型工业化程度明显高于中西部地区。

4. 新型工业化实现路径的研究

产业科技创新是实现新型工业化的关键。庞瑞芝等（2011）发现，科技创新、工业结构对新型工业化生产力水平具有积极作用；能源消费结构系数在全样本时期影响不显著，在后期对新型工业化生产力水平具有显著负效应[⑤]。任亮等（2023）同样发现，产业科技创新对新型工业化发展具有多方面推进作用[⑥]。杜传忠和王纯（2022）认为中国特色新型工业化应坚持科技自立自强，加速推进"四化同步"发展，以数字化制造、智能制

---

① 杜传忠，刘英基，孙晓霞. 中国新型工业化区域差异及协同发展分析：基于因子分析模型的研究［J］. 东岳论丛，2011，32（8）：144-149.

② 谢春，李健. 我国新型工业化指标体系构建及评价方法［J］. 财经理论与实践（双月刊），2011，32（4）：114-118.

③ 王中亚. 我国区域新型工业化水平综合评价的实证研究［J］. 生态经济，2013（1）：85-88.

④ 李鹏，蒋美琴. 中国新型工业化进展、区域差异及推进策略［J］. 当代财经，2024（5）：3-16.

⑤ 庞瑞芝，李鹏，路永刚. 转型期间我国新型工业化增长绩效及其影响因素研究：基于"新型工业化"生产力视角［J］. 中国工业经济，2011（4）：64-73.

⑥ 任亮，李博文，李秉蔚. 以产业科技创新为着力点加速推进我国新型工业化进程［J］. 企业科技与发展，2023（4）：33-36.

造、服务型制造为主攻方向，以新型基础设施建设为着力点，以碳达峰、碳中和为标准[①]。曲永义（2023）认为，新型工业化要通过创新驱动培育新产业新赛道，通过深化改革和扩大开放汇聚合力[②]。李晓华（2024）指出，新型工业化要从构建现代化产业体系与增强高质量发展的动能两个方面发力，前者包括加快传统产业升级、壮大战略性新兴产业、前瞻布局未来产业，后者包括全面增强自主创新能力、推进数智化转型[③]。

数字已成为经济发展的新型要素，数字化是新型工业化的时代特征。王聪（2016）认为新型工业化应注重数据资源的积累以及数据信息的可兼容性，推动核心技术相关知识的生产与积累；通过构建大型知识网络增大知识存量，推动知识的显性化与表出化[④]。师博和方嘉辉（2023）认为，数字经济通过创新工业发展动能、强化包容性发展以及促进工业文明与数字文明的融合而赋能中国式新型工业化，要进一步培育数据要素市场、高质量建设工业互联网以及发展工业经济新业态，驱动工业智能化、网络化、低碳化和服务化转型升级[⑤]。李晓华（2023）认为，推进新型工业化需要以数字化作为重要的抓手，强化数字科技创新，完善数字基础设施，加快工业数字化升级，推动数字化、绿色化双转型[⑥]。任保平和张嘉悦（2024）认为，在我国数字经济新发展阶段数实深度融合推动新型工业化的路径选择在于：以产业数字化和数字产业化的结合、供给侧结构性改革、消费转型升级和数字基础设施建设深化数实融合[⑦]。

体制机制是新型工业化的重要保障。制度创新是经济活动中内生变量的核心，是加速推进新型工业化进程的前提和基础[⑧]。唐志良和王双英

---

① 杜传忠，王纯. 我国工业化道路探索及新发展阶段创新方向研究 [J]. 天津社会科学，2022（2）：79-85.

② 曲永义. 实现新型工业化是强国建设和民族复兴的关键任务 [J]. 红旗文稿，2023（24）：38-41.

③ 李晓华. 推进新型工业化要牢牢把握高质量发展的要求 [J]. 前线，2024（1）：24-27.

④ 王聪. 基于知识的新型工业化：内在逻辑与路径选择 [J]. 天津社会科学，2016（6）：101-105.

⑤ 师博，方嘉辉. 数字经济赋能中国式新型工业化的理论内涵、实践取向与政策体系 [J]. 人文杂志，2023（1）：7-12.

⑥ 李晓华. 数字化是新型工业化的时代特征 [J]. 新型工业化，2023，13（5）：5-8.

⑦ 任保平，张嘉悦. 数实深度融合推动新型工业化的战略重点、战略任务与路径选择 [J]. 西北大学学报（哲学社会科学版），2024，54（1）：45-54.

⑧ 崔建华. 我国新型工业化进程中的制度创新 [J]. 安徽师范大学学报（人文社会科学版），2009，37（1）：15-19.

（2009）认为，我国新型工业化需要构建市场与创新联动机制、基于协同的企业集群化机制等内源式机制与应激—适应性机制、梯度转移机制等外源式机制①。曾祥坤和邓翔（2013）认为，开放促进新型工业化的要素流动，推进新型工业化建设应探索"要素—开放—制度"动力机制②。杜传忠等（2023）认为新型工业化建设应建立三大推进机制：以产业差异化竞争机制和绿色产业长期激励机制为驱动机制，挖掘新型工业化的增长潜力；以多层次人才供给机制和有效衔接的数实融合机制为运行机制，促进新型工业化高质高效运行；以要素市场化配置机制和政府部门履职评价机制为保障机制③。胡海波等（2023）认为，要从加快建成工业大数据共享平台、优化区域工业规划制度、有效利用国内外工业资源、完善工业发展监督机制、强化创新驱动发展战略等方面推动工业化建设④。

（二）工业"双碳"的相关研究

1. 工业碳排放影响因素的研究

影响碳排放的因素很多，比如能源结构、能源强度、经济规模、人口规模、人均 GDP、外商投资、城镇化率、产业结构、科技水平、经济发展水平、开放水平、政府干预水平等。这些因素大多对工业碳排放共同起作用，同一因素在不同阶段也会产生不同效果。譬如，科技创新一方面会降低碳排放，另一方面科技创新又会带动新的投资，从而增加产量促进碳排放。总的来看，随着经济水平和科技创新的提高，我国工业的碳排放效率总体不断上升。学者们的研究主要集中在规模效应、能源结构、科技含量、产业结构等方面，不同地区、不同城市、不同行业之间呈现较大差异。

工业规模的增加导致碳排放总量增长快速，但在不同发展阶段表现出不同的增速，工业增长与碳排放之间的关系呈现出"U"形、倒"U"形、

---

① 唐志良，王双英. 推进我国新型工业化的机制体系研究 [J]. 生态经济，2009 (3)：107-111.

② 曾祥坤，邓翔. 西部民族地区新型工业化的动力机制：理论框架和政策措施 [J]. 贵州民族研究，2013，34 (5)：116-119.

③ 杜传忠，王纯，王金杰. 中国式现代化视域下的新型工业化研究：发展逻辑、内涵特征及推进机制 [J]. 财经问题研究，2023 (12)：41-51.

④ 胡海波，毛纯兵，黄速建. 新中国成立以来中国工业化制度演进逻辑与基本规律 [J]. 当代财经，2023 (6)：16-28.

"N"形、倒"N"形等多种关系。吴英姿等（2014）发现，我国工业碳排放与工业经济增长关系具有"U"形曲线特征，拐点处的经济产出高排放强度行业低于低排放强度行业[1]。邵帅等（2010）认为，上海工业能源消费碳排放规模和碳排放强度与劳均产出之间的关系分别为"N"形和倒"N"形[2]。王珏等（2015）针对制造业28个行业动态面板数据的分析结果显示，中国制造业碳排放的环境库兹涅茨曲线为倒"N"形[3]。城市体系规模结构对工业碳排放强度也具有重要影响，随着城市体系规模结构的集中程度不断提高，工业碳排放强度呈现"U"形变化[4]。刘晓燕（2019）对江苏工业的研究显示，碳排放规模、碳排放强度与劳均产出之间的关系分别为"N"形和倒"N"形[5]。

谢守红等（2012）对无锡市的研究结果显示，人均工业增加值是无锡工业碳排放的主要促进因素[6]。欧元明和周少甫（2014）对山西、云南、北京三省市的研究结果显示，工业规模显著推动碳排放增加[7]。韩钰铃等（2018）发现，工业发展和经济增长是碳排放量增长的主要因素[8]。王少剑等（2021）发现，规模效应对工业产业发展带来的环境效应（即碳排放的增长）的作用强度最大，技术效应次之，结构效应的作用最弱[9]。何小钢

---

① 吴英姿，都红雯，闻岳春. 中国工业碳排放与经济增长的关系研究：基于 STIRPAT 模型 [J]. 华东经济管理，2014，28（1）：47-50.

② 邵帅，杨莉莉，曹建华. 工业能源消费碳排放影响因素研究：基于 STIRPAT 模型的上海分行业动态面板数据实证分析 [J]. 财经研究，2010，36（11）：16-27.

③ 王珏，张连城. 中国制造业向低碳经济型增长方式转变的影响因素及机制研究：基于 STIRPAT 模型对制造业 28 个行业动态面板数据的分析 [J]. 经济学动态，2015（4）：35-41.

④ 李顺毅. 城市体系规模结构与工业碳排放强度：基于中国省际面板数据的实证分析 [J]. 贵州财经大学学报，2016（4）：77-85.

⑤ 刘晓燕. 基于 STIRPAT 模型的工业能源消费碳排放影响因素分析 [J]. 生态经济，2019（3）：27-31.

⑥ 谢守红，邵珠龙，牛水霞. 无锡市工业碳排放的测算及影响因素 [J]. 经济地理，2012，32（5）：140-146.

⑦ 欧元明，周少甫. 省域工业行业碳排放分解研究 [J]. 工业技术经济，2014（11）：102-110.

⑧ 韩钰铃，刘益平. 基于 LMDI 的江苏省工业碳排放影响因素研究 [J]. 环境科学与技术，2018，41（12）：278-284.

⑨ 王少剑，田莎莎，蔡清楠，等. 产业转移背景下广东省工业碳排放的驱动因素及碳转移分析 [J]. 地理研究，2021，40（9）：2606-2622.

等（2012）的研究表明，我国工业投资规模与碳排放显著正相关①。邵帅等（2010）②和刘晓燕（2019）③也都发现投资对碳排放规模具有显著促进作用。崔连标和王佳雪（2023）的研究显示，产出规模和产出碳强度分别是工业碳排放的主要促增和促降因素④。

碳排放的主要来源是化石能源，能源结构和能源效率对工业碳排放的影响较大。邵帅等（2010）发现煤炭消费比重对上海工业的碳排放规模和强度均具有显著促进作用，能源效率对碳排放表现出抑制作用⑤。张传平等（2012）的研究结果显示，能源技术和产业结构对我国工业碳排放量起负向作用⑥。李园等（2012）发现能源消费在所有因素中对二氧化碳排放量的影响最大，能源强度对节能减排的促进作用显著⑦。谢守红等（2012）对无锡市的研究结果显示，产业结构系数和能源效率是工业碳排放的主要抑制因素⑧。欧元明和周少甫（2014）发现能源强度抑制了碳排放增加，而能源结构优化不明显⑨。韩钰铃等（2018）发现，能源强度和能源技术强度对碳排放抑制作用显著，能源技术强度抑制作用更明显⑩。刘晓燕

① 何小钢，张耀辉.中国工业碳排放影响因素与CKC重组效应：基于STIRPAT模型的分行业动态面板数据实证研究 [J].中国工业经济，2012（1）：26-35.

② 邵帅，杨莉莉，曹建华.工业能源消费碳排放影响因素研究：基于STIRPAT模型的上海分行业动态面板数据实证分析 [J].财经研究，2010，36（11）：16-27.

③ 刘晓燕.基于STIRPAT模型的工业能源消费碳排放影响因素分析 [J].生态经济，2019，35（3）：27-31.

④ 崔连标，王佳雪.安徽省工业碳达峰的多情景分析 [J].安徽大学学报（哲学社会科学版），2023（4）：110-123.

⑤ 邵帅，杨莉莉，曹建华.工业能源消费碳排放影响因素研究：基于STIRPAT模型的上海分行业动态面板数据实证分析 [J].财经研究，2010，36（11）：16-27.

⑥ 张传平，谢晓慧，曹斌斌.我国工业分行业二氧化碳排放差异及影响因素分析：基于改进的STIRPAT模型的面板数据实证分析 [J].生态经济，2012（9）：113-116.

⑦ 李园，张传平，谢晓慧.中国二氧化碳排放差异及影响因素分析：基于工业分行业的实证分析 [J].工业技术经济，2012（8）：39-45.

⑧ 谢守红，邵珠龙，牛水霞.无锡市工业碳排放的测算及影响因素 [J].经济地理，2012，32（5）：140-146.

⑨ 欧元明，周少甫.省域工业行业碳排放分解研究 [J].工业技术经济，2014（11）：102-110.

⑩ 韩钰铃，刘益平.基于LMDI的江苏省工业碳排放影响因素研究 [J].环境科学与技术，2018，41（12）：278-284.

(2019)① 和郭晓芳（2020)② 也都发现能源效率是碳排放规模和强度的抑制因素。马晓君等（2019）的研究结果表明，产出碳强度效应、技术进步碳强度效应、人均增加值效应和能源强度效应对于中国工业碳排放起负向驱动作用，人口规模效应、技术进步效应和人均碳排放效应对工业碳排放变化起正向驱动作用③。曾康佳（2019）发现，发展效应是工业二氧化碳排放增长的主导因素，能源结构效应和人口规模效应次之；能耗强度效应、碳排放系数效应和行业结构效应则促进了工业碳减排，其中能耗强度效应起到最主要的作用④。

综上，部分关于工业碳排放驱动因素的研究详见表1-1。

表1-1　部分关于工业碳排放驱动因素的研究

序号	模型方法	正向因素	抑制因素	研究对象	作者
1	GDIM +DPSIR	人口规模效应、技术进步效应、人均碳排放效应	产出碳强度效应、技术进步碳强度效应、人均增加值效应、能源强度效应	全国工业	马晓君等（2019）
2	STIRPAT	投资规模	节能减排政策	全国工业	何小钢等（2012）
3	STIRPAT	劳动力投入	科研投入、能源结构	全国工业	吴英姿等（2014）
4	STIRPAT	能源消费呈正向作用且影响最大，产业结构；固定资产投资（影响最小）	能源技术	全国工业	张传平等（2012）
5	STIRPAT	能源消费（影响最大）、投资规模、产业结构	能源强度	全国工业	李园等（2012）
6	SDA	最终需求规模扩张（出口和投资）、投入产出系数变动	能源消费强度效应	全国工业	郭朝先（2010）

① 刘晓燕．基于STIRPAT模型的工业能源消费碳排放影响因素分析［J］．生态经济，2019，35（3）：27-31．
② 郭晓芳．遵义市规模以上工业能源消费碳排放测度及影响因素［J］．贵州科学，2020（6）：57-63．
③ 马晓君，陈瑞敏，董碧滢，等．中国工业碳排放的因素分解与脱钩效应［J］．中国环境科学，2019，39（8）：3549-3557．
④ 曾康佳．中国工业碳排放影响因素分析及减排机制仿真研究［D］．广州：华南理工大学，2019．

表1-1(续)

序号	模型方法	正向因素	抑制因素	研究对象	作者
7	数据回归	贸易、FDI		全国工业	张文君、任荣明(2014)
		R&D 对碳排放具有非线性效应，在较低水平时为正向因素，一定水平后为负向因素			
8	数据回归	重型工业和国有企业比例	工业总产值在全国所占比例、大中型企业比例	工业碳排放强度	贺胜兵等(2011)
9	数据回归	人均工业增加值、工业利用外资	产业结构系数、能源效率	无锡工业	谢守红等(2012)
10	数据回归	工业增加值、一次能源消费结构	产业结构系数、能源效率	四川工业	张丹等(2019)
11	LMDI	工业规模	能源强度	北京、山西、云南工业	欧元明、周少甫(2014)
12	LMDI	经济活动	能源强度	全国制造业	付华等(2021)
13	LMDI	经济增长、产业结构	能源强度	中国制造业	刘小丽、王永利(2022)
14	LMDI	工业发展、经济发展是主要因素，工业行业规模是次要因素	能源强度、能源技术强度，能源消费结构的作用有限。	江苏规上工业	韩钰铃等(2018)
15	LMDI	经济发展是主要原因	能源效率、产业结构、能源结构	合肥工业	赵子清等(2016)
16	STIRPAT	煤炭消费比重	研发强度、能源效率	江苏工业	刘晓燕(2019)
		投资规模对碳排放规模和强度分别具有显著促进和抑制作用			
17	STIRPAT+广义矩估计方法	煤炭消费比重	研发强度、能源效率	上海工业	邵帅等(2010)
		投资规模对碳排放规模和强度分别具有显著促进和抑制作用			
18	STIRPAT	经济发展、城市化率、产业结构	常住人口、能源效率	遵义规上工业	郭晓芳(2020)
19	因素分解法	碳排放效率	碳排放结构	全国制造业	潘雄锋(2011)
20	STIRPAT	能源消费强度、外商投资、时间趋势	人均增加值、清洁能源消费比重、出口	全国制造业	王珏、张连城(2021)
21	STIRPAT	能源消费结构、人均制造业增加值、从业人数	技术因素	安徽制造业	沈友娣等(2014)

表1-1(续)

序号	模型方法	正向因素	抑制因素	研究对象	作者
22	GDIM	产出规模、能耗规模、投资规模对碳排放具较强促进作用、碳强度效应为较强抑制作用,碳效率效应抑制作用比较微弱		山东省制造业	李治国等(2017)
23	改进的STIRPAT	从业人员规模	企业规模、技术水平	工业企业	李虹等①(2016)

2. 工业碳排放"区域—行业"差异的研究

从区域特征看,我国各地工业的碳排放总量和效率差异较大,主要影响因素有所不同。周五七和聂鸣(2012)的研究显示,东部工业碳排放效率显著高于中部、东北与西部,西部、中部、东北三大区域的工业碳排放效率差距较小②。王强等(2011)的研究结果显示,工业能源消费强度低的省区多分布在沿海地区,工业能源消费强度高或较高地区多分布在中部资源型地区和重工业区③。贺胜兵等(2011)的研究结果也证实了省际工业碳排放量和碳排放强度的分布存在明显的空间差异,并且发现工业碳排放强度与工业总产值呈负相关,工业总产值越高,工业碳排放强度越低④。我国工业碳排放绩效区域之间极不平衡,东部沿海发达地区工业碳排放绩效较高,而工业基础薄弱的偏远地区碳排放绩效较低⑤。张胜利和俞海山(2015)的研究表明,中国省际工业碳排放效率在空间分布上表现出较强的正相关性和空间集聚特征,能源结构、能源强度、工业结构、能源价格水平和技术因素是影响碳排放效率的主要因素⑥。崔连标和王佳雪(2023)发现安徽省工业碳排放区域不均衡性突出,皖北工业碳排放量长期大于皖

① 李虹,刘凌云,王瑞珂.区域企业异质性特征、节能减排与碳排放强度:基于中国省市工业企业面板数据的研究 [J].南京审计大学学报,2016 (4):43-51.

② 周五七,聂鸣.中国工业碳排放效率的区域差异研究:基于非参数前沿的实证分析 [J].数量经济技术经济研究,2012 (9):58-70.

③ 王强,伍世代,李婷婷.中国工业经济转型过程中能源消费与碳排放时空特征研究 [J].地理科学,2011,31 (1):36-41.

④ 贺胜兵,刘友金,周华蓉.我国工业碳强度的空间分布及影响因素研究 [J].地域研究与开发,2011,30 (4):1-5.

⑤ 查建平,唐方方.中国工业碳排放绩效:静态水平及动态变化:基于中国省级面板数据的实证分析 [J].山西财经大学学报,2012,34 (3):71-80.

⑥ 张胜利,俞海山.中国工业碳排放效率及其影响因素的空间计量分析 [J].科技与经济,2015,28 (4):106-110.

中和皖南地区[①]。

不同细分行业的碳排放差异很大，一般来说，重化工业的碳排放强度比轻工业大得多，采矿业的碳排放强度比制造业大。李湘梅和叶慧君（2015）对我国工业各行业的碳排放进行研究，发现制造业、电力、燃气及水的生产和供应业对碳排放量的贡献最大[②]。杨金强和陈兴鹏（2014）的研究结果显示，石油化工、电力、热力生产、有色金属和黑色金属冶炼和压延加工业、非金属矿物制品、橡胶和塑料制品、煤炭开采和洗选业是兰州市的高能耗和高碳排放行业[③]。沈友娣等（2014）的研究结果显示，安徽制造业的碳排放主要集中于黑色金属冶炼及压延加工业、非金属矿物制品业、化学原料及制品制造业、石油加工和炼焦及核燃料加工业 4 个行业[④]。田华征和马丽（2020）发现，工业不同部门产值与其 CO_2 排放量的关系不同，木材加工及家具制造业、造纸印刷及文教用品制造业和非金属矿物制品业呈现倒 U 型关系，机械交通电气电子设备制造业呈现倒 N 型关系，其余部门都呈现线性递增或单调递增关系[⑤]。

3. 关于碳达峰的预测研究

学者们利用不同模型针对不同区域、不同行业对碳排放达峰时间、达峰条件进行了研究，一般方法是将不同因素与高、中、低几种情景单独或者组合起来进行情景预测，选择相应的指标如国内生产总值的发展速度，分为高、中、低三种不同的速度下，对未来不同情景下的碳排放达峰进行预测。总的来说，研究结果呈现两个特征：一是低碳政策越严格，预测的碳达峰时间就越早，也越有利于实现碳中和；二是不同行业的达峰时间和达峰难度差异较大。

（1）不同约束条件的工业碳达峰研究。渠慎宁和郭朝先（2010）利用 STIRPAT 模型对中国碳排放峰值进行预测，结果显示，若按照当前现状，

---

① 崔连标，王佳雪.安徽省工业碳达峰的多情景分析［J］.安徽大学学报（哲学社会科学版），2023（4）：110-123.

② 李湘梅，叶慧君.中国工业分行业碳排放影响因素分解研究［J］.生态经济，2015，31（1）：55-59.

③ 杨金强，陈兴鹏.兰州市工业碳排放估算实证研究［J］.经济论坛，2014（11）：66-70.

④ 沈友娣，章庆，严霜.安徽制造业碳排放驱动因素、锁定状态与解锁路径研究［J］.华东经济管理，2014，28（6）：27-30.

⑤ 田华征，马丽.中国工业碳排放强度变化的结构因素解析［J］.自然资源学报，2020，35（3）：639-653.

保持合理碳排放治理，碳排放总量将会在 2020—2040 年间达到峰值。史丹和李鹏（2021）认为，我国工业在碳税和碳排放权交易等市场化工具的约束性，可以在 2030 年以前实现达峰。禹湘等（2022）构建的中国工业经济—碳排放评估模型（CIE-CEAM）分析显示，中国工业有望在"十四五"期间夯实 2030 年年前碳达峰的良好基础，在"十五五"期间实现达峰[①]。孔庆宝等（2022）运用 STIRPAT 模型对我国 2020—2035 年工业碳排放进行预测，得出我国工业碳排放量在 2030 年达到峰值[②]。

（2）不同行业的碳达峰预测研究。邵帅等（2017）对我国制造业碳排放的预测结果显示，在基准情景和绿色发展情景下 2030 年之前难达峰，而在技术突破情景下有可能在 2024 年提早达峰。王勇等（2019）对工业及其 9 个细分行业的碳排放达峰进行了情景预测，结果为最早于 2030 年达到最低峰值 140.43 亿吨，最晚于 2036 年达到最高峰值 150.09 亿吨[③]。袁晓玲等（2020）预测表明，八大细分行业达峰是工业部门整体达峰的前提。基准情境下仅轻工业和石油业能够 2030 年达峰，而低碳情境下各行业均能在 2030 年年前达峰，高耗能情境下各行业只有在 2040 年前后才能达峰。禹湘等（2022）认为，以钢铁、建材、石化为代表的重点工业行业是实现工业碳减排的主要领域，实现工业碳达峰与碳中和应考虑行业的异质性，以低碳原料、工业电气化、氢能冶金、CCUS 等为代表的低碳、零碳、负碳技术将成为中国工业实现碳达峰与碳中和的重要推动力[④]。

（3）不同区域的碳达峰预测研究。蒋惠琴（2022）预测浙江工业整体仅在低碳情景策略下可实现 2028 年提前达峰[⑤]。崔连标和王佳雪（2023）的预测结果为，在强化减排情景下，安徽省工业有望实现 2030 年年前碳达

① 禹湘，娄峰，谭畅. 基于 CIE-CEAM 模型的中国工业"双碳"路径模拟 [J]. 中国人口·资源与环境，2022，32（7）：49-56.

② 孔庆宝，张欣然，唐若馨，等. "双碳"背景下我国工业碳达峰预测研究 [J]. 煤炭经济研究，2022，42（11）：47-56.

③ 王勇，毕莹，王恩东. 中国工业碳排放达峰的情景预测与减排潜力评估 [J]. 中国人口·资源与环境，2017，27（10）：131-140.

④ 禹湘，娄峰，谭畅. 基于 CIE-CEAM 模型的中国工业"双碳"路径模拟 [J]. 中国人口·资源与环境，2022，32（7）：49-56.

⑤ 蒋惠琴，李奕萱，陈苗苗，等. 碳中和愿景下浙江省工业部门碳达峰预测与实现策略 [J]. 地域研究与开发，2022，41（4）：157-161.

峰目标，而基准情景和低碳发展情景下碳排放仍会持续增长①。张巍等（2024）得出陕西工业碳排放最早在 2023 年、最晚在 2035 年达峰，最早在 2052 年，最晚在 2056 年实现碳中和②。何乐天等（2023）的研究显示，黑龙江省工业部门碳排放量在低碳情景、基准情景、高能耗情景下的达峰时间分别为 2030 年、2035 年和 2045 年左右③。姬新龙和张清瑞（2023）预测甘肃工业的碳排放趋势，结果表明，只有在低碳情景下各行业能在 2030 年接近碳达峰④。廖祖君等（2023）的针对四川碳达峰的预测结果显示，经济放缓情景下 2022 年达峰，低碳节能情景下 2024 年达峰，基准情景下 2025 年达峰，而粗放情景下要 2034 年才能达峰⑤。

4. 工业低碳路径的研究

低碳发展是实现碳中和的必然选择。宋鹏等（2022）认为控制工业能耗和调整产业结构的碳减排效果相对其他措施更为显著，且均具有减污降碳协同效应，应作为重庆市碳减排路径的优先选择⑥。王勇等（2017）提出要考虑采用更多的气候保护政策，比如采用增汇型的气候保护支出政策、提高对碳增汇的重视，积极控制碳排放达峰时间。何小钢等（2012）认为，我国减排治理政策应从产业结构、技术进步、宏观经济环境以及环境规制等多方面综合考虑⑦。胡剑波等（2021）认为，控制中国工业碳排放要从推动能源结构优化及区域能源分配、通过汇率政策推动工业产业结构优化、动态优化和逐步落实工业达峰控制策略三方面着手⑧。李治国等

---

① 崔连标，王佳雪．安徽省工业碳达峰的多情景分析 [J]．安徽大学学报（哲学社会科学版），2023（4）：110-123.

② 张巍，徐可欣，李丹妮．"双碳"目标下陕西省工业碳减排路径模拟研究 [J]．西安理工大学学报，2024，40（3）：373-381.

③ 何乐天，杨泳琪，李蓉，等．基于 STIRPAT 模型的黑龙江省工业碳排放情景分析与峰值预测 [J]．资源与产业，2024，26（1）162-172.

④ 姬新龙，张清瑞．基于扩展 STIRPAT 模型的工业碳排放达峰情景预测 [J]．兰州文理学院学报（社会科学版），2023，39（3）：99-107.

⑤ 廖祖君，张剑宇，陈诗薇．碳排放影响因素及达峰路径研究 [J]．软科学，2023，37（9）：95-101.

⑥ 宋鹏，慧敏，毛显强．面向碳达峰目标的重庆市碳减排路径研究 [J]．中国环境科学，2022，42（3）：26-35.

⑦ 何小钢，张耀辉．中国工业碳排放影响因素与 CKC 重组效应：基于 STIRPAT 模型的分行业动态面板数据实证研究 [J]．中国工业经济，2012（1）：26-35.

⑧ 胡剑波，赵魁，杨苑翰．中国工业碳排放达峰预测及控制因素研究：基于 BP-LSTM 神经网络模型的实证分析 [J]．贵州社会科学，2021，381（9）：135-146.

（2021）提出了中国工业经济增长与节能减排协同发展的最优路径。蒋惠琴（2022）认为，实现"双碳"目标应从针对各行业制定差异化减排政策措施、分批次达峰目标、整体统筹规划等方面着力[①]。围绕我国制造业低碳化发展，唐德才等（2012）认为从发展循环经济、提高能源利用率、优化能源结构、推动技术进步等方面着力[②]。王珏和张连城（2015）认为应强化和确立清洁能源发展机制、人均资本深化机制、绿色开放机制、碳排放权交易机制等机制体系建设。付华等（2021）认为提高高排放强度行业的能源效率是制造业碳减排的关键所在，通过科技创新促进高耗能行业降低能源强度是重要途径。

各省份的工业发展实际和能源结构差别较大，低碳发展的路径侧重点也有所差异。张丹等（2019）从环境调控、产业转型、能源结构、能源效率和政策等方面提出了四川降低工业碳排放的建议。李永明和张明（2021）提出"双碳"背景下江苏工业的发展路径：以绿色发展倒逼产业结构优化，培育绿色经济新动能；构建绿色低碳技术创新体系，加速推动关键领域技术突破；发挥市场和政府的作用，提升低碳经济治理能力[③]。严道波等（2022）提出了"双碳"目标下湖北省工业转型路径：完善绿色低碳规划建设体系、优化能源生产消费结构和能效水平、培育新能源和高新技术产业以及充分利用碳交易市场。郭玲玲（2022）认为河南工业实现"双碳"目标应从科技创新、能源结构、产业结构、政策保障等方面进行绿色低碳转型。张巍等（2024）提出了降低陕西省工业碳排放的四点建议：推广节能降碳技术、推进能源结构调整、优化产业降碳格局、完善市场化机制等[④]。

---

① 蒋惠琴，李奕萱，陈苗苗，等.碳中和愿景下浙江省工业部门碳达峰预测与实现策略[J].地域研究与开发，2022，41（4）：157-161.

② 唐德才，李长顺，华兴夏.我国传统制造业低碳化驱动因素研究[J].华东经济管理，2012，26（9）：86-91.

③ 李永明，张明.碳达峰、碳中和背景下江苏工业面临的挑战、机遇及对策研究[J].现代管理科学，2021（5）：20-29.

④ 张巍，徐可欣，李丹妮."双碳"目标下陕西省工业碳减排路径模拟研究[J].西安理工大学学报，2024，40（3）：373-381.

三、研究思路和主要内容

本书在"双碳"目标下对"四川新型工业化路径"进行研究，主要目的在于考察四川新型工业化面临的"双碳"形势，以及在这一背景之下四川新型工业化的路径选择，从而为深入推进四川新型工业化发展，助力四川如期实现碳达峰、碳中和目标提供参考。为了实现上述目标，本书总体上基于"理论逻辑—现实逻辑—框架设计—路径选择—政策供给"的研究思路展开，相应设计了五部分共八章的研究内容，总体研究思路和具体内容分布详见图1-3：

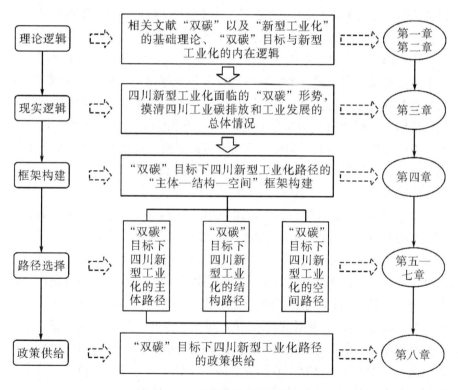

图1-3　本书研究思路及具体内容

第一部分，明确研究的理论基础，对应本书第一章和第二章。本部分主要阐释"双碳"目标的时代背景和重大意义，新型工业化的时代内涵和对中国式现代化建设的重要意义，对"双碳""四川新型工业化"等相关文献进行系统梳理和评价，基于"生产力—生产关系"的一般原理，从创新理论、生产力布局理论和产业结构理论等出发探寻新型工业化建设的主要理论基础，从绿色可持续发展理论、脱钩理论等出发探寻"双碳"的基础理论，厘清"双碳"目标与新型工业化的内在逻辑关系，为全书研究奠定坚实的理论基础。

第二部分，从现实逻辑出发判断四川新型工业化面临的"双碳"形势，对应本书第三章。本部分主要通过计算近 20 年来四川工业碳排放情况，分析四川省工业碳排放总量和碳排放强度随时间轴的演化情况，各市州和五大经济区的碳排放量和碳排放强度分布特征，四川省工业碳排放的驱动因素（基于 STIRPAT 和 LMDI 模型），四川省工业碳排放与工业经济增长的关系，以摸清四川省工业碳排放和工业发展的总体情况，从而回答清楚四川新型工业化路径面临的"双碳"目标究竟现状如何这一前提性、基础性问题。

第三部分，构建"双碳"目标下四川新型工业化路径的分析框架，对应本书第四章。构建起一个完整的理论分析框架是本书研究的重要目标，也是本书分析的工具基础。本部分要回答的是如何建立一个合理的理论框架并运用这一框架对"双碳"目标下四川省推进新型工业化路径进行分析。本书在具体内容上，涉及"双碳"目标下四川省推进新型工业化的基础与条件、"双碳"目标下四川新型工业化路径的"主体—结构—空间"框架构建等内容。

第四部分，"双碳"目标下四川新型工业化路径的分析，这是本书研究的核心问题和重点内容，对应本书第五章、第六章、第七章。本部分主要是基于"双碳"目标下四川新型工业化路径的"主体—结构—空间"分析框架展开分析，延伸为"双碳"目标下四川新型工业化的三条路径：第五章为"双碳"目标下四川新型工业化的主体路径；第六章为"双碳"目标下四川新型工业化的结构路径；第七章为"双碳"目标下四川新型工业化的空间路径。本书对每一条路径，亦每一章的分析，都遵循"机理—现状—路径"的逻辑，即首先阐释清楚路径与"双碳"的内在机理，其次分析路径面临的现实问题，最后提出本条路径的具体选择。

第五部分，"双碳"目标下四川新型工业化路径的政策供给分析，对应本书的第八章。本部分主要包括发达国家和先进省市支持新型工业化政策和四川新型工业化的政策供给方向两个方面。

第二章　核心概念与基础理论

一、核心概念

（一）碳达峰、碳中和

工业革命以来的人类活动，特别是发达国家在工业化过程中排放的以二氧化碳为主的温室气体迅速增加，导致全球气候变暖。联合国政府间气候变化专门委员会在第 5 次评估报告中指出，前工业时代以来，二氧化碳等温室气体的浓度不断上升，这一现象极有可能是气候变化的主要原因[①]。为加强环境保护和应对气候问题，世界各国纷纷行动，共同达成协议、制定措施。1972 年，联合国人类环境会议正式通过《斯德哥尔摩人类环境会议宣言》。同年，联合国成立"联合国环境规划署"，出台《〈联合国气候变化框架公约〉京都协议书》。1988 年，世界气象组织和联合国环境规划署共同建立了联合国政府间气候变化专门委员会，将碳排放领域的研究与治理推进到政治角度。联合国大会于 1992 年，通过了《联合国气候变化框架公约》，以控制温室气体的排放。2015 年，《联合国气候变化框架公约》第 21 次缔约方会议上，各国达成《巴黎协定》，设定全球应对气候变化的共同目标：将全球平均气温的升高幅度控制在较工业化前水平的 2 摄氏度之内，并且努力将升温限制在 1.5 摄氏度以内[②]。截至 2024 年 5 月，全球已有 151 个国家提出了碳中和目标。

---

① 张亚蓓，黄理慧．"智汇"绿色交通　共话"双碳"未来［EB/OL］．（2021-09-06）［2025-05-05］．https://www.zgsyb.com/news.html？aid=603209.

② 苏宁．日本新减排目标"雄心不足"令人失望［EB/OL］．（2025-03-04）［2025-05-05］．www.legaldaily.com.cn/ineernational/content/2025-03/04/content_9140738.html.

中国一直积极参与应对气候变化的国际合作，是全球气候治理的参与者、支持者、践行者。改革开放以来，中国经济发展迅速，成为世界重要经济体之一，但我国经济总量在增长的同时碳排放也在快速增长。中国已成为世界上最大的二氧化碳排放国。2020年9月，习近平主席在第七十五届联合国大会一般性辩论上宣布中国"二氧化碳排放力争于2030年前达到峰值，努力争取2060年前实现碳中和"。

"碳达峰"是指二氧化碳排放量达到历史最高值，然后经历平台期进入持续下降的过程，是二氧化碳排放量由增转降的历史拐点，标志着碳排放与经济发展实现脱钩，达峰目标包括达峰年份和峰值。碳达峰峰值出现的原理是，一方面，二氧化碳的排放总量在不断增加；另一方面，通过人们植树造林、采取环境保护措施控制二氧化碳排放，减少经济发展中的碳排放。随着社会生产的技术发展和人们植树造林的力度不断加大，最终会达到碳排放增量与减少量逆差的情况，这就是碳排放的峰值。碳达峰可分为自然达峰、社会变动达峰和政策驱动达峰三类。在自然达峰过程中，其与一国产业结构及城市化率有密切关系。一般来说，服务业占比达到70%左右时，碳排放就开始达峰并持续下降；城市化率达到80%左右时，碳排放也开始达峰并下降。政策驱动对碳排放有促进作用，可推动达峰时间提前。实现碳达峰意味着一个国家或地区的经济社会发展与二氧化碳排放实现"脱钩"，即经济增长不再以碳排放增加为代价。碳达峰过程见图2-1。

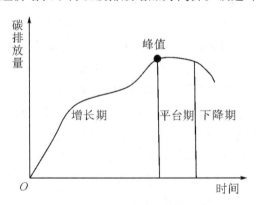

图 2-1 碳达峰过程

"碳中和"是指某个地区在一定时间内（一般指一年）人为活动直接和间接排放的二氧化碳或温室气体的总量，与通过植树造林、节能减排等形式，使自然界吸收的二氧化碳或温室气体排放量相互抵消，实现相对

"净零排放"。广义的"碳中和"指所有温室气体的相对"零排放"。碳达峰是碳中和的基础和前提。达峰时间的早晚和峰值的高低直接影响碳中和实现的时长和实现的难度，碳排放峰值越低，实现碳中和的空间和灵活性越大、难度越小①。

（二）新型工业化

"新型工业化"一词最早是在党的十六大报告中提出的，基本内涵是坚持以信息化带动工业化，以工业化促进信息化，走出一条科技含量高、经济效益好、资源消耗低、环境污染少、人力资源优势得到充分发挥的新型工业化路子。党的十六大提出的新型工业化更加强调与信息化的关系，注重提高科技含量和经济效率、保护资源环境和充分发挥中国人力资源丰富优势。2007 年，党的十七大报告进一步将工业化与科学发展观相融合，并提出"为了走出一条具有中国特色的新型工业化道路，需要人与自然、经济、社会之间的和谐发展"②。

2012 年，党的十八大报告指出："坚持走中国特色新型工业化、信息化、城镇化、农业现代化道路，推动信息化和工业化深度融合、工业化和城镇化良性互动、城镇化和农业现代化相互协调，促进工业化、信息化、城镇化、农业现代化同步发展。"这一战略部署承前启后，要求在"两化"深度融合的基础上推动"四化"同步发展，并提供了具体发展路径。新型工业化不仅是目标和任务，也是推动"四化"同步发展的手段和动力。

2017 年，党的十九大报告提出："推动新型工业化、信息化、城镇化、农业现代化同步发展。"这一提法将新型工业化的内涵和外延进行了极大的拓展，从工业发展本身拓展至工业化阶段整个国民经济发展模式的变革，涵盖经济发展模式转型、产业结构调整、发展动力转变等诸多方面③。

2022 年，党的二十大报告提出把"基本实现新型工业化"作为 2035年基本实现中国式现代化的重要目标之一，并提出"坚持把发展经济的着力点放在实体经济上，推进新型工业化，加快建设制造强国、质量强国、

---

① 王金南，严刚.加快实现碳排放达峰推动经济高质量发展[N].经济日报，2021-01-04（1）.
② 余东华，马路萌.新质生产力与新型工业化：理论阐释和互动路径[EB/OL].（2021-12-19）[2025-03-05].https://mp.weixin.99.com/s? _bi2.
③ 盛朝迅.发展格局下推进新型工业化的时代特征、目标要求与发展路径 [J].中国发展观察，2022（6）：71-75.

航天强国、交通强国、网络强国、数字中国",进一步明确了新型工业化的战略目标和主攻方向。

2022年12月召开的中央经济工作会议强调要加快建设现代化产业体系,并对我国制造业和数字经济发展作出了部署。2023年9月,党中央决定召开全国新型工业化推进大会,这是首次以新型工业化为主题召开的全国性会议。新时代新征程,以中国式现代化全面推进强国建设、民族复兴伟业,实现新型工业化是关键任务。

传统工业化以高投入、高能效、高资源消耗、高污染为特征,片面重经济和国内生产总值(GDP),轻均衡和全面可持续协调发展,是一种粗放式经济发展模式,弊端较多。新型工业化是我国基于对工业化一般规律的认识以及对新中国成立以来特别是改革开放几十年来经济发展经验教训的认识而提出的中国式工业化,是在新发展理念指导下对经济发展模式的新探索[①]。杜传忠等(2023)认为中国式现代化下的新型工业化是以有效市场和有为政府更好结合为保障,以数据赋能为动力,以兼顾环境效益与经济效益为目标的智能工业化[②]。骆玲等(2023)认为新型工业化是指以新一代信息技术为核心,通过将新要素(数据)、新技术(互联网、大数据、可再生能源利用等)、新组织(平台企业)、新约束(绿色低碳等)纳入生产函数,激发和决定生产方式、发展模式、企业形态、劳动者素质和经济制度、社会变迁以及人们的价值观念等由低级到高级的突破性变化或变革的过程[③]。余东华和马路萌(2023)认为,新型工业化是以科技变革为引领,以高质量发展为主线,以数字智能和绿色低碳为底色,以可持续发展为内在要求,通过新科技向各产业、各领域广泛渗透融合而促进产业高质量发展的工业化道路[④]。李鹏和蒋美琴(2023)认为,新型工业化的内涵是立体的,并指出以人为本是根本宗旨,质量优先是核心要义,自主创新是动力支撑,绿色低碳是突出底色,数实融合是关键引擎,开放循

---

① 郭克莎,彭继宗.制造业在中国新发展阶段的战略地位和作用 [J].中国社会科学,2021 (4):128-149.

② 杜传忠,王纯,王金杰.中国式现代化视域下的新型工业化研究:发展逻辑、内涵特征及推进机制 [J].财经问题研究,2023 (12):41-51.

③ 骆玲,赵放,曹洪.对四川新型工业化的几点认识与建议 [J].战略与决策,2023 (3):1-7.

④ 余东华,马路萌.新质生产力与新型工业化:理论阐释和互动路径 [J].天津社会科学,2023 (6):90-102.

环是时代特征①。李晓华（2024）认为，新型工业化是绿色低碳的工业化，是效率与安全并重的工业化，是"双循环"相互促进的工业化②。

从以上研究我们可以看出，新型工业化一方面要保持量的合理增长，另一方面也要注重发展质量，要把创新、协调、绿色、开放、共享贯穿在整个过程；既要强调四化同步，又要充分发挥科学技术和先进要素，提高劳动效率和产出，实现可持续健康发展。新型工业化既有融合了信息化（数字化、网络化、智能化）、绿色化的现代化科技革命和产业变革"时代特质"，也有基于中国国情和中国发展阶段的"国情特质"考虑的工业化战略③。

二、新型工业化的理论基础

我们对新型工业化的理解不同，得出的理论基础也就具有差异性。基于对"双碳"目标和新型工业化的时代内涵特征结合本书新型工业化路径研究的主要任务，本书提出新型工业化"1+3"的理论基础。其中，"1"是新型工业化的基本理论，即"生产力—生产关系"的一般性原理；"3"是新型工业化的三大具体理论：创新理论、产业结构理论和生产力布局理论。

进一步看，"1+3"理论体系之间具有内在的逻辑关系。其中，"生产力—生产关系"一般原理是新型工业化的基础性理论，从根本上指导支撑新型工业化的三大具体理论，新型工业化的三大具体理论内在地遵循新型工业化的"生产力—生产关系"一般性原理。同时，新型工业化的三大具体理论各自关照的现实问题具有差异性。创新理论回答了新型工业化以什么作为根本内驱力的问题；产业结构理论解释了新型工业化过程中产业间及产业内部的要素资源配置合理化和产业结构的高级化问题；生产力布局理论则对新型工业化在空间上怎么布局的问题进行了观照回应。新型工业化的理论基础及其内在逻辑关系如图2-2所示。

---

① 李鹏，蒋美琴.中国新型工业化进展、区域差异及推进策略［J］.当代财经，2024（5）：3-16.

② 李晓华.深刻把握推进新型工业化的基本规律［J］.人民论坛，2024（2）：8-13.

③ 黄群慧.论新型工业化与中国式现代化［J］.世界社会科学，2023（2）：5-19.

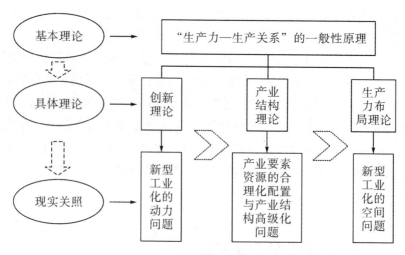

图 2-2　新型工业化的理论基础及其内在逻辑关系

（一）"生产力—生产关系"理论

"生产力—生产关系"的一般原理是新型工业化的基本理论。马克思在《马克思恩格斯全集》（第三十一卷）等著作中系统研究了生产力与生产关系，认为生产力是"一切社会变迁和政治变革的终极原因"[①]。工业化是现代社会生产力发展的基本特征，是社会劳动力持续由农业部门向工业部门转移且生产力水平快速提升的过程。[②] 德国经济史学家鲁道夫·吕贝尔特在《工业化史》中从生产力发展的角度对工业化进行了界定，认为工业化就是机器生产取代手工操作为起源的现代工业的发展过程。[③] 新型工业化要求实现更高的科技含量，更好的经济效益，更低的资源消耗，更少的环境污染，其本质上都是生产力变革和发展的结果。同时，新型工业化也要实现工业企业组织形态、社会化、精细化等生产方式的创新，进而重塑生产关系。因此，可以说，新型工业化既是技术进步驱动下的生产力变革，也是管理创新驱动下的生产关系变革[④]。

当前，伴随我国进入高质量发展新阶段，生产力水平呈现出新的质

① 马克思恩格斯选集：第 3 卷 [M]. 北京：中央编译出版社，2022：617.
② 荣兆梓. 工业化阶段的生产力特征和社会主义市场经济体制 [J]. 经济纵横，2021（6）：44-57.
③ 鲁道夫·吕贝尔特. 工业化史 [M]. 戴鸣钟，等，译. 上海：上海译文出版社，1983：87-89.
④ 赵昌文. 新型工业化的三个新趋势 [N]. 人民日报，2019-04-01.

态，形成新质生产力。新质生产力是创新起主导作用，摆脱传统经济增长方式、生产力发展路径，具有高科技、高效能、高质量特征，符合新发展理念的先进生产力质态①。新质生产力是新一轮科技产业革命带来的生产力跃迁，而新型工业化是以新一轮科技产业创新为引领、以制造业和实体经济为根基、以高质量发展为主题、以绿色与可持续发展为导向的工业化过程，二者内涵相通、方向一致，具有内在的逻辑联系。其中，新质生产力是推动新型工业化的重要动力，能够化解新型工业化过程中面临的矛盾和问题，新型工业化本身能够成为新质生产力，在新型工业化过程中也会催生新质生产力②。总之，无论是传统生产力，还是新质生产力，新型工业化都是"生产力—生产关系"系统变革的过程，推动新型工业化发展，我们要以"生产力—生产关系"理论为根本指导，通过以技术创新为突破，促进工业生产力发展，同时通过工业组织形态、生产方式等创新，变革工业生产关系，切实推动高质量发展成为新型工业化的核心内涵和根本特征。

（二）创新理论

创新理论是新型工业化的又一重要理论基础。创新理论认为，经济发展的根本动力在于创新，经济发展是技术、产品、市场、组织、制度等系列创新、综合创新的结果，创新的执行主体有企业，也有国家，创新能够带来资源配置效率的提升和变革，实现生产力的跨越式发展。马克思深刻指出技术创新在工业化中的作用。他认为从工具时代到机器时代是以技术进步为直接动力的，科技革命是英国工业化产生的导火索，技术创新极大地提高了工业化的生产效率。他指出，"机器的这一部分——工具机，是18世纪工业革命的起点""大工业把巨大的自然力和自然科学并入生产过程，必然大大提高劳动生产率，这是一目了然的"③。马克思还指出，科学技术的创新，必然引发生产方式的变革，从工场到工厂组织是历史上生产

---

① 朱英.习近平在中共中央政治局第十一次集体学习时强调：加快发展新质生产力 扎实推进高质量发展[EB/OL].（2024-02-01）[2025-03-05].https://www.gov.cn/yaowen/liebiao/202402/content_6929446.htm.

② 余东华，马路萌.新质生产力与新型工业化：理论阐释和互动路径[J].天津社会科学，2023（6）：90-102.

③ 卡尔·马克思.资本论：第一卷[M].中共中央马克思恩格斯列宁斯大林著作编译局，译.北京：人民出版社，2004：512.

方式变革的典型例证。他强调，"只有科学技术制度等全方面统一的综合创新，而不是单项创新，才能实现一系列的重大创新"①。

美国经济学家熊彼特被誉为"创新之父"，他认为，经济发展本质上是产品、技术、组织、市场、原料不断创新的过程，在这一过程中，经济体实现了创造性毁灭的重构，而执行创新的关键主体是企业家，也就是说，"创新"是一个产生于企业，尤其是工业企业的行为②。发展经济学家张培刚运用熊彼特的创新理论，从技术创新和技术变革的角度对工业化进行了解释和定义，他认为"工业化是国民经济中一系列基要的生产函数（或生产要素组合方式）连续发生由低级到高级的突破性变化（或变革）的过程"③。在熊彼特创新理论的基础上，以罗默、卢卡斯为代表的新古典经济学家通过将技术进步纳入经济增长分析中，认为技术进步和知识积累是经济发展的重要推动力。对于创新的主体而言，纳尔逊、温特等演化经济学家强调了企业家在创新中的核心角色定位。熊彼特更加强调技术创新，兼有制度意蕴，制度主义经济学的代表人物戴维斯和诺斯则明确提出，制度创新是推动增长的动力。多西将范式概念引入技术创新研究中，认为技术范式是经济社会在一定时期由各种具体技术组成的一个技术体系。在多西技术范式的基础上，弗里曼和佩雷斯借助"关键生产要素"这一核心概念，将技术范式与经济增长联系起来，提出了"技术-经济范式"④的概念。新型工业化是将知识、技术、数据等高级生产要素视为最"关键生产要素"的发展新模式，其不同于以钢铁、乙烯和矿产资源为"关键生产要素"表现形式的传统工业化范式⑤。

以人工智能等为代表的新一轮科技革命和产业变革引发的技术—经济

---

① 吴敏燕. 马克思近代科学技术制度综合创新论：《机器。自然力和科学的应用》的哲学意蕴 [J]. 哲学动态，2008（11）：35-40.

② 约瑟夫·熊彼特. 经济发展理论 [M]. 何畏，易家洋，译. 北京：商务印书馆，1990：68-106.

③ 张培刚. 发展经济学理论：第1卷 [M]. 长沙：湖南人民出版社，1991：191.

④ 根据佩雷斯的定义，这里的技术—经济范式是指"一个最佳惯行模式"（a best-practice model），它由一套通用的、同类型的技术和组织原则所构成，这些原则代表着一场特定的技术革命得以运用的最有效方式，以及利用这场革命重振整个经济并使之现代化的最有效方式。一旦得到普遍采纳，这些原则就成了组织一切活动和构建一切制度的常识基础。参见卡萝塔·佩雷斯. 技术革命与金融资本：泡沫与黄金时代的动力学 [M]. 田方萌，等译. 北京：中国人民大学出版社，2007：21.

⑤ 刘昌年，梅强. 基于技术经济范式的新型工业化本质及特征研究 [J]. 预测，2008（6）：1-5.

范式转变，特别是数字经济领域大量颠覆性创新的涌现及其广泛应用，要求新型工业化实现产业结构由传统向战略性、高新技术领域转变，生产要素投入由简单生产要素向知识、技术、资本、数据等高级生产要素转变，发展模式由规模型扩张向高水平质量效益型转变，要实现这一根本性转变，我们就要在创新理论的指导下，将创新作为新型工业化的根本驱动力，以企业为主体，推动实现技术、组织、产品、制度等综合创新，为提升新型工业化的运行效率提供内生动力。

（三）产业结构理论

产业结构是国民经济各产业部门之间以及内部的构成。产业结构理论的基本观点认为，产业结构升级主要包括产业结构合理化和产业结构高级化两个方面的内容。马克思虽然没有直接提出关于产业结构升级的理论，但是他在《资本论》中对社会生产两大部类比例关系等的理论对于产业结构升级具有重要指导价值①。在《资本论》第二卷第三篇"社会总资本的再生产和流通"中，马克思指出，社会资本再生产顺利进行的条件是第 I、II 两大部类之间以及各部类内部各生产部门之间必须保持一定的比例关系。其中，在简单再生产条件下，两大部类之间的关系应符合 $I(V+m)=IIC$ 的比例条件，在扩大再生产条件下则应符合 $I(v+\Delta v+m/x)=II(c+\Delta c)$ 的比例条件。马克思关于社会生产两大部类保持一定比例关系的理论实质上揭示了产业结构升级可持续性的基本前提，即在社会化大生产的条件下，生产资源只有在各产业部门之间按一定的比例恰当配置，才能实现产业与产业之间的协调②。

西方经济学关于产业结构问题的研究文献较为丰富。在产业结构的演进升级或者说高级化方面，最早萌芽于配弟关于"工业的收益比农业多得多，而商业的收益又比工业多得多"的论述。此后，克拉克、库兹涅茨、霍夫曼和里昂惕夫等都对产业结构的演变趋势问题进行了研究。例如，著名的配第—克拉克法则就强调，产业结构的重心存在着由第一次产业向第

---

① 卢江和杨光（2017）的分析认为，马克思关于平均利润率的理论对产业结构升级的可能性和空间提供了解释，他在资本周转理论中阐述的货币流回规律则有助于解释产业结构升级的稳定性。详细参见：卢江，杨光.《资本论》对产业结构升级约束条件的理论解析 [J]. 经济纵横，2017（6）：1-6.

② 张泽一.《资本论》产业结构理论及其蕴含的"市场决定" [J]. 现代经济探讨，2014（3）：29-32.

二次产业继而向第三次产业转移的长期趋势。德国经济学家霍夫曼通过"霍夫曼比例"[①] 说明消费工业和生产工业的产业结构演变问题。关于产业结构的合理化，学界更多处于一种理论争鸣的态势，当前关于产业结构合理化的理论观点大致有四种：结构协调论、结构功能论、结构动态均衡论和资源配置论[②]。

推进新型工业化，我们不仅要以马克思关于社会生产两大部类比例关系等理论为指导，关注能源、资源等生产要素在产业间和产业内部的配置效率以及产业投入和产出的协调优化问题，而且要吸收借鉴西方经济学关于产业结构演进趋势或者说产业结构高级化的合理成分，杜绝"产业结构服务化"倾向，防止过早"去工业化"，根据区域产业发展实际情况，推动产业结构转型升级。

（四）生产力布局理论

生产力布局理论是新型工业化的另一重要理论基础。生产力布局理论从根本上回答了新型工业化在空间上如何布局的问题。生产力布局理论认为，生产力在不同空间上的分布对于生产力的发展以及整个经济的增长产生重要影响，因此，如何优化生产力布局，提高生产力水平就成为生产力布局理论研究的中心问题。马克思和恩格斯认识到资本主义生产力巨大发展引发生产力区域发展不平衡的现象，指出社会主义要消除这一缺陷，认为社会主义生产力布局，要致力于消除工农城乡的差异，推动生产力的均衡布局。"大工业在全国的尽可能均衡的分布是消灭城市和乡村分离的条件"[③]。但是，经典作家这里的均衡布局并非指"均等"布局，而是充分承认地区发展的差异性，即不同地区的生产力布局应在承认地区间发展差别的基础上尽可能实现平衡，根本目的在于消除地区发展的不平等。恩格斯指出，"在国和国、省和省、甚至地方和地方之间总会有生活条件方面的某种不平等存在，这种不平等可以减少到最低限度，但是永远不可能完全消除。阿尔卑斯山的居民和平原上的居民的生活条件总是不同的。"[④] 列宁

---

① 即消费资料工业的净产值与生产资料工业的净产值的比值。按照霍夫曼比例，一国工业化的进程可以划分为四个阶段：霍夫曼比例 = 5（±1），霍夫曼比例 = 2.5（±1），霍夫曼比例 = 1（±1），霍夫曼比例<1。通常，一国工业化的进程越高，霍夫曼比例越低。

② 黄中伟，陈刚. 我国产业结构合理化理论研究综述 [J]. 经济纵横，2003（3）：56-58.

③ 马克思恩格斯文集：第9卷 [M]. 北京：人民出版社，2009：314.

④ 马克思恩格斯选集：第3卷 [M]. 北京：人民出版社，1995：325.

在继承马克思主义生产力均衡布局思想的基础上，提出生产力合理布局的基本原则，他认为，要"使俄国工业布局合理，着眼点是接近原料产地，尽量减少从原料加工转到半成品加工一直到制出成品等阶段时的劳动消耗"①。

生产力是马克思主义政治经济学的基本范畴之一。西方经济学虽然没有明确提出"生产力布局"的概念和理论，但是他们从区域经济学出发关于资源配置问题的研究中实质上透露出关于生产力布局的认识和见解。其早期主要以杜能的农业区位论、韦伯的工业区位论、胡佛的运输区位论，赫克歇尔、俄林的生产要素禀赋理论、区际贸易和生产布局理论等为代表。20 世纪 40 年代以来，发展经济学关于平衡增长与非平衡增长的理论争鸣中涉及生产力布局的内容。低水平均衡陷阱论、"大推进"理论、"贫困恶性循环"理论等在内的理论主张区域的均衡发展，重视区域之间经济结构和比例关系的相互制约和平衡。而"循环累积因果论""增长极"理论、"中心—外围"理论等为代表的理论则主张区域的非均衡发展，认为区域的异质性是客观存在的基本事实，区域之间的发展不能同等均衡用力，区域的发展也不可能同步均衡推进，而必须采取非均衡的发展模式，如通过培育经济的增长"极点""中心"等带动周边区域发展的方式实现区域经济的增长和发展。

新型工业化的空间布局仍然要遵循马克思主义经典作家关于重大生产力的布局原则，在充分考虑区域差异性的基础上，通过生产力布局逐步消除区域发展差距过大的现象。新型工业化要解决"四化"发展不协调、区域工业化水平差距大等现实问题。推进新型工业化，要实现"四化"同步发展、区域平衡发展、产业均衡发展的现代化新目标。② 西方经济学关于生产力布局的思路有其合理成分，新型工业化的空间布局应适当借鉴，如通过推动工业产业集聚，打造新型工业化的增长极点，基于生产要素禀赋和国际贸易，在开放的视野下推动新型工业化的空间布局。历史上，中国工业化进程就是在对外开放中予以推进并取得巨大成就的，在国内国际双循环新发展格局下，新型工业化的空间布局仍不应局限于国家内部，仍应坚持对外开放，在经济全球化的进程中采取更加积极主动的空间策略，推动开放循环成为新型工业化的空间形态。

---

① 列宁全集：第 34 卷 [M]. 北京：人民出版社，1985：212.

② 余东华，马路萌. 新质生产力与新型工业化：理论阐释和互动路径 [J]. 天津社会科学，2023（6）：90-102.

三、"双碳"相关理论

（一）绿色可持续发展理论

绿色可持续发展理论是新型工业化提出的重要理论之一。绿色可持续发展理论的核心思想在于摒弃高耗能、高污染和高碳排放的生产方式，避免对资源的过度开发和造成生态环境的恶化，强调资源充分利用、生态环境保护和发展方式的绿色、低碳、循环，最终形成"经济—人口—资源—环境"的可持续发展。绿色可持续发展的思想源远流长。在《资本论》中，马克思站在人类社会历史发展的高度，充分肯定了资本主义大工业"首次开创了世界历史"巨大作用，同时也深刻批判了资本主义生产方式对自然资源和环境造成的破坏性、掠夺性影响，他认为，"资本主义农业的任何进步，都不仅是掠夺劳动者的技巧的进步，而且是掠夺土地的技巧的进步，在一定时期内提高土地肥力的任何进步，同时也是破坏土地肥力持久源泉的进步。一个国家，例如北美合众国，越是以大工业作为自己发展的基础，这个破坏过程就越迅速。"①

西方经济学界的古典经济学和新古典经济学主要探讨经济增长问题，工业化是经济增长的核心问题，因此，他们关于工业化应该秉持绿色可持续发展的思想主要体现在他们关于经济增长是否可持续的争论中。以亚当·斯密为代表的古典经济学家和以马歇尔、索洛等为代表的新古典经济学家认为，虽然资源的边际报酬递减规律客观存在，但是技术进步、知识增加等可以成为经济长期可持续增长的保证。然而，以李嘉图、马尔萨斯等为代表的经济学家从人口几何级增长等出发，对经济的可持续发展持怀疑态度。尤其是，到20世纪60至70年代，罗马俱乐部关于"经济增长极限论"的提出，以及随着自然资源消耗日益严重，全球气候变化和生态环境不断恶化，人们逐渐认识到可持续发展对于经济增长的重要性。1987年，世界环境与发展委员会明确定义了"可持续发展"这一概念，并提出要在合理利用资源和保护环境的基础上发展经济，使经济和社会得到可持续发

---

① 卡尔·马克思. 资本论：第一卷 [M]. 中共中央马克思恩格斯列宁斯大林著作编译局，译. 北京：人民出版社，2004：512.

展。进入 21 世纪，人们开始反思传统经济发展模式，尤其是工业化模式，认为以工业化为核心的经济增长必须更加注重资源、环境的硬约束条件，以实现"经济—资源—环境"的绿色可持续发展。例如，布朗就认为，工业化是经济增长的发动机，工业化的可持续发展，事关经济、社会与环境的可持续发展。新的工业化发展思路和模式，应在提高经济效益的同时，又能保护资源，改善环境①。

实际上，新型工业化与传统工业化的本质性区别，从理论上看关键就在于传统工业化突出了人与自然的对抗性关系，以消耗不可再生资源为发展的基本手段，以经济法则为发展的母法则，② 并没有坚持绿色可持续发展，而是走出了一条以西方国家为代表的"先污染、后治理"的路子。当前，随着人们绿色可持续发展意识的增强，特别是在《巴黎协定》要求各国设定碳达峰、碳中和时间表、路线图之后，低碳化成为工业发展新的约束条件。工业化在实现产业发展、经济增长目标的同时，更要重视绿色与增长目标的多目标协调。③ 中国式现代化是人与自然和谐共生的现代化，实现碳达峰、碳中和是以习近平同志为核心的党中央统筹国内国际两个大局作出的重大战略决策，也是着力解决资源环境约束突出问题，实现中华民族永续发展的必然选择。在此背景下，新型工业化更应坚持以绿色可持续发展理论为指导，把绿色发展理念贯穿于工业的全领域、全过程，使绿色低碳可持续发展成为新型工业化的生态底色。

（二）碳足迹理论

碳足迹理论起源于 1992 年加拿大生态学家里斯提出的生态足迹理论，代表着与气候变化相关并与人类生产或消费活动相关的一定量的温室气体排放。里斯认为，人类的一切活动和消费对生态环境的影响或环境隐性成本均可以换算成土地占用面积，而作为人类赖以生存空间的土地面积是既定的，由此来判断可持续发展状况。生态足迹是用生物生产性土地面积来衡量一定范围内一定量人口的资源消费和废物吸收水平的账户工具，直接

---

① 莱斯特，R. 布朗. 生态经济 ［M］. 林自新，戴守志，等，译. 北京：东方出版社，2002：6-88.

② 计彤. 新型工业化道路的生态原则初探 ［J］. 自然辩证法研究，2019，35（4）：42-47.

③ 中国社会科学院工业经济研究所课题组. 新型工业化内涵特征、体系构建与实施路径 ［J］. 中国工业经济，2023（3）：5-19.

反映了自然资源的使用情况，是衡量人类社会对自然资源使用的程度和强度[1]。碳足迹作为一种综合的、统一的环境管理和评价指标，已经成为衡量生产和消费过程中温室气体直接和间接排放的常用方法和温室气体管理的重要工具。碳足迹是从生命周期的角度出发，破除所谓"有烟囱才有污染"的观念，分析产品生命周期或与活动直接和间接相关的碳排放过程[2]。开展碳足迹研究可以揭示人类终端消费活动导致的碳排放以及消费能力、消费结构与碳足迹的关系[3]。

狭义的碳足迹指二氧化碳（CO_2），广义的碳足迹则包括《京都议定书》限定的二氧化碳（CO_2）、甲烷（CH_4）、氧化亚氮（N_2O）、氢氟碳化物（HFCs）、全氟碳化物（PFCs）及六氟化碳（SF_6）六种温室气体。碳足迹与碳排放有所区别，碳足迹更加强调全生命周期视角，分析与产品、生产、消费等活动相关的所有直接和间接的碳排放或温室气体排放过程；碳足迹更加强调消费者的责任和控碳排放意识，而碳排放更加强调生产者的责任[4]。碳足迹需要解答温室气体为谁排放，而碳排放可以只回答排放多少。从这个意义上讲，碳排放是碳足迹的充分条件[5]。

碳足迹概念来源于生态足迹，是指用于吸收人类活动排放全部 CO_2 所需的土地面积。也就是说，碳足迹的度量单位应该为面积。然而，由于一些温室效应显著的有机污染物（如氟氯烃）很难被生物圈自然吸收，难以将其排放量折算成相应的土地吸收面积，势必会增加评估结果的不确定性和误差。因此，在实际过程中，大部分学者以重量单位表示，将碳足迹视为某项活动或某个产品的整个生命周期或某种服务或某个区域的直接和间接 CO_2 排放量[6]。

---

① 付伟，罗明灿，陈建成. 碳足迹及其影响因素研究进展与展望 [J]. 生态经济，2021（8）：39-49.

② 王微，林剑艺，崔胜辉，等. 碳足迹分析方法研究综述 [J]. 环境科学与技术，2010，33（7）：71-78.

③ 樊杰，李平星，梁育填. 个人终端消费导向的碳足迹研究框架：支撑我国环境外交的碳排放研究新思路 [J]. 地球科学进展，2010（1）：61-68.

④ 瞿超颖，龚晨. 碳足迹研究与应用现状：一个文献综述 [J]. 绿色金融，2022（5）：39-50.

⑤ 张一清，刘传庚，白卫国. 碳足迹概念、特征、内容框架与标准规范 [J]. 科技进步与对策，2015，32（9）：20-25.

⑥ 张乐勤，许信旺. 气候变暖背景下碳足迹研究现状与展望 [J]. 中国科技论坛，2011（8）：99-105.

精准科学的碳足迹评估是实现"双碳"目标的有效手段，明确的计算方法是必要前提。国内外常用的碳足迹核算方法主要包括自下而上的（bottom-up based）的生命周期评价法（life cycle assessment，LCA）、自上而下（top-down based）的投入产出法（input-output analysis，IOA）和混合生命周期评价法（hybrid-lca，HLCA）。LCA 法是过程分析方法，考虑了生产"从摇篮到坟墓"全过程的温室气体排放，包括产品的生产、使用、废弃以及再回收利用的整个生命周期[①]，优点是计算过程详细、准确，缺点是系统的边界及生命周期的确定比较复杂和数据较难获取。IOA 法是研究一个经济系统各部门间的"投入"与"产出"关系的数学模型，其优点是原理明确、中间过程清晰、结构完整性强，能够综合反映经济系统内各部门直接和间接的碳排放关系，而缺点在于数据的准确性与滞后性、投入产出表的编制都会造成分析的误差结果[②]。HLCA 法是 LCA 法和 IOA 法的结合，同时具备了 LCA 准确性和 IOA 全面性的优点，能够更好地理解环境和经济之间的关系。然而，HLCA 法不仅需要明确产品或服务生产过程中的资源投入，同时需要将生产过程与投入产出表中的部门进行匹配，因此仍面临较高的不确定性[③]。

　　关于碳足迹的研究对象较广，包括产品碳足迹、家庭碳足迹、企业及类似组织的碳足迹、城市和区域碳足迹，以及国家、地区和经济体的碳足迹等。工业是碳排放的主要领域，按照温室气体来源的不同，工业碳足迹分为直接工业碳足迹和间接工业碳足迹两类；按照研究对象的不同，可分为产品的工业碳足迹、企业的工业碳足迹和区域的工业碳足迹。已有部分学者对电力、钢铁、水泥、石油化工等重点工业行业的碳足迹进行了研究[④]。苗壮等（2023）在对我省工业部门碳足迹研究进展的基础上，提出未来需完善并统一工业部门碳足迹评价以及系统边界的确定，探索工业部

---

　　① SCHMIDT H J. Carbon footprinting, labelling and life cycle assessment［J］. International Journal of Life Cycle Assessment，2009，14（suppl. 1）：6-9.

　　② 张琦峰，方恺，徐明，等.基于投入产出分析的碳足迹研究进展［J］.自然资源学报，2018（4）：696-708.

　　③ 刘含笑，吴黎明，林青阳，等.碳足迹评估技术及其在重点工业行业的应用［J］.化工进展，2023（5）：2201-2218.

　　④ 刘含笑，吴黎明，林青阳，等.碳足迹评估技术及其在重点工业行业的应用［J］.化工进展，2023（5）：2201-2218.

门碳足迹数据准确采集[①]。张一清等（2016）发现，战略性新兴行业碳锁定效应最弱、碳足迹边际成本最低和碳生产力系数最高[②]。

（三）碳排放脱钩理论

"脱钩"一词源于物理学领域，表示具有相互关系的两个或多个物理量间的响应关系不复存在的状态。2002 年，经济合作与发展组织（OECD）将其应用扩展到环境经济领域，用于测度经济增长与资源损耗、环境破坏之间的关系。"脱钩"指的是原本有着相互联系的两个主体，随着时间的推移、环境的变化，二者之间不再有直接的关系。在工业化发展初期，物质能耗总量随着工业经济总量增长而共同增长，但当工业化进程达到某个特定阶段后，能耗不再随着经济总量的增长而无限增长，这就实现了二者的脱钩。在介绍碳排放脱钩理论之前，我们先介绍两个相关概念——碳排放弹性系数和碳生产率。

1. 碳排放弹性系数

弹性是指当变量之间存在关系时，因变量对自变量变化的反应程度，其大小可以用两个变化的百分比的比例来表示。碳排放的弹性系数是指 GDP 每增加（或减少）一个百分点，对应的碳排放量增加（或减少）的变化量，即碳排放增长率与 GDP 增长率的比值。从产业结构角度看，当经济结构中第一产业占主导时，碳排放的增长速度小于经济增长速度，碳排放弹性系数小于 1；随着城市化和工业化进程推进，工业尤其是高能耗的重工业成为主导产业时，碳排放弹性系数开始大于 1；随着城市化和工业化进入后期阶段，产业结构由第二产业为主向第三产业为主转变，碳排放增速放缓，弹性系数由大于 1 转为小于 1。

工业碳排放弹性系数可以用工业碳排放量年增长率除以工业增加值年

---

① 苗壮，龙腾驹，张月池. 工业部门碳足迹研究进展与应用现状 [J]. 兰州财经大学学报，2023，39（6）：57-70.

② 张一清，王琳晴，刘传庚，等. 基于碳足迹研究的中国地区工业低碳转型：以山东省为例 [J]. 生态学报，2016，36（20）：6646-6655.

增长率来表示。一些学者用此计算了无锡市[①]、兰州市[②]、四川省[③]的工业碳排放系数。

$$\varepsilon = \frac{\Delta C / C}{\Delta G / G} \qquad (2.1)$$

式（2.1）中：

ε ——工业碳排放总量与工业生产总值的弹性系数；

C ——工业因消耗能源产生的碳排放总量；

ΔC ——研究期期末相对于期初的工业因消耗能源产生的碳排放总量变化量；

G ——工业生产总值；

ΔG ——研究期期末相对于期初的工业生产总值变化量。

工业碳排放弹性系数（ε）可能出现以下几种情况：

①当 $\varepsilon > 1$ 时，且工业碳排放量与工业增加值都呈正增长，表明工业碳排放量增长速度大于表征参数增长速度，说明工业呈粗放式发展，工业污染加剧，不利于碳减排。

②当 $\varepsilon > 1$ 时，且工业碳排放量与工业增加值都呈负增长，表明工业碳排放量降低速度大于表征参数降低速度，说明工业碳减排有成效，但工业发展出现倒退。

③当 $0 < \varepsilon < 1$ 时，且工业碳排放量与工业增加值都呈正增长，表明工业碳排放量增长速度小于表征参数增长速度，说明节能减排的效应显著，工业碳排放控制较好。

④当 $0 < \varepsilon < 1$ 时，且工业碳排放量与工业增加值都呈负增长，表明工业碳排放量降低速度小于工业增加值降低速度，既不利于工业发展，也不利于减少碳排放。

⑤当 $\varepsilon < 0$ 时，且工业增加值呈正增长，表明工业发展的同时，工业污染总量出现下降，工业污染治理效果很好，这是最理想的情况。

⑥当 $\varepsilon < 0$ 时，且工业增加值呈负增长，表明工业发展倒退，碳排放量

---

① 谢守红，邵珠龙，牛水霞. 无锡市工业碳排放的测算及影响因素 [J]. 经济地理，2012（5）：140-146.

② 杨金强，陈兴鹏. 兰州市工业碳排放估算实证研究 [J]. 经济论坛，2014（11）：66-70.

③ 张丹，刘建文，高一茹. 四川省工业碳排放量影响因素与预测 [J]. 重庆交通大学学报（社会科学版），2019（4）：90-96.

反而出现增加。这是最不能接受的情况。

2. 碳生产率

碳生产率是指单位二氧化碳的 GDP 产出水平，表征一个国家或地区二氧化碳与经济增长绝对数量的关系。碳生产率最早由 Kaya 提出，将单要素碳生产率定义为 GDP 与碳排放的比值，是对传统劳动资本生产率和劳动生产率分析的一种补充，直观地反映碳排放在经济中的作用[①]。也有学者认为碳生产率就是单位 GDP 二氧化碳强度的倒数，反映了单位二氧化碳排放所产生的经济效益。然而，二者虽在数值上相同，但在物理意义上却有着本质区别，碳生产率是从经济学角度出发，将其作为一种隐含在能源和物质产品中的要素投入，用来衡量单位资源消耗所带来的产出效应。而碳排放强度则是从生态环保角度出发，将碳排放作为一种非期望产出对环境产生的影响，忽视了经济发展中所面临的碳约束性[②]。

碳生产率可用一定时期内某一地区的生产总值与同期碳排放的比值来计算，公式如下：

$$P = \frac{G}{C} \tag{2.2}$$

式（2.2）中：

P ——碳生产率；

C ——碳排放总量；

G ——地区生产总值；

影响碳生产率的因素较多，比如产业结构、能源消费结构、技术创新、产业集聚、对外开放、外商直接投资等。能源消费结构是影响碳生产率的重要因素，不同化石能源的利用效率及产生的碳排量差别较大。白静（2023）发现，产业结构、能源消费结构、产业集聚对碳生产率具有显著的抑制作用，而政府干预、对外开放程度、技术进步、城镇化水平、外商直接投资水平则显著地促进了碳生产率的提升[③]。范秋芳（2021）发现碳排放权交易政策可以通过降低能源强度、提高技术创新水平和产业结构高

---

① Kaya, Y, Yokobori K. Environment, Energy and Economy: Strategies for Sustainability [J]. United Nations University Press, 1997.

② 潘家华, 张丽峰. 我国碳生产率区域差异性研究 [J]. 中国工业经济, 2011 (5): 47-57.

③ 白静. 中国省域碳生产率: 时空差异与影响因素 [D]. 呼和浩特: 内蒙古财经大学, 2023.

级化水平的方式影响碳生产率的提高①。Xu（2020）等人实证发现企业规模和产业结构对制造业分行业碳生产率增长具有显著的正向影响，而资本深化和能源消费结构的影响则显著为负②。安娜（2021）发现技术变动对碳生产率的提高有显著的促进作用，同时要素禀赋、能源效率和外资水平对碳生产率的作用是积极的，激烈的行业竞争对其反而有抑制作用③。Cui（2022）等的结果显示，规模技术的改进是跨时间和跨地区提高全要素碳生产率的主要原因；经济增长和环境法规对全要素碳生产率的贡献达到1%的显著性水平，产业结构、外国直接投资抑制了全要素碳生产率④。Ren（2021）等人的结果显示，环境规制和技术创新有利于工业碳生产率的提高⑤。宋文飞（2021）发现，FDI对碳生产率同时存在促进效应和抑制效应，抑制效应小于促进效应⑥。

3. 脱钩类型

"脱钩"可以分为"相对脱钩"和"绝对脱钩"两种类型。"相对脱钩"是指在经济发展过程中，对资源利用以及对环境压力以一种相对较低的比率增长，也就是说，资源消耗和环境压力的增长速度小于经济增长的速度。而"绝对脱钩"是在经济增长过程中，资源消耗的总量可能在增长，资源消耗和环境压力的增长速度在逐渐减少。一般来说，相对脱钩先于绝对脱钩出现，在人为控制和科技进步等因素的作用下，相对脱钩会逐渐向绝对脱钩转变。相对脱钩向绝对脱钩的转化点，就是资源/环境的拐点，即环境库茨涅兹曲线倒"U"形的顶点。脱钩指标主要反映驱动力

① 范秋芳，张园园. 碳排放权交易政策对碳生产率的影响研究 [J]. 工业技术经济，2021，40（12）：113–121.

② XU R, WU Y, HUANG Y. Measurement and convergence of carbon productivity across Shanghai as manufacturing sectors [J]. International Journal of Climate Change Strategies and Management，2020，12（3）：369–387.

③ 安娜. 山东省工业部门碳生产率变动及影响因素研究 [D]. 呼和浩特：内蒙古农业大学，2021.

④ CUI S, WANG Y, XU P, et al. The evolutionary characteristics and influencing factors of total carbon productivity：evidence from China [J]. Environmental science and pollution research international，2023，30（6）：15951–15963.

⑤ REN X, WU X, LIU Y, et al. The Spatial Spillover Effect of Environmental Regulation and Technological Innovation on Industrial Carbon Productivity in China：A Two－Dimensional Structural Heterogeneity Analysis [J]. Hindavoi Limited，2021.

⑥ 宋文飞. 中国外商直接投资对碳生产率的双边效应 [J]. 大连理工大学学报（社会科学版），2021，42（5）：52–63.

（如工业的增长）与压力（碳排放）在同一时期的增长弹性变化，二者可以看作是对不同脱钩程度的表述。然而，在某些情况下，环境随着一些因素的变化会再次上升，出现"复钩"现象。经济增长与环境压力之间最终实现绝对脱钩是一个反复的漫长过程。

我们根据能源消耗和经济发展之间的关系，可以将"脱钩"与"复钩"划分为六种类型：相对脱钩、扩张脱钩、绝对脱钩、强耦合、衰退性耦合、扩张性耦合，见表2-1。

表2-1 碳排放脱钩的类型及含义

脱钩类型	经济发展	能源消耗	变化速率	意义
相对脱钩	增长	增加	经济增速快于能源消耗量增速	较理想状态
扩张脱钩	增长	增加	经济增速慢于能源消耗量增长速度	发展一般状态
绝对脱钩	增长	降低	—	最理想状态
强耦合	衰退	增加	—	最消极状态
衰退性耦合	衰退	降低	经济衰退速度快于能耗降低速度	消极状态
扩张性耦合	衰退	降低	经济衰退速度慢于能耗降低速度	较消极状态

根据弹性系数的大小、正负关系和弹性节点，脱钩还可以划分为弱脱钩、强脱钩、衰退性脱钩、扩张性耦合、衰退性耦合、扩张负脱钩、强负脱钩、弱负脱钩8种状态，见表2-2。

表2-2 碳排放脱钩状态划分

脱钩状态		ΔC	ΔG	脱钩弹性	发展类型
脱钩	弱脱钩	>0	>0	$[0, 0.8)$	集约扩张
	强脱钩	<0	>0	$(-\infty, 0)$	挖掘发展
	衰退性脱钩	<0	<0	$(1.2, \infty)$	发展迟滞
耦合	扩张性耦合	>0	>0	$[0.8, 1.2)$	低效扩张
	衰退性耦合	<0	<0	$[0.8, 1.2)$	发展迟滞

表2-2(续)

脱钩状态		ΔC	ΔG	脱钩弹性	发展类型
负脱钩	扩张负脱钩	>0	>0	$(1.2, \infty)$	低效扩张
	强负脱钩	>0	<0	$(-\infty, 0)$	粗放扩张
	弱负脱钩	<0	<0	$[0, 0.8)$	发展迟滞

四、"双碳"目标与新型工业化的内在关系

从本质上看,"双碳"目标和新型工业化方向一致,绿色低碳是新型工业化的生态底色,新型工业化是实现碳达峰、碳中和目标的重要举措。短期看,"双碳"目标对新型工业化带来一定压力和制约,同时也是机遇和新赛道。破解低碳发展新约束的技术、产品、服务和产业将成为新型工业化进程中强劲的增长动力。

(一)短期存在约束:"双碳"目标制约工业经济增长

一方面,新型工业化需要保持较高的增长速度。新型工业化不仅是工业发展质量的提升,也要求保持合理的量的增长。当前,我国经济发展面临需求收缩、供给冲击、预期转弱三重压力,存在陷入"中等收入陷阱"的危险,因此必须确保较高的经济增长速度。工业作为经济增长的重要引擎,必须保持量的增长。过去我国工业化主要依靠劳动力、土地、资金等要素投入的推动,表现为总量的粗放式水平扩张,这种增长模式导致能源消耗大、碳排放高,造成较大的环境污染。同时,工业是碳达峰、碳中和的重点领域,破解资源约束、符合"双碳"要求是新型工业化发展必须面临的问题。

另一方面,同全国大多数省份一样,四川省工业经济增长与碳排放并没有完全脱钩。近年来,四川省工业虽然在能源消耗、碳减排等方面取得了一些成就,单位工业增加值能耗和碳排放持续下降,但仍高于世界平均碳排放强度。碳达峰是碳中和的基础和前提,达峰时间越早、峰值越低,碳中和目标的难度就越小。随着人们的收入水平逐渐提高、产业结构和技术水平持续升级、能源结构不断低碳化,碳达峰可以在没有任何干预的情

况下实现，即传统工业化模式下也能达峰。而碳中和必须依靠发展模式的根本转变才能实现，需要政府、市场、社会、技术协同发力，是一场广泛而深刻的经济社会系统性变革。当前，新的科技革命还处于萌芽状态，新的增长动能还没有形成，保持较高的工业经济增长速度一定程度上还得依靠传统发展模式。而传统发展模式将带来较高的碳排放，对实现"双碳"目标不利。因此，从短期看，"双碳"目标成为工业化的约束条件，主要表现在碳减排压力与推进工业经济增长之间的矛盾冲突。

（二）长期目标一致：统一于高质量发展的要求

一方面，新型工业化本身是绿色低碳发展的工业化。新型工业化始终要求低碳发展，新型工业化是追求低碳、节能和环保下的经济增长，是资源节约型和环境友好型发展道路。学界也已经形成普遍共识，盛朝迅（2022）认为，新型工业化是绿色的工业化①。杜传忠等（2023）指出，新型工业化是绿色低碳发展的工业化②。新型工业化生产过程始终注重集约高效化，最大限度减少对资源的消耗，最大限度发挥资源的内在价值。因此，新型工业化与"双碳"目标的着眼点都是人类社会的可持续发展，都要求低消耗、低排放、低污染的绿色低碳发展理念，强调走内涵式、集约式发展道路，在目标方向上是一致的。

另一方面，高质量发展是新时代绿色发展的硬道理。传统的"要素驱动"和"规模扩张"的高速增长模式带来了环境恶化、能源大量消耗等系列问题，"先污染后治理"的发展模式不再适用，高质量发展必然是生态优先的绿色发展。高质量发展是体现新发展理念的发展，新发展理念中的绿色发展就要求低碳发展。"双碳"目标是在积极应对气候变化、满足人民日益增长的优美生态环境、基于可持续发展提出的，本身就高质量发展的要求所在。习近平总书记强调，把高质量发展的要求贯穿新型工业化全过程。也就是说，新型工业化和"双碳"目标都是致力于高质量发展这一总要求。

---

① 盛朝迅. 新发展格局下推进新型工业化的时代特征、目标要求与发展路径 [J]. 中国发展观察, 2022（6）: 71-71.

② 杜传忠, 王纯, 王金杰. 中国式现代化视域下的新型工业化研究: 发展逻辑、内涵特征及推进机制 [J]. 财经问题研究, 2023（12）: 41-51.

（三）过程相互促进：二者相辅相成、相得益彰

"双碳"目标和新型工业化在实现过程上相互促进，二者相辅相成，相得益彰。"双碳"目标对新型工业化的促进作用主要体现在以下几个方面：

第一，"双碳"目标助推现代绿色低碳工业体系建设。一方面，"双碳"目标有效倒逼工业结构调整，推动产业从高污染、高碳模式向绿色、低碳模式转变，进而实现工业结构优化升级；另一方面，技术是实现"双碳"目标的绝对支撑，"双碳"目标对于技术创新具有极强的推动作用。"双碳"目标必然催生绿色低碳技术代替旧的生产方式，提高能源利用效率，降低单位产量的能源消耗量和碳排放量。新旧动能的转化推动工业生产技术革新、生产方式转变，推动工业生产绿色化、数字化、智能化发展，从而促进工业结构转型升级，建设现代绿色低碳工业体系。

第二，"双碳"目标推动工业能源消费供给变革。"双碳"目标倒逼水、风、光、核等清洁能源的开发应用，改变我国"一煤独大"的局面，推动煤炭由基础能源到保障能源再到支撑能源的转化，从而降低工业领域煤炭、石油等化石能源的消耗占比，优化工业能源消费结构。

第三，"双碳"目标催生新的产业。实现"双碳"目标，需要新的技术、产品、服务和解决方案，由此催生出新的产业发展机会，如以大数据、人工智能、区块链、5G等尖端科技，以光伏、电力、氢能为代表的新能源科技，以碳捕集、利用、封存为核心的技术。低碳技术不仅会催生新产业，同时也会对许多传统产业形成替代和颠覆，如新能源汽车对传统燃油汽车的颠覆。

第四，"双碳"目标有利于工业产品向国外出口。新能源、碳储存、碳节流等绿色低碳技术成果的转化有利于提高工业出口产品的附加值，破除西方国家针对性的绿色贸易壁垒，提高我国在世界经济产业链中的地位。同时低碳科技企业创造出足够的投资空间，有利于我国产品走出去，也有利于提高外资利用能力，借鉴国外优质低碳企业管理经验。

新型工业化从根本上摒弃传统工业化过程中的高能耗、高污染和高碳排放，是建立在绿色低碳基础上的工业化，旨在构建现代化绿色制造体系，是我国推进"双碳"目标的重要手段。新型工业化对"双碳"目标实现的促进作用在以下三方面。

第一，新的增长动能促进"双碳"目标实现。以科技创新为主导的新质生产力，是推进新型工业化的核心驱动力。新型工业化不再是主要靠资本和劳动以及其他要素的大规模投入拉动，而是依靠创新驱动、科技赋能推动生产效率的提升和经济的增长。主要依靠要素投入的规模扩张向主要依靠创新驱动的转变，走绿色发展道路，对降低碳排放具有促进作用。

第二，新的生产技术促进"双碳"目标实现。随着新一轮科技革命和产业变革迅猛发展，新的生产技术将逐步呈现。数字化、智能化、绿色化等新的生产技术将成为新型工业化的主要特征。新型工业化推动数字技术、智能制造技术、绿色低碳技术在各领域广泛应用，构建绿色产业体系，奠定整个经济社会绿色低碳转型的物质基础，为"双碳"目标的实现提供低碳技术、低碳产品、低碳服务。

第三，新的发展模式促进"双碳"目标实现。传统工业化是不可持续的闭环式发展模式，而新型工业化是可持续的循环式现代工业发展模式。传统工业化是"先污染后治理"，而新型工业化注重清洁生产，从源头上控制污染源。新型工业化注重区域布局集群化、产业组织结构协同化，有利于集中治理污染物，提高废物处理效率。

第三章 四川新型工业化面临的"双碳"形势

一、四川工业碳排放总体情况

（一）碳排放核算方法

核算碳足迹常用的方法一般有排放因子法、投入产出法、质量平衡法、实测法等。

1. 排放因子法

排放因子法（emission-factor approach）是联合国政府间气候变化专门委员会（Intergovernmental Panel on Climate Change，IPCC）提出的第一种碳排放估算方法，也是目前广泛应用的方法。其基本思路是依照碳排放清单列表，针对每一种排放源构造其活动数据与排放因子，以活动数据和排放因子的乘积作为该排放项目的碳排放量估算值。

$$E = A \times EF \times (1 - ER\%) \tag{3.1}$$

式（3.1）中，E 为温室气体排放量（如 CO_2、CH_4 等）；A 为活动水平（单个排放源与碳排放直接相关的具体使用和投入数量）；EF 为排放因子（单位某排放源使用量所释放的温室气体数量）；ER 为消减率（%）。其中，排放因子可以采用 IPCC 报告中给出的缺省值（即依照全球平均水平给出的参考值），也可以自行构造。

目前，碳排放估算以排放因子法为基础，多国都提供了碳排放计算器，以面向用户的方式提供碳排放量估算的方法。而该方法具有如下优点：（1）简单明确，易于理解；（2）有成熟的核算公式和活动数据、排放因子数据库；（3）有大量应用实例参考。排放因子法已成为当今碳排放估算方法的主流之一，但同时也存在一些不足，如对排放系统自身发生变化时的处理能力较质量平衡法要差等。

2. 质量平衡法

质量平衡法（mass-balance approach）是近年来学者们提出的一种新方法。即根据每年用于国家生产生活的新化学物质和设备，计算为满足新设备能力或替换去除气体而消耗的新化学物质份额。该方法的优势是可反映碳排放发生地的实际排放量，不仅能够区分各类设施之间的差异，还可以分辨单个和部分设备之间的区别，尤其当年际间设备不断更新的情况下，该种方法更为简便。但该方法的缺陷是需要纳入考虑范围的排放的中间过程较多，容易出现系统误差，数据获取困难且不具权威性等。

3. 实测法

实测法（experiment approach）基于排放源的现场实测基础数据，进行汇总从而得到相关碳排放量。该法中间环节少、结果准确，但数据获取相对困难，投入较大。现实中多是将现场采集的样品送到有关监测部门，利用专门的检测设备和技术进行定量分析，因此该方法还受到样品采集与处理流程中涉及的样品代表性、测定精度等因素的干扰。目前，实测法在中国的应用还不多。

4. 模型法

模型法是在具体估算某些特定部门中的某些特定项目时，结合项目的特点进行建模，对碳排放量进行特定估算的方法。该方法目前在国内已经有了众多的实践，包括林火碳排放模型、居民家庭交通碳排放模型、电力大数据测算碳排放模型等。因其高效与快速的特点，其在特殊项目上有着较好的成绩。但同时，由于其特殊性，不能够被广泛应用于宏观的碳排放计算。

四种碳排放核算方法的优劣势对比见表3-1。

表3-1　四种碳排放核算方法的优劣势对比

类别	优势	劣势	应用现状
排放因子法	简单明确易于理解；有成熟的核算公式和活动数据、排放因子数据库；有大量应用实例参考	相比质量平衡法，该方法对排放系统自身发生变化时的处理能力较差	该方法实现方法论的认识统一，结论权威，得到广泛应用

表3-1(续)

类别	优势	劣势	应用现状
质量平衡法	明确区分各类设施设备和自然排放源之间的差异	需要纳入考虑范围的排放的中间过程较多,容易出现系统误差,数据获取困难且不具权威性。	该方法兴起时间不长,对方法论认识尚不统一,具体操作方法众多,结论需讨论,因此应用不多
实测法	中间环节少,结果准确	数据获取相对困难,投入较大,受到样品采集与处理流程中涉及的样品代表性、测定精度等因素的干扰。	该方法应用时间较长,但由于数据获取最难,应用范围窄
模型法	高效与快速	需根据特定项目进行建模估算	该方法在部分行业应用但由于其特殊性,不能够被广泛应用于宏观的碳排放计算

如表 3-1 所示,每种碳排放核算方法都有其独特优势。本书考虑到工业能源相关数据的可得性,采用基于终端能源消费的排放因子法对碳排放进行核算,即将各种能源的终端能源消费量转化为标准煤消费量,乘以各自能源的碳排放因子,最终加总求和得到碳排放总量。计算公式为

$$C = \sum C_j = \sum E_j * \mu_j * \beta_j \qquad (3.2)$$

式（3.2）中 C 为碳排放量,C_j 表示第 j 种能源消费产生的碳排放量,E_j 表示第 j 种能源的消费总量,μ_j 表示第 j 种能源的折标准煤系数,β_j 表示第 j 种能源的碳排放因子。

本书的能源消费量数据来源于《中国能源统计年鉴》（扣除用作原料、材料的部分）。《中国能源统计年鉴》提供了 30 种能源消费数据,为在不影响分析结果的前提下简化计算,参考 Shan 等[①]的分类方法将本书核算的能源种类合并为 20 种（详见表 3-2）。各能源的折标准煤系数及排放因子详见表 3-3。

---

① YULI SHAN, DABO GUAN, HERAN ZHENG, et al. China CO_2 emission accounts 1997-2015 [EB/OL]. (2024-02-21) [2025-03-15]. http://nature.com/articles/sdata2017201.

表 3-2　能源种类的核算替代情况

能源种类	核算替代	能源种类	核算替代
原煤	原煤	燃料油	燃料油
洗精煤	洗精煤	石脑油	其他石油制品
其他洗煤	其他洗煤	润滑油	其他石油制品
煤制品	煤制品	石蜡	其他石油制品
煤矸石	煤制品	溶剂油	其他石油制品
焦炭	焦炭	石油沥青	其他石油制品
焦炉煤气	焦炉煤气	石油焦	其他石油制品
高炉煤气	其他煤气	其他石油制品	其他石油制品
转炉煤气	其他煤气	液化天然气	液化天然气
其他煤气	其他煤气	炼厂干气	炼厂干气
其他焦化产品	其他焦化产品	天然气	天然气
原油	原油	液化石油气	液化石油气
汽油	汽油	热力	热力
煤油	煤油	电力	电力
柴油	柴油		

表 3-3　各能源的折标准煤系数及排放因子

能源	折标准煤系数 （kg ce/kg, m³, kwh, Mj）	碳排放因子 （kg C/kg ce）
原煤	0.714 3	0.755 9
洗精煤	0.900 0	0.755 9
其他洗煤	0.285 7	0.755 9
煤制品	0.528 6	1.109 8
焦炭	0.971 4	0.855 0
焦炉煤气	0.592 9	0.354 8
其他煤气	0.357 0	0.354 8
其他焦化产品	1.300 0	0.644 9
原油	1.428 6	0.585 7

表3-3（续）

能源	折标准煤系数 （kg ce/kg, m³, kwh, Mj）	碳排放因子 （kg C/kg ce）
汽油	1.471 4	0.553 8
煤油	1.471 4	0.571 4
柴油	1.457 1	0.592 1
燃料油	1.428 6	0.618 5
其他石油制品	1.200 0	0.585 7
液化石油气	1.714 3	0.504 2
炼厂干气	1.571 4	0.460 2
天然气	1.330 0	0.448 3
液化天然气	1.757 2	0.432 6
电力	0.122 9	1.289 3
热力	0.034 1	0.879 2

折标煤系数主要参考《中国能源统计年鉴》《综合能耗计算通则（GB/T2589—2020）》。碳排放因子主要根据 IPCC、《省级温室气体清单编制指南（试行）》《中国温室气体清单研究》（2007）公布的各类能源的净发热值和单位热值当量的碳排放因子测算得出。与大多数研究没有考虑热力、电力的碳排放相比，本书将电力、热力消耗过程中的碳排放列入核算范围。电力的碳排放因子来源于《企业温室气体排放核算方法与报告指南发电设施（2022 年修订版）》，具体数值见表3-4。

表3-4　全国各省（区、市）级电网碳排放因子

省（区、市）	碳排放因子 （kg C/kg ce）	省（区、市）	碳排放因子 （kg C/kg ce）
北京	1.369	河南	1.754
天津	1.802	湖北	0.793
河北	2.004	湖南	1.107
山西	1.642	重庆	0.978
内蒙古	1.672	四川	0.229
山东	1.910	广东	1.001

表3-4(续)

省（区、市）	碳排放因子 （kg C/kg ce）	省（区、市）	碳排放因子 （kg C/kg ce）
辽宁	1.602	广西	0.874
吉林	1.364	贵州	0.949
黑龙江	1.472	云南	0.204
上海	1.252	海南	1.142
江苏	1.515	陕西	1.703
浙江	1.164	甘肃	1.090
安徽	1.722	青海	0.577
福建	0.868	宁夏	1.375
江西	1.407	新疆	1.380

（二）碳排放总量和强度

1. 碳排放总量

1997—2022 年，四川工业的碳排放量呈现出小幅下降、快速增长、逐步回落三个阶段的发展趋势（见图 3-1）。（1）小幅下降阶段：1997—2001 年，四川工业碳排放由 2 119 万吨下降至 2001 年的 1 679 万吨，下降 20.8%，年均下降 5.7%。（2）快速增长阶段：2001—2013 年，四川工业碳排放快速增长，由 1 679 万吨增长至 6 328 万吨，增长了 2.77 倍，年均增速接达 11.7%。（3）逐步回落阶段：2013—2022 年，四川工业碳排放于 2013 年达到峰值后部分年份变化较小（2014 年、2015 年、2017 年）、部分年份快速下降（2016 年下降 10.6%，2018 年下降近 13%）、个别年份小幅反弹（2019 年上升 3.1%），以年均 2.6% 的降幅，从 2013 年的峰值下降到 2022 年的约 4 548 万吨，9 年减少了超过 39% 的碳排放，大体相当于回到 2009 年四川工业的碳排放总量水平。

这与张丹等（2019）[①] 的研究结果趋势一致，但他们只考察了 2005—2015 年这一时间段的碳排量，数据样本相对较小，没有完全呈现出四川工

---

① 张丹，刘建文，高一茹. 四川省工业碳排放量影响因素与预测 [J]. 重庆交通大学学报（社会科学版），2019（4）：90-96.

业碳排放的整体变化特征。碳排放总量的不一致主要原因可能来自本研究考虑了热力的碳排放量,而张丹等(2019)没有计入热力部分的碳排放。

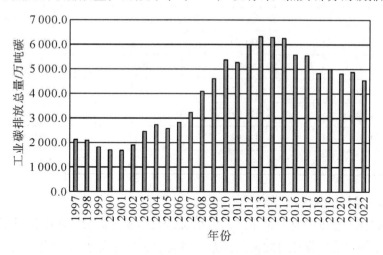

图 3-1　1997—2022 年四川省工业碳排放总量变化

与其他省份相比,2021 年四川省工业碳排放位居全国第 16 位,在 2021 年 GDP 排名前十的省份中为第 3 低,仅高于上海和湖南,约占工业碳排放最高的山东省的五分之一,见表 3-5,数据来源于《中国能源统计年鉴》。四川省工业碳排放量在西部地区的 11 个省(区、市)中(除西藏外)居第 5 位。

表 3-5　2021 年全国各省(区、市)工业碳排放量

(单位:万吨)

省(区、市)	工业碳排放量	省(区、市)	工业碳排放量
北京	803.39	河南	10 194.69
天津	3 520.90	湖北	5 571.25
河北	20 930.51	湖南	4 709.97
山西	10 629.42	广东	10 672.01
内蒙古	14 622.14	广西	5 302.69
辽宁	12 646.57	海南	654.15
吉林	2 795.56	重庆	2 885.00
黑龙江	3 370.11	四川	4 874.29

表3-5(续)

省（区、市）	工业碳排放量	省（区、市）	工业碳排放量
上海	3 345.69	贵州	2 635.48
江苏	18 999.61	云南	3 590.43
浙江	10 141.28	陕西	6 660.64
安徽	7 643.17	甘肃	3 168.27
福建	5 317.52	青海	1 379.26
江西	4 513.58	宁夏	4 732.54
山东	26 954.37	新疆	9 295.23

2. 碳排放强度

碳排放强度是指单位生产总值增长带来的碳排放量，用来衡量工业经济发展与工业碳排放量之间的关系。碳排放强度下降表明工业发展对社会环境的影响逐渐减小，反之，碳排放强度上涨表明工业发展对社会环境影响变大。由于四川省2016年以后不再公布工业总产值数据，本书用相似参数代替，参考张丹等（2019）①、杨金强和陈兴鹏（2014）②的研究，采用每单位工业增加值所排放的碳排放量表征工业碳排放强度。为确保数据可比性更强，本书采用平减后的数据进行分析。

1997—2022年，四川省工业碳排放强度总体呈逐渐下降趋势，由1997年的1.98吨/万元下降至2022年的0.38吨/万元，年均降幅约6.4%（见图3-2）。也就是说，2022年四川省每单位工业增加值的碳排放量仅为1997年时的五分之一。

碳排放强度的降低预示着工业增加值增速高于碳排放增速。1997—2013年，四川省工业碳排放强度的年均降幅为5.9%，而工业增加值的增速在绝大多数年份高于这一增速。2014开始，四川省工业增加值实际增速虽有所放缓但依旧保持增长，而工业碳排放量开始下降，因此碳排放强度快速降低。2014—2022年，四川省工业碳排放强度年均降幅为7.6%。

---

① 张丹，刘建文，高一茹.四川省工业碳排放量影响因素与预测 [J].重庆交通大学学报（社会科学版），2019（4）：90-96.

② 杨金强，陈兴鹏.兰州市工业碳排放估算实证研究 [J].经济论坛，2014（11）：66-70.

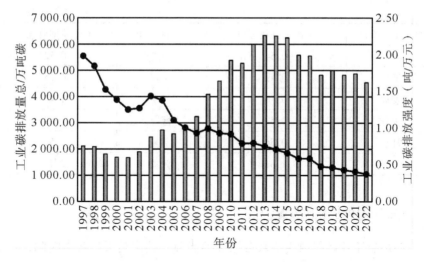

图 3-2　1997—2022 年四川省工业碳排放量和排放强度

从全国范围看，2021 年，四川省工业碳排放强度位居全国第 26 位，在 GDP 排名前十的省份中为第 4 低，仅高于上海、福建、广东。四川省工业碳排放强度在西部地区的 11 个省（区、市）中（除西藏）最低，远低于宁夏、新疆、内蒙古、青海、甘肃等省份。碳排放总量和排放强度比较结果表明，四川省工业碳排放总量具有一定比较优势，主要原因是四川省是全国清洁能源大省，水电和天然气资源丰富。

2021 年全国各省（区、市）工业碳排放强度详见表 3-6。

表 3-6　2021 年全国各省（区、市）工业碳排放强度

单位：吨/万元

省（区、市）	工业碳排放强度	省（区、市）	工业碳排放强度
北京	0.18	河南	0.74
天津	0.91	湖北	0.45
河北	1.94	湖南	0.44
山西	1.32	广东	0.31
内蒙古	2.26	广西	1.08
辽宁	1.76	海南	1.23
吉林	0.95	重庆	0.48
黑龙江	1.17	四川	0.41
上海	0.41	贵州	0.66

表3-6(续)

省（区、市）	工业碳排放强度	省（区、市）	工业碳排放强度
江苏	0.54	云南	0.72
浙江	0.49	陕西	0.75
安徽	0.78	甘肃	1.46
福建	0.38	青海	1.84
江西	0.54	宁夏	3.51
山东	1.31	新疆	2.40

（三）碳排放能源贡献

四川省工业碳排放主要来自煤炭类能源，其次是天然气类能源，再依次是电力、热力和石油类能源。2022年，煤炭类能源的碳排放量占四川省工业碳排放量的55.7%，天然气类能源的碳排放量占21.4%，电力、热力和石油类能源分别占11.4%、6.8%和4.7%，见图3-3。

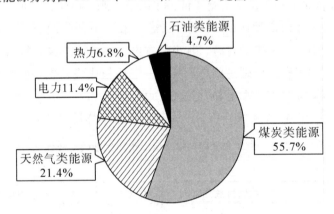

图 3-3　2022 年四川省工业碳排放来源占比

表3-7给出了1997—2022年，四川省工业消耗的各种能源的碳排放的碳排放量。可以看出：

（1）碳排放增量变化情况。1997—2022年，煤炭类能源产生的碳排放增量最大，天然气类能源次之，接着依次为电力、热力和石油类能源。1997—2022年，四川省工业煤炭类能源产生的碳排放量增加了841万吨，天然气类能源产生的碳排放量增加了722万吨，电力、热力和石油类能源产生的碳排放增量分别为427万吨、268万吨和171万吨。

表 3-7 1997—2022 年四川省工业领域消耗各类能源产生的碳排放

单位：万吨碳

年份	煤炭类	石油类	天然气类	热力	电力
1997	1 692.7	41.6	252.8	41.8	90.2
1998	1 682.1	41.6	245.7	40.2	85.7
1999	1 397.6	35.5	248.8	52.4	82.2
2000	1 247.3	39.6	238.9	83.6	88.2
2001	1 199.7	34.0	261.8	82.0	96.0
2002	1 381.9	38.6	291.6	82.7	110.3
2003	1 879.6	49.5	303.31	95.2	132.4
2004	2 105.7	59.3	304.2	105.3	149.8
2005	1 921.2	80.8	334.2	81.2	163.8
2006	2 069.3	100.0	337.1	109.0	200.1
2007	2 379.8	126.6	419.2	98.4	215.0
2008	3 229.1	177.8	370.2	89.8	215.2
2009	3 634.0	172.0	388.1	171.0	235.7
2010	4 153.7	200.8	611.8	141.7	270.3
2011	4 076.4	204.4	520.2	113.3	359.4
2012	4 924.4	208.4	394.3	110.1	366.5
2013	4 773.60	420.0	685.9	105.8	342.5
2014	4 647.6	515.6	601.6	186.3	350.6
2015	4 458.9	769.7	565.3	125.6	328.5
2016	3 963.9	609.8	559.1	123.7	325.2
2017	3 867.5	598.4	611.4	139.2	336.7
2018	3 286.1	171.5	821.6	179.9	374.7
2019	3 247.2	178.0	904.5	248.8	405.4
2020	3 000.4	176.6	893.7	303.3	440.0
2021	2 890.8	184.4	990.4	301.2	507.4
2022	2 533.8	212.8	974.4	309.7	517.2

（2）碳排放增速变化情况。1997—2022 年，热力产生的碳排放增幅最大，高达 640.4%；其次为电力，为 473.5%。在化石类能源中，产生的碳排放增速依次为石油类能源、天然气类能源和煤炭类能源，增速分别为

411.1%、285.4%和49.7%。化石类能源增速低于电力、热力对碳排放的增速，这也预示着能源结构呈不断优化的趋势发展。

（3）碳排放占比变化情况。从碳排放能源占比变化看，四川省煤炭类能源的碳排放占比变化最大，总体呈下降趋势。相应地，天然气类能源、电力、热力产生的碳排放量占比总体呈上升趋势。1997—2022年，煤炭类能源产生的碳排放量占比总体呈下降趋势，由1997年的79.9%下降到了2022年的55.7%，累计下降24.2个百分点。1997—2022年，天然气类能源碳排放占比由11.9%增长到21.4%，累计增长9.5个百分点。电力碳排放占比从4.3%增长到11.4%，累积增长7.1个百分点，热力碳排放占比从2.0%增长到6.8%，累积增长4.8个百分点。石油类能源碳排放占比变化相对较小，从2.0%增长到4.7%，仅上升2.7个百分点。见表3-8。

表3-8　1997—2021年四川省工业各类能源消费碳排放占比　单位:%

年份	煤炭类	石油类	天然气类	热力	电力
1997	79.9	2.0	11.9	2.0	4.3
1998	80.3	2.0	11.7	1.9	4.1
1999	76.9	2.0	13.7	2.9	4.5
2000	73.5	2.3	14.1	4.9	5.2
2001	71.4	2.4	15.6	4.9	5.7
2002	72.5	2.0	15.3	4.3	5.8
2003	76.4	2.0	12.3	3.9	5.4
2004	77.3	2.2	11.2	3.9	5.5
2005	74.4	3.1	12.9	3.1	6.3
2006	73.5	3.6	12.0	3.9	7.1
2007	73.5	3.9	12.9	3.0	6.6
2008	79.1	4.4	9.1	2.2	5.3
2009	79.0	3.7	8.4	3.7	5.1
2010	77.2	3.7	11.4	2.6	5.0
2011	77.3	3.9	9.9	2.1	6.8
2012	82.0	3.5	6.6	1.8	6.1
2013	75.4	6.6	10.8	1.7	5.4
2014	73.8	8.2	9.5	3.0	5.6
2015	71.4	12.3	9.0	2.0	5.3

表3-8(续)

年份	煤炭类	石油类	天然气类	热力	电力
2016	71.0	10.9	10.0	2.2	5.8
2017	69.6	10.8	11.0	2.5	6.1
2018	68.0	3.5	17.0	3.7	7.8
2019	65.2	3.6	18.1	5.0	8.1
2020	62.3	3.7	18.6	6.3	9.1
2021	59.3	3.8	20.3	6.2	10.4
2022	55.7	4.7	21.4	6.8	11.4

煤炭类、天然气类、石油类能源的碳排放占比有较为明显的阶段性特征，见图3-4，这主要与四川省的清洁能源产量有关。1997—2012年，煤炭类能源碳排放占比一直在71%~82%区间上下波动，均值75%左右；2012年后开始快速下降，2021年比2012年下降近23个百分点，年均下降2.5个百分点。2018年之前，天然气类能源碳排放占比一直在11%~16%区间波动，均值在13%左右；2008—2017年占比有所下降，均值在9.6%左右；2018年增长6个百分点，达到17%，此后连续两年继续增长，2021年首次超过20%达到20.3%。石油类能源的碳排放占比在2%~4.4%区间波动，均值为2.9%；2013—2017年呈明显的上升趋势，该阶段碳排放占比均值达到近10%；2018年占比又下降7.3个百分点，此后占比变化不大。

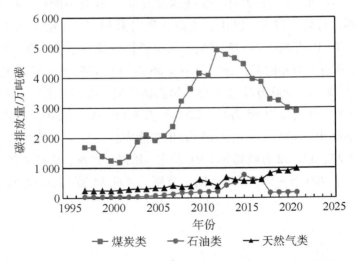

图3-4 1997—2021年四川省工业领域化石类能源产生的碳排放量

二、四川工业碳排放分布情况

本节工业能源消费数据来源于四川省各市州统计年鉴，其中内江、南充等市州统计年鉴未包含细分能源种类的规上工业消费数据，这些市州的工业碳排放量使用综合能源消费数据乘以标准煤碳排放系数进行计算。由于各地市统计年鉴中的能源消费数据与《中国能源统计年鉴》存在统计口径不一致，各地市工业碳排放量之和与前文四川全省工业碳排放量有数据差异。因 2021 年、2022 年各市州的数据还没有完全公布，故本书采用2020 年的数据进行计算。

（一）碳排放总量分布

2020 年四川省工业碳排放量分布不均衡，最高的成都市是最低的甘孜州的 157 倍，见表 3-9。2020 年，成都工业碳排放量达到 1 358.82 万吨，占全省的比例为 18.9%。工业碳排放量第二位的是攀枝花市，达到1 028.19 万吨，占全省的比例达 14.3%。攀枝花市和成都市合计占全省工业碳排放的比例约三分之一。排名第三位的乐山市约为成都市的一半，为718.70 万吨。碳排放量最低的甘孜州 2020 年仅为 8.65 万吨，占全省碳排放量的比例约 0.1%。2020 年，工业碳排放量在 10 万—100 万吨区间的市州有阿坝、自贡、雅安、巴中、资阳，分别为 91.21 万吨、89.73 万吨、86 万吨、34.10 万吨和 14.25 万吨。工业碳排放量位于 100 万—200 万吨区间的市州有眉山和德阳，分别为 166.86 万吨和 165.06 万吨。工业碳排放量位于 200 万—300 万吨区间的市州包括广安、绵阳、遂宁、南充，分别为 276.89 万吨、240.85 万吨、220.56 万吨和 202.19 万吨。工业碳排放量位于 300 万—400 万吨区间的市州包括内江、广元、凉山，分别为386.53 万吨、372.52 万吨和 303.91 万吨。达州、宜宾、泸州 2020 年的碳排放量位于 400 万—500 万吨区间，分别为 498.81 万吨、477.54 万吨和451.74 万吨。

表 3-9　2020 年四川省各市州的工业碳排放量

总量排名	市州	经济区	碳排放量/万吨	占全省比例/%
1	成都市	成都平原经济区	1 358.82	18.9
2	攀枝花市	攀西经济区	1 028.19	14.3
3	乐山市	成都平原经济区	718.70	10.0
4	达州市	川东北经济区	498.81	6.9
5	宜宾市	川南经济区	477.54	6.6
6	泸州市	川南经济区	451.74	6.3
7	内江市	川南经济区	386.53	5.4
8	广元市	川东北经济区	372.52	5.2
9	凉山州	攀西经济区	303.91	4.2
10	广安市	川东北经济区	276.89	3.8
11	绵阳市	成都平原经济区	240.85	3.3
12	遂宁市	成都平原经济区	220.56	3.1
13	南充市	川东北经济区	202.19	2.8
14	眉山市	成都平原经济区	166.86	2.3
15	德阳市	成都平原经济区	165.06	2.3
16	阿坝州	川西北生态示范区	91.21	1.3
17	自贡市	川南经济区	89.73	1.2
18	雅安市	成都平原经济区	86.00	1.2
19	巴中市	川东北经济区	34.10	0.5
20	资阳市	成都平原经济区	14.25	0.2
21	甘孜州	川西北生态示范区	8.65	0.1

　　图 3-5 给出了四川省五大经济区的工业碳排放量,我们可以看出,成都平原经济区占全省工业碳排放的比例约 40%,川东北经济区、川南经济区、攀西经济区分别约占 20%、20%、20%。2020 年,成都平原经济区工业碳排放量达到 2 971.1 万吨。川东北经济区、川南经济区、攀西经济区的碳排放量差距不大,分别为 1 384.51 万吨、1 405.54 万吨和 1 332.10 万吨。川西北生态示范区最低,总排放量不到 100 万吨,占全省的比例

仅 1.4%。

成都平原经济区中，成都的工业碳排放量约占一半。川东北经济区中，达州、广元、广安、南充、巴中的工业碳排放量大致按等差数列依次降低。川南经济区中，除自贡较低外，泸州、宜宾、内江的工业碳排放量基本相同。攀西经济区中，攀枝花的工业碳排放量是凉山的 3 倍。川西北生态示范区中，阿坝的工业碳排放量明显高于甘孜，约为甘孜的 10.5 倍。

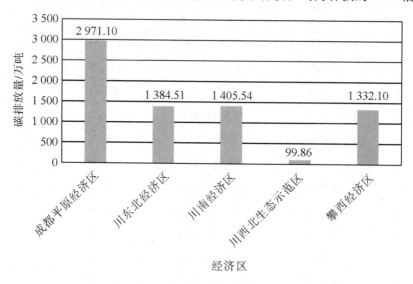

图 3-5　2020 年四川省五大经济区工业碳排放量

（二）碳排放强度分布

从图 3-6 我们可以看出，四川省各市州的工业碳排放量强度差异显著。2020 年，攀枝花市的工业碳排放强度最高，达到 2.07 吨/万元，是全省平均强度的 4.2 倍。这主要由于攀枝花市是以钢铁生产为主的城市，涉及冶炼工序较多，产业结构偏重，煤炭类能源消耗占比较大。四川省工业碳排放强度居全省第二高的是广元市，达到 1.27 吨/万元，主要原因是广元近年来发展能源化工、铝基材料产业消耗的能源较多，特别是煤炭和天然气。内江市、乐山市、达州市的工业碳排放强度相近，分别为 1.06 吨/万元、1.05 吨/万元和 1.04 吨/万元。广安市的工业碳排放强度为 0.94 吨/万元，是全省平均的 1.9 倍。凉山州和泸州市的工业碳排放强度接近，分别为 0.65 吨/万元和 0.64 吨/万元。宜宾市、遂宁市、眉山市、雅安市略低于全省平均水平，分别为 0.47 吨/万元、0.44 吨/万元、0.43 吨/万元和 0.43 吨/万元。南充市的工业碳排放强度约为全省平均的 70%，巴中市、绵阳市、成都市、自贡市的工业碳排放强度位于 0.2—0.3 吨/万元区间，德阳市、甘孜州、资阳市的工业碳排放强度居全省倒数三位，分别为 0.16 吨/万元、0.10 吨/万元和 0.09 吨/万元。

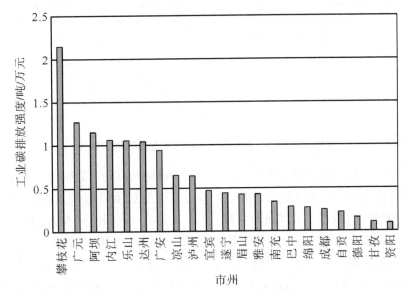

图 3-6　2020 年四川省各市州的工业碳排放强度

在四川省五大经济区中，攀西经济区的工业碳排放强度最高，接近 1.5 吨/万元，约为全省平均水平的 4 倍；成都平原经济区最低，为 0.32 吨/万元，约为全省平均水平的 60%。川东北经济区的工业碳排放强度居全省第二位，达到 0.78 吨/万元（详见图 3-7）。川南经济区和川西北生态示范区的工业碳排放强度接近，但川南经济区的工业增加值远远高于川西北生态示范区。同一经济区内的工业碳排放强度也存在明显差异，如阿坝州的工业增加值与甘孜州接近，但阿坝州的工业碳排放强度是甘孜州的 10.5 倍。

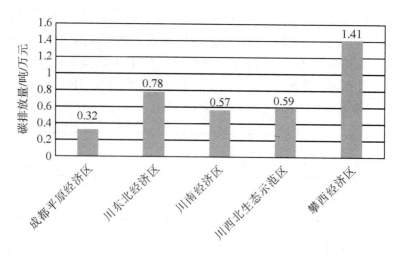

图 3-7　2020 年四川省五大经济区工业碳排放强度

　　分析可见，四川省各市州之间的工业碳排量、碳排放强度差异较大，不平衡特征显著。工业经济越发达的地区，碳排放强度越低。根据中经数据，2020 年，成都工业增加值实现 4 518.2 亿元，占四川全省总量的 31%，但工业碳排放强度仅为四川省平均水平的一半。工业增加值居四川省第二位的德阳，2020 年碳排放强度居全省倒数第三位。工业增加值居四川省第三位的宜宾，碳排放强度也低于四川省平均水平。工业增加值占四川省59.5% 的成都平原经济区，工业碳排放强度仅为全省平均水平的 65.3%。这一结果提示我们工业经济发展的集聚集群发展有利于集约化、低碳化、绿色化，发展工业更应该向园区集中，构建较为完善的产业链、创新链，打造具有一定规模的产业集群。

三、四川工业碳排放的影响因素

　　碳排放驱动因素的研究方法主要有结构分解法（structural decomposition analysis，SDA）、指数分解法（index decomposition analysis，IDA）、IPAT 方程（impact‐population‐affluence‐technology）及衍生的 STIRPAT 法（stochastic lmpacts by regression on population，affluence and technology）等。结构分解法的核心思想是将经济系统中目标变量的变动分解为有关各独立自变量各种形式变动的和，以测度各自变量对目标变量变

动贡献的大小。采用结构分解法的碳排放驱动因素研究通常基于经济、人口、能源消费等因素建立碳排放计算公式，进而将碳排放变动分解为各个因素变动之和。指数分解法最早可追溯到 1871 年 Laspeyres 提出的以基期价格为权重的指数，最初被用于处理一些经济问题，后续逐步被应用到能源领域，并发展出 LD、RLD、GFI、AMDI、LMDI 等算法[①]。指数分解法的基本思想就是把一个目标变量的变化分解成若干个影响因素变化的组合，从而可以辨别各个因素影响程度的大小，即贡献率，从而客观确定出贡献较大的因素。IPAT 方程模型起源于 20 世纪 70 年代早期埃利希与康芒纳关于人为环境影响的主要驱动因素的辩论，是一个分析人类活动对环境影响的公式，主要将人口因素（P）、富裕度（A）、技术因素（T）纳入了对环境影响（I）的分析框架，数学表达式为

$$I = P \cdot A \cdot T \tag{3.3}$$

式（3.3）中，I 表示环境影响，P 表示人口因素，A 表示人均财富，T 表示技术水平。

可拓展的随机性的环境影响评估模型（Stochastic Impacts by Regression on Population，Affluence and Technology，STIRPAT）是对 IPAT 方程模型的修正和扩展，主要特征在于为模型添加了一组系数和随机误差[②]，用于精确测量不同变量对环境影响的不同重要性。STIRPAT 模型能够克服 IPAT 模型假设各种因素同比例影响碳排放的不足，分析碳排放影响因素的灵活度较大。

STIRPAT 模型表达式为

$$I = a \cdot P^b \cdot A^c \cdot T^d \cdot e \tag{3.4}$$

式（3.4）中，I 表示环境影响，P 表示人口因素，A 表示人均财富，T 表示技术水平，a 为模型的参数，b、c、d 为 P、A、T 的系数，e 为随机误差。

LMDI（logarithmic mean divisia index）算法由于具有分解形式灵活、完全分解的特征，且可以对所有因素进行无残差分解，还可以运用到部分残缺数据集的分解上。Kaya 恒等式最早由日本学者 Yoichi Kaya 提出，将

---

① 程郁泰，张纳军. 碳排放 IDA 模型的算法比较及应用研究［J］. 统计与信息论坛，2017，32（5）：10-17.

② 李莉，王建军. 高耗能行业结构调整和能效提高对我国 CO_2 排放峰值的影响：基于 STIRPAT 模型的实证分析［J］. 生态经济，2015，31（8）：74-79.

碳排放的变化表示为能源消耗、经济发展、人口增长三者共同作用的结果，其表达式为

$$CO_2 = \frac{CO_2}{PE} \times \frac{PE}{GDP} \times \frac{GDP}{POP} \times POP \qquad (3.5)$$

式（3.5）中，CO_2为碳排放量，PE 为一次能源消费量，GDP 为地区生产总值，POP 为人口规模总数。

SDA、LMDI 和 STIRPAT 三种模型各有优劣势。SDA 的优势是以动态化的视角分析经济活动的投入和产出关系，避免了传统模型的静态化视角，但主要缺点是对影响因素指标变化的分解不完全。LMDI 分解法是建立在恒等式基础上的完全分解模型，能定量确定各因素对研究对象的影响程度，且没有残差。此外，指数分解法与 SDA 方法相比，数据的要求较低、可获得性较强。STIRPAT 可以同时考察多个影响因素，也允许将各系数作为参数进行估计，但容易出现随机扰动、耦合度不高的情况。本书采用 STIRPAT 和 LMDI 两种模型对四川省工业碳排放的影响因素进行考察。

（一）基于 STIRPAT 模型

基于数据的可得性和研究的主要目的，本书对 STIRPAT 模型进行相应的拓展与改进。（1）工业经济发展水平采用劳均工业增加值表示。为了检验二氧化碳库兹涅茨曲线假说，将劳均产出分解为一次方项、二次方项与三次方项，从而更加全面地考察碳排放与工业发展之间的关系。（2）技术水平变量用能源强度表示，指单位工业增加值的能源消耗量。（3）将能源结构引入模型，用清洁能源占能源消费的比例表示。四川省是我国第一水电大省，装机容量和水电生产量居全国第一，清洁能源主要指电力和天然气。

被解释变量劳均碳排放量的自然对数可由公式（3.6）得到：

$$\ln pc_{it} = a_0 + a_1 \ln pave_{it} + a_2 (\ln pave_{it})^2 + a_1 \ln EI_{it} + a_1 \ln ES_{it} + \varepsilon_{it}$$

$$(3.6)$$

式（3.6）中，i 和 t 分别代表行业和年度，$\ln$ 是自然对数，ε_{it} 是随机扰动项，其他变量的说明见表 3-10。

表 3-10　主要变量及说明

变量名称	解释说明	单位
劳均碳排放量（pc）	工业碳排放量/工业就业人数	吨/人
不变价劳均增加值（pave）	1997 年为基数年的实际工业增加值/工业就业人数	万元
能源强度（EI）	单位 GDP 的能源消耗量	吨标准煤/万元
能源结构（ES）	清洁能源占能源消费的比例	%

本书选取 1997—2020 年作为研究时段，不变价劳均增加值根据工业增加值、工业增加值指数和就业人数计算所得，能源强度和能源结构数据分别根据四川省碳排放量与工业增加值、清洁能源和能源消费总量计算所得。由于研究基于时间序列数据，为了避免"伪回归"问题，本书在进行参数估计之前，使用 DFGLS 检验对各变量进行单位根检验，检验结果如表 3-11 所示。

表 3-11　单位根检验结果

变量	DFGLS 统计量	10%显著水平临界值	检验结果
lnpc	-4.965	-2.468	平稳
lnpave	-4.200	-2.890	平稳
(lnpave)^2	-2.829	-2.512	平稳
lnEI	-4.152	-2.963	平稳
lnES	-3.202	-3.139	平稳

根据以上检验结果我们可以认为，各序列均为平稳时间序列，直接回归将不存在"伪回归"问题。回归结果如表 3-12 所示。

表 3-12　回归结果

	（1）
lnpave	1.100*** /（0.031）
(lnpave)^2	-0.059*** /（0.009）
lnEI	0.916*** /（0.045）
lnES	-0.189*** /（0.041）
cons	-0.610*** /（0.038）

表3-12(续)

	(1)
N	23
R²	0.99
F	7 139

注：括号内为稳健标准误，*** 表示 1% 的显著性水平。

从回归结果我们可以看出，劳均产出的平方项显著为负，但系数只有 −0.059，表明碳排放库茨涅茨曲线的倒"U"形规律在四川省工业生产中可能并不存在。由于劳均产出的平方项影响较小，可以忽略。从影响大小看，劳均产出和能源强度是影响四川省工业企业劳均碳排放的主要因素，劳均产出每增长一个百分点，劳均碳排放将增加 1.1 个百分点。能源强度每下降一个百分点，劳均碳排放将下降 0.916 个百分点。相比之下，能源结构的影响作用相对较小，清洁能源占比每提升一个百分点，劳均碳排放将下降 0.189 个百分点。劳均产出的一次项为正，对四川省工业碳排放起促进作用。能源强度和能源结构对四川省工业碳排放均起抑制作用。

（二）基于 LMDI 模型

LMDI 模型是建立在恒等式基础上的完全分解模型，能定量确定各因素对研究对象的影响程度，且没有残差。为了更好地了解四川省工业碳排放影响因素的作用大小，基于研究主要目的和四川省工业发展实际，本书将 Kaya 恒等式拓展为：

$$C = \sum_j C_j = \sum_j \frac{C_j}{E_j} \cdot \frac{E_j}{E} \cdot \frac{E}{G} \cdot \frac{G}{P} \cdot P \tag{3.7}$$

式（3.7）中，C 为碳排放量，j 为原煤、天然气等 20 种能源之一，C_j 为第 j 种能源碳排放量，E_j 为第 j 种能源消耗量，E 为能源消耗量，G 为工业增加值，P 为工业就业人数。

上式可以进一步演变为：

$$C = CE \cdot ES \cdot EI \cdot IG \cdot P \tag{3.8}$$

其中，CE 为碳排放系数，ES 为能源结构，用清洁能源占能源消费的比例表示；EI 为能源强度，用单位工业增加值消耗能源量表示；IG 为人均工业增加值。

主要数据来源详见表 3-13。

表 3-13　主要数据来源

主要数据	数据来源
碳排放量	根据《能源统计年鉴》进行核算
能源消耗量	《能源统计年鉴》
工业增加值	国家统计局
工业就业人数	《四川统计年鉴》 （2020 年、2021 年、2022 年未公布，采用当年度第二产业就业人数乘以 2019 年度工业就业人数占比进行估算）

根据前文构建的扩展 Kaya 恒等式，本书参考 LMDI 模型，将四川省工业碳排放影响因素的综合效应分解为碳排放系数效应、能源结构效应、能源强度效应、工业增长效应、就业规模效应，构建如下碳排放影响因素分解公式：

$$\Delta C = C_t - C_0 = \Delta CE + \Delta ES + \Delta EI + \Delta IG + \Delta P \qquad (3.9)$$

式（3.9）中，ΔC 为第 0 年至第 t 年四川省工业碳排放的变化量，C_t 为末期第 t 年四川省工业碳排放量，C_0 为基期第 0 年四川省工业碳排放量。ΔCE 代表碳排放系数效应，根据 IPCC 的假定，能源碳排放系数不随时间变化，即碳排放系数效应可以忽略不计；ΔES 代表能源结构效应，即基期至末期四川省工业能源消费结构变化引起的碳排放变化量；ΔEI 代表能源强度效应，即基期至末期四川省工业能源消费强度变化引起的碳排放变化量；ΔIG 代表工业增长效应，即基期至末期四川省工业经济增长引起的碳排放变化量；ΔP 代表就业规模效应，即基期至末期四川省工业就业规模变化引起的碳排放变化量。

各分解因素贡献值的基本方程如下所示：

$$\Delta ES = \sum_j \frac{C_j^t - C_j^0}{\ln C_j^t - \ln C_j^0} \ln \frac{ES_j^t}{ES_j^0} \qquad (3.10)$$

$$\Delta EI = \sum_j \frac{C_j^t - C_j^0}{\ln C_j^t - \ln C_j^0} \ln \frac{EI_j^t}{EI_j^0} \qquad (3.11)$$

$$\Delta IG = \sum_j \frac{C_j^t - C_j^0}{\ln C_j^t - \ln C_j^0} \ln \frac{IG_j^t}{IG_j^0} \qquad (3.12)$$

$$\Delta P = \sum_j \frac{C_j^t - C_j^0}{\ln C_j^t - \ln C_j^0} \ln \frac{P_j^t}{P_j^0} \qquad (3.13)$$

各分解因素的贡献度计算公式如下所示：

$$r_{ES} = \frac{\Delta ES}{|\Delta ES| + |\Delta EI| + |\Delta IG| + |\Delta P|} \times 100\% \qquad (3.14)$$

$$r_{EI} = \frac{\Delta EI}{|\Delta ES| + |\Delta EI| + |\Delta IG| + |\Delta P|} \times 100\% \qquad (3.15)$$

$$r_{IG} = \frac{\Delta IG}{|\Delta ES| + |\Delta EI| + |\Delta IG| + |\Delta P|} \times 100\% \qquad (3.16)$$

$$r_{P} = \frac{\Delta P}{|\Delta ES| + |\Delta EI| + |\Delta IG| + |\Delta P|} \times 100\% \qquad (3.17)$$

表3-14给出了采用LMDI法对四川工业碳排放影响因素的分解结果。可以看出，1997—2022年，能源结构、能源强度、工业增长、就业规模这四种因素都表现出促进作用和抑制作用，呈现出较大波动性。

1. 能源结构效应

1997—2022年，能源结构因素年均减少44.7万吨碳排放，贡献度为-7.1%，表明能源结构改善对于减少四川省工业碳排放具有一定作用。然而，这期间出现较大波动，有接近一半年份表现出促进作用。主要原因是随着四川省工业能源消费结构的持续优化，煤炭类能源消费占比持续下降，天然气、电力等清洁能源消费占比持续上升。能源结构因素在大多数年份对碳排放起到负向的抑制作用，小部分年份引起了碳排放的增加，这一现象与对应年份煤炭类能源消费占比上升（如2008年、2012年）的趋势是一致的。

2. 能源强度效应

能源强度的提高是抑制四川省工业碳排放的主要因素。1997—2022年，能源强度的年均减少碳排放219.3万吨，贡献度为-35.1%。分年份看，除2001—2003年、2007—2008年、2009—2010年和2016—2017年外，其余年份均表现出明显的抑制效果，其中，2010—2011年能源强度因素的减排量最大，减少了689.33万吨碳。

3. 工业增长效应

工业增长是四川省工业碳排放量增长的主要因素。1997—2022年，工业增长导致四川省工业年均碳排放增加338.7万吨，占总效应的54.2%。分年份看，除1999—2000年、2016—2017年以外，工业增长效应始终对四川省工业碳排放表现出显著促进效果。其中2007—2008年工业增长因素导致的碳排放增加的贡献度最大，达到70.8%，增长了597.9万吨碳排放量。

4. 就业规模效应

1997—2001 年，就业规模导致四川省工业碳排放年均增加 22.4 万吨碳，占总效应的 3.6%，表明就业规模扩大一定程度导致了四川省工业碳排放的增长。除 1997—1998 年、2000—2001 年、2007—2008 年、2014—2015 年和 2017—2022 年外，其余年份均为促进作用。与导致四川省工业碳排放增加的另一因素工业发展相比，就业规模因素相对工业发展的促进作用较小，约为工业发展因素的 6%。

表 3-14　1997—2022 年四川省工业碳排放 LDMI 因素分解结果

单位：万吨碳

年份	能源结构	能源强度	工业增长	就业规模	总效应
1997—1998	6.71	−161.83	145.69	−14.36	−23.79
1998—1999	−36.50	−331.73	57.20	32.17	−278.87
1999—2000	−23.38	−133.22	−16.33	53.97	−118.96
2000—2001	−29.12	−149.70	171.81	−11.04	−18.05
2001—2002	6.30	16.70	144.25	58.50	225.75
2002—2003	61.47	204.45	267.35	21.46	554.73
2003—2004	19.67	−121.55	315.64	50.64	264.40
2004—2005	−69.41	−502.07	407.70	20.65	−143.14
2005—2006	−22.42	−257.69	291.34	223.07	234.30
2006—2007	4.42	−219.01	314.23	323.89	423.53
2007—2008	152.40	93.31	597.94	−0.56	843.09
2008—2009	45.21	−344.66	635.44	182.76	518.74
2009—2010	−317.83	282.22	624.08	188.89	777.36
2010—2011	−84.75	−689.33	527.07	142.43	−104.58
2011—2012	196.59	−151.99	464.71	220.81	730.12
2012—2013	−171.14	−173.85	673.32	−4.36	323.98
2013—2014	22.23	−404.67	221.81	134.60	−26.02
2014—2015	16.50	−421.70	378.35	−26.83	−53.68
2015—2016	−107.13	−672.35	50.79	62.38	−666.31
2016—2017	−57.26	44.74	−87.34	71.34	−28.51

表3-14(续)

年份	能源结构	能源强度	工业增长	就业规模	总效应
2017—2018	-299.34	-624.89	292.49	-87.63	-719.36
2018—2019	-70.06	-104.13	330.35	-6.05	150.10
2019—2020	-97.80	-247.69	151.85	23.66	-169.99
2020—2021	-138.18	-143.26	398.76	-56.98	60.34
2021—2022	-123.45	-268.91	169.62	-103.75	-326.48
均值	-44.7	-219.3	338.7	22.4	97.1
贡献率	-7.1%	-35.1%	54.2%	3.6%	—

为清楚显示四川省工业不同阶段各驱动因素的作用大小，按照1997—2022年工业碳排放经历的小幅下降、快速增长、逐步回落三个阶段进行分段研究，结果见表3-15。工业发展因素是四川省工业能源消费碳排放增加的首要驱动力，1997—2022年工业发展因素年均增加338.7万吨碳，贡献度为54.2%。就业规模因素年均增加22.4万吨碳，效应量不足工业发展因素的10%，贡献度为3.6%，表明就业规模扩大一定程度导致了四川省工业能源消费碳排放的增长，但与工业发展因素相比，就业规模因素对碳排放的促进作用较为边缘。1997—2022年，能源结构因素年均减少44.7万吨碳，贡献度为-7.1%；能源强度因素年均减少219.3万吨碳，贡献度为-35.1%。能源强度因素的效应量是能源结构因素的4.9倍，表明能源强度是抑制四川省工业碳排放的主要因素。

表3-15 1997—2022年四川省工业碳排放分阶段LDMI因素分解结果

单位：万吨碳

年份	能源结构	能源强度	工业增长	就业规模	总效应
1997—2001	-20.6	-194.1	89.6	15.2	-109.9
2001—2013	-15.0	-155.3	438.6	119.0	387.4
2013—2022	-94.9	-315.9	316.2	-103.2	-197.8
1997—2022	-44.7	-219.3	338.7	22.4	97.1

在三个阶段中，能源结构和能源强度均对工业碳排放表现出抑制作用，工业增长表现出促进作用。就业规模在1997—2001年、2001—2013年两个

阶段表现出促进作用，在 2013—2022 年表现出抑制作用。能源结构因素年均减少 20.6 万吨碳，占此阶段总效应的-6.4%；能源强度因素年均减少194.1 万吨碳；工业增长因素年均增加 89.6 万吨碳；就业规模因素年均增加 15.2 万吨碳。

2001—2013 年，能源结构因素年均减少 15.0 万吨碳，占此阶段总效应的-3.9%；能源强度因素年均减少 155.3 万吨碳；工业增长因素的促进作用大幅度上升，年均增加 438.6 万吨碳，是 1997—2001 年的近 5 倍；随着四川工业就业人口的迅速增长，就业规模因素的促进作用大幅度上升，年均增加 119.0 万吨碳，是 1997—2001 年的 7.8 倍。

2013—2022 年，四川省工业能源消费结构显著优化，煤炭类能源消费占比从 63.3%下降至 41.9%，能源结构因素减排作用显著提升，年均碳排放减少 94.9 万吨，占此阶段总效应的 48.0%。能源强度在此阶段的抑制作用也较为明显，年均减排 315.9 万吨。工业增长在此阶段的速度有所下降，对碳排放的促进也作用明显回落，年均增加 316.2 万吨，仅为 2001—2013 年的 72%左右。此阶段，四川省工业就业人口增速幅度放缓，就业规模因素对碳排放的促进作用显著下降，年均减排 103.2 万吨。

STIRPAT 模型和 LMDI 模型的结果都表明，1997—2022 年，能源结构因素、能源强度因素始终对四川省工业碳排放起到了抑制作用。LMDI 模型计算结果显示工业增长和就业规模均促进四川省工业碳排放增长，STIRPAT 模型计算结果显示工业增长和就业人口的比值（劳均产出）也对四川省工业碳排放起促进作用。

各个因素的作用效果在不同阶段呈现出明显差异，共同影响着工业碳排放量的变化方向。（1）1997—2001 年，能源强度对四川省工业碳排放的贡献度最大，其抑制作用远大于工业增长、就业规模因素带来的碳排放增长，导致本阶段工业碳排放量有所下降。（2）2001—2013 年，工业增长因素的贡献度最大，其驱动作用远大于能源结构、能源强度的抑制作用，最终呈现出工业碳排放量的攀升趋势。（3）2013—2022 年，能源强度、能源结构、就业规模均表现出抑制作用，抵消了工业增长带来的碳排放量增长，最终呈现出工业碳排放量下降趋势。

四、四川工业碳排放的脱钩分析

为全面了解四川省工业碳排放与经济发展之间的关系，笔者在考察工业增加值增速与碳排放变化的同时，还分别考察了营业收入增速、利润指标增速与碳排放变化速度之间的关系。ε_1 为碳排放量年增长率与工业增加值年增长率的比值；ε_2 为碳排放量年增长率与营业收入年增长率的比值；ε_3 为工业碳排放量年增长率与利润总额年增长率的比值。由于 2003 年之前的工业营业收入和 1997 年的利润总额没有公布，为保持一致，本书仍然以 1997 年为基准对工业营业收入和利润总额进行价格平减处理。

（一）碳排放弹性系数

1998—2021 年，基于工业增加值的四川省工业碳排放的弹性系数见图 3-8。我们可以看出碳排放弹性系数波动很大，最低为 2016 年的 -5.5，最高为 2003 年的 2.03。有 7 个年份的弹性系数在 0~1 的区间，分别是 2004 年、2006 年、2007 年、2009 年、2010 年、2013 年和 2019 年。有 11 个年份的弹性系数小于 0，分别是 1998—2001 年、2005 年、2011 年、2014—2016 年、2018 年和 2020 年。2002 年、2003 年、2008 年、2012 年、2017 年和 2021 年 6 个年份的弹性系数大于 1。

我们将碳排放增长速度与工业增加值增速分别作为横坐标和纵坐标，能更直观地展示二者之间的关系，见图 3-9。我们可以看出，除 2017 年外，其余年份都处于第一象限和第二象限。这表明除 2017 年外，1998—2021 年四川省工业增加值均保持正增长。2002—2004 年、2006—2013 年、2019 年、2021 年位于第一象限，表明这些年份四川省工业增加值增长的同时，碳排放量也在增长。其中，2003 年和 2008 年在对角线下方，表明四川省工业增加值增速低于碳排放增速。2002 年和 2012 年位于对角线附近，表明四川省工业增加值增速和碳排放增速相近。2002 年、2004 年、2006—2011 年、2019 年和 2021 年位于对角线上方，表明工业增加值增速高于碳排放增速。

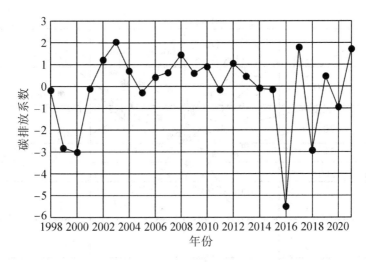

图 3-8　1998—2021 年基于工业增加值的四川省工业碳排放弹性系数

位于第二象限的有 1998—2001 年、2005 年、2014—2016 年、2018 年，表明在这些年份中，四川省工业增加值处于增长态势，而碳排放量在降低。其中，1999 年、2000 年、2016 年和 2018 年位于对接线下方，表明四川省工业碳排放降低的幅度大于工业增加值的增长幅度。2017 年处于第三象限，表明工业增加值和碳排放均呈负增长。

图 3-10 显示了四川省工业营业收入增速与碳排放增速的变化关系，我们可以看出，位于第一象限的年份有 2006—2010 年、2012 年、2013 年、2019 年、2021 年，表明在这些年四川省工业营业收入和碳排放都为正增长。其中，2008 年和 2012 年位于对角线下方，表明四川省工业营业收入增速慢于碳排放增速；2010 年和 2019 年位于对角线附近，表明工业营业收入增速与碳排放增速接近；其余年份位于对角线上方，表明工业营业收入增速快于碳排放增速。

位于第二象限的年份有 2005 年、2011 年、2014—2016 年和 2020 年，表明这些年份四川省工业营业收入为正增长，而碳排放呈负增长。其中，2016 年位于对角线下方，表明碳排放降低幅度大于工业营业收入增速；其余年份工业营业收入的增速大于碳排放降低幅度。

2017 年和 2018 年位于第三象限，表明四川省工业营业收入和碳排放均呈负增长。其中，2018 年位于对角线上方，表明碳排放降低幅度大于营业收入；2017 年位于对角线下方，表明营业收入降幅大于碳排放。

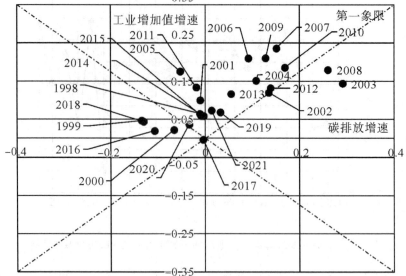

图 3-9 四川省工业增加值增速与碳排放增速的变化关系

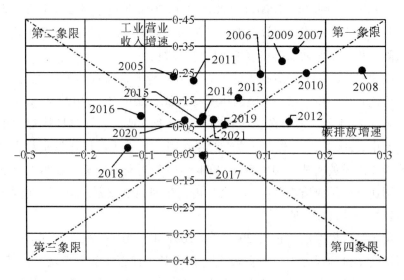

图 3-10 四川省工业营业收入增速与碳排放增速的变化关系

图 3-11 显示了四川省工业利润总额增速与碳排放增速的变化关系，我们可以看出，位于第一象限的年份有 2002—2004 年、2006—2010 年、2012 年、2021 年，表明在这些年份四川省工业利润总额和碳排放都为正增

长。其中，2021 年位于对角线上方，表明工业利润总额增速快于碳排放增速。其余年份位于对角线下方，表明工业利润总额增速慢于碳排放增速。

位于第二象限的年份有 2000 年、2001 年、2005 年、2011 年、2016—2018 年和 2020 年，表明这些年份四川省工业利润总额为正增长，而碳排放呈负增长。其中，2016 年、2018 年和 2020 年位于对角线下方，表明碳排放降低幅度大于工业营业收入增速；其余年份工业利润总额的增速大于碳排放降低幅度。

1999 年、2014 年和 2015 年这 3 个年份位于第三象限，表明四川省工业利润总额和碳排放均呈负增长。其中 1999 年位于对角线上方，表明碳排放降低幅度大于营业收入。

2013 年和 2019 年位于第四象限，表明四川省工业碳排放增速增长，而利润总额呈负增长。这两个年份紧挨着碳排放增速轴，表明这两个年份的利润总额虽然呈负增长，但幅度较小。

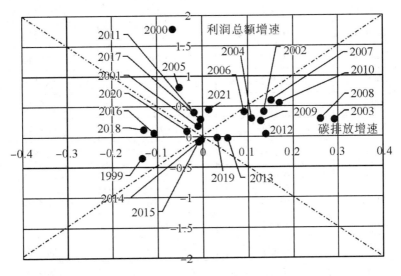

图 3-11　四川省工业利润总额增速与碳排放增速的变化关系

（二）碳排放脱钩情况

根据第二章碳排放脱钩的划分标准，本书对基于工业增加值的四川省工业发展与碳排放脱钩情况进行了划分，结果见表 3-16。1998—2021 年，大部分年份都处于脱钩状态，仅有 5 个年份处于耦合或负脱钩状态。其中，

2002 年、2010 年、2012 年、2021 年 4 个年份处于耦合状态，2003 年和 2008 年 2 个年份处于负脱钩状态。18 个脱钩年份中，有 11 个年份为强脱钩、6 个年份为弱脱钩，2017 年为衰退型脱钩。由此可见，1998—2021 年四川省工业经济发展与碳排放脱钩表现较好，工业增速大多数时候都超过了碳排放增速，表明工业绿色低碳化成效明显，工业发展质量较高。

表 3-16　1998—2021 年基于工业增加值的四川省工业发展与碳排放的脱钩状态

年份	ε_1	脱钩状态 1	脱钩状态 2
1998	−0.175	脱钩	强脱钩
1999	−2.835	脱钩	强脱钩
2000	−3.014	脱钩	强脱钩
2001	−0.106	脱钩	强脱钩
2002	1.120	耦合	扩张性耦合
2003	2.035	负脱钩	扩张负脱钩
2004	0.706	脱钩	弱脱钩
2005	−0.299	脱钩	强脱钩
2006	0.432	脱钩	弱脱钩
2007	0.639	脱钩	弱脱钩
2008	1.451	负脱钩	扩张负脱钩
2009	0.606	脱钩	弱脱钩
2010	0.909	耦合	扩张性耦合
2011	−0.145	脱钩	强脱钩
2012	1.051	耦合	扩张性耦合
2013	0.461	脱钩	弱脱钩
2014	−0.070	脱钩	强脱钩
2015	−0.147	脱钩	强脱钩
2016	−5.474	脱钩	强脱钩
2017	1.780	脱钩	衰退性脱钩
2018	−2.938	脱钩	强脱钩
2019	0.454	脱钩	弱脱钩

表3-16(续)

年份	ε_1	脱钩状态1	脱钩状态2
2020	-0.934	脱钩	强脱钩
2021	1.714	耦合	扩张性耦合

基于营业收入的四川省工业发展与碳排放的脱钩状态见表3-17,我们可以看出,2005—2021 年,大部分年份都处于脱钩状态,仅有 3 个年份处于耦合或负脱钩状态。其中,2008 年处于扩张性耦合状态,2012 年为扩张负脱钩状态,2017 年为弱负脱钩状态。14 个脱钩年份中,有 6 个年份为强脱钩、7 个年份为弱脱钩,2018 年为衰退性脱钩。

表 3-17 2005—2021 年基于营业收入的四川省工业发展与碳排放的脱钩状态

年份	ε_2	脱钩状态1	脱钩状态2
2005	-0.223	脱钩	强脱钩
2006	0.369	脱钩	弱脱钩
2007	0.449	脱钩	弱脱钩
2008	1.003	耦合	扩张性耦合
2009	0.432	脱钩	弱脱钩
2010	0.675	脱钩	弱脱钩
2011	-0.087	脱钩	强脱钩
2012	1.987	负脱钩	扩张负脱钩
2013	0.343	脱钩	弱脱钩
2014	-0.047	脱钩	强脱钩
2015	-0.120	脱钩	强脱钩
2016	-1.187	脱钩	强脱钩
2017	0.090	负脱钩	弱负脱钩
2018	4.449	脱钩	衰退性脱钩
2019	0.536	脱钩	弱脱钩
2020	-0.457	脱钩	强脱钩
2021	0.163	脱钩	弱脱钩

基于利润总额的四川省工业发展与碳排放的脱钩状态见表3-18，我们可以看出，1999—2021年，大部分年份都处于脱钩状态，仅有2个年份处于耦合状态、5个年份处于负脱钩状态。其中，2003年和2008年为扩张性耦合，1999年、2014年和2015年为弱负脱钩，2013年和2019年为强负脱钩。其余15个脱钩年份中，有8个年份为强脱钩、7个年份为弱脱钩。

表3-18　1999—2021年基于利润总额的四川省工业发展与碳排放的脱钩状态

年份	ε_3	脱钩状态1	脱钩状态2
1999	0.380	脱钩	弱负脱钩
2000	−0.037	脱钩	强脱钩
2001	−0.061	脱钩	强脱钩
2002	0.324	脱钩	弱脱钩
2003	1.050	耦合	扩张性耦合
2004	0.351	脱钩	弱脱钩
2005	−0.064	脱钩	强脱钩
2006	0.220	脱钩	弱脱钩
2007	0.246	脱钩	弱脱钩
2008	0.899	耦合	扩张性耦合
2009	0.492	脱钩	弱脱钩
2010	0.301	脱钩	弱脱钩
2011	−0.048	脱钩	强脱钩
2012	3.162	负脱钩	扩张负脱钩
2013	−2.569	负脱钩	强负脱钩
2014	0.071	负脱钩	弱负脱钩
2015	0.107	负脱钩	弱负脱钩
2016	−1.705	脱钩	强脱钩
2017	−0.018	脱钩	强脱钩
2018	−1.080	脱钩	强脱钩
2019	−3.371	负脱钩	强负脱钩
2020	−0.359	脱钩	强脱钩
2021	0.028	脱钩	弱脱钩

为了更好认识地四川省工业碳排放与经济发展之间的关系，本书将基于工业增加值、营业收入、利润总额的四川工业省发展与碳排放的脱钩状态进

行对比，见表 3-19。我们可以看出：（1）无论哪个参数表征工业发展，四川省工业与碳排放大部分年份都呈现出脱钩关系。（2）不同参数表征工业发展，呈现的脱钩关系有所差异。1998—2021 年，有 10 个年份表征的脱钩关系相同，有一半左右的年份不完全相同。这可能是营业收入和利润总额受价格因素波动，导致部分年份的增速出现差异，从而影响碳排放弹性系数。

表 3-19 1998—2021 年四川省工业发展与碳排放的脱钩状态

年份	ε_1	ε_2	ε_3
1998	强脱钩	—	—
1999	强脱钩	—	弱负脱钩
2000	强脱钩	—	强脱钩
2001	强脱钩	—	强脱钩
2002	扩张性耦合		弱脱钩
2003	扩张负脱钩	—	扩张性耦合
2004	弱脱钩	—	弱脱钩
2005	强脱钩	强脱钩	强脱钩
2006	弱脱钩	弱脱钩	弱脱钩
2007	弱脱钩	弱脱钩	弱脱钩
2008	扩张负脱钩	扩张性耦合	扩张性耦合
2009	弱脱钩	弱脱钩	弱脱钩
2010	扩张性耦合	弱脱钩	弱脱钩
2011	强脱钩	弱脱钩	强脱钩
2012	扩张性耦合	扩张负脱钩	扩张负脱钩
2013	弱脱钩	弱脱钩	强负脱钩
2014	强脱钩	强脱钩	弱负脱钩
2015	强脱钩	强脱钩	弱负脱钩
2016	强脱钩	强脱钩	强脱钩
2017	衰退性脱钩	弱负脱钩	强脱钩
2018	强脱钩	衰退性脱钩	强脱钩

表3-19（续）

年份	ε_1	ε_2	ε_3
2019	弱脱钩	弱脱钩	强负脱钩
2020	强脱钩	强脱钩	强脱钩
2021	扩张性耦合	弱脱钩	弱脱钩

第四章　"双碳"目标下四川新型工业化的框架设计

一、"双碳"目标下四川新型工业化的基础条件

（一）四川工业发展的基本成就

新中国成立以来，四川省从"积贫积弱"到工业大省，从生活用品制造到高科技产品制造，从手工作坊到企业集群，从简单结构到完整体系，从"一穷二白"到连续跨越千亿台阶、万亿台阶，直逼两万亿，实现了由小到大、由弱到强的整体性、历史性腾飞，为"双碳"目标下四川新型工业化建设奠定了坚实基础。

1. 总量不断迈上新台阶

新中国成立初期，四川省工业基础十分薄弱，全省工业增加值不足2.5亿元。在经历"一化三改""4个五年计划"和"三线建设"的不懈努力后，1978年四川省工业增加值总量达到59.4亿元。改革开放后快速发展，1984年首次超过100亿元，1993年超过500亿元，1996年超过1 000亿元，2009年超过5 000亿元，2013年超过1万亿元，2021年超过1.5万亿元。2024年达到1.79万亿元，是新中国成立初期的5 967倍。1952—2022年，四川省工业增加值年均保持两位数增长，总量占全国的比例达4.4%，比1952年提高1.4个百分点①。

2. 产业结构持续优化

新中国成立之初，四川省工业生产以生活资料为主，纺织、食品、缝

---

① 该数据来源"中经数据库"。

纫等轻工业产值占总产值的八成左右，装备、能源、化工等重化工业发展不足，产业结构层次和技术水平较低。四川省从白糖、白纸、白盐"三白"手工作坊到现代工业体系，已经建立起门类齐全、结构完善、层次清晰的现代工业体系，涵盖41个大类行业、190个中类行业、497个小类行业。全国统计的591种工业产品中四川省生产480种，产品生产面达81.2%。规上工业企业从业人数超过300万人。"十三五"以来，聚焦新一轮产业革命和技术变革，加快构建以电子信息、装备制造、食品饮料、先进材料、能源化工等五大支柱产业和数字经济为引领的"5+1"现代工业体系，大力推进新兴产业培育壮大和传统产业转型升级，电子信息产业、食品饮料产业的营业收入均突破万亿元。食品饮料产业增长势头良好，白酒产量约占全国的一半，是全国重大技术装备制造基地、三大动力设备制造基地之一、四大电子信息产业基地之一。世界上一半的笔记本电脑芯片在四川省封装测试，微型计算机产量约占全国的20%。

3. 内生动力明显增强

四川省高度重视科技创新，不断加大研发投入，着力完善以企业为主体、市场为导向、产学研深度融合的技术创新体系，工业经济由要素驱动为主向创新驱动转变。2022年，四川省共投入研究与试验发展（R&D）经费1 215亿元，投入强度为2.14%，比2012年提高了约7个百分点[1]。规上工业企业R&D经费为530.1亿元[2]，是2012年的2.7倍。规模以上高技术产业增加值同比增长11.4%，比规模以上工业快7.6个百分点[3]。核技术、智能制造、轨道交通、工业大数据等领域加快制造业创新中心建设，省级以上企业技术中心超过1 200家，"华龙一号"核电装备、50兆瓦重型燃气轮机、C919大飞机关键部件、10兆瓦海上风电机组、氢燃料电池等一批重大创新成果竞相涌现。当前，四川省正在按照国家部署加快建设具有全国影响力的科技创新中心，打造国家战略科技力量重要承载区和创新要素加速汇聚地。

4. 企业主体日渐壮大

经过多年发展，四川省工业企业数量不断增加，规模持续扩张，实力逐步提升。2011—2022年，四川省规模以上工业企业数量由12 085个增加

---

① 数据来源：《2022年四川省科技经费投入统计公报》。
② 数据来源：《2022年四川省科技经费投入统计公报》。
③ 数据来源：四川新闻网。

至 17 523 个，资产总额由 26 113.6 亿元增长至 68 314.3 亿元，实现利润由 2 197.8 亿元增长至 4 602.3 亿元，居全国第 5 位[①]。4 家企业入选 2023 年《财富》"世界 500 强"企业，近 400 家"世界 500 强"入驻四川省，15 家企业入选中国企业 500 强[②]。新希望集团、蜀道集团、成都兴城投资集团、四川长虹、宜宾五粮液集团、通威集团等 6 户企业年营业务收入超过 1 000 亿元，泸州老窖集团、四川能投集团等 17 户企业营业务收入均已超过 500 亿元。民营企业不断壮大，2023 四川民营企业 100 强营业收入总额达 17 349.93 亿元，较上年增加 3 149.28 亿元，增长 22.18%；资产总额达 17 876.62 亿元，较上年增加 2 566.55 亿元，增长 16.76%；净利润总额首次突破千亿，达 1 227.45 亿元，较上年增加 556.2 亿元，增长 82.86%[③]。

5. 产业布局不断优化

随着"一五"计划、20 世纪 60 年代中期开始的大小"三线"建设和改革开放后的西部大开发战略实施，四川省工业布局不断集中集聚、调整优化，实现从沿江向平原推进、从城市向郊区扩散、从盆底向盆周拓展，逐步形成以成都为中心，以宝成线和成渝线为主轴，以绵阳、德阳、泸州、宜宾、南充、达州、乐山等区域中心城市为依托的工业梯度布局，成都平原经济区、川南经济区、川东北经济区、攀西经济区、川西北生态示范区五大区域竞相发展，各具特色，"一干多支、五区协同"和成渝地区双城经济区制造业协同发展的区域工业发展新格局正加速构建。产业集群加快发展，国家级新型工业化产业示范基地超过 20 家，成都市软件和信息服务产业集群、成（都）德（阳）高端能源装备产业集群、成渝地区电子信息先进制造集群等成为全国重点培育的先进制造业集群。产业园区加快转型，全省产业园区达到 190 余个，工业在产业园区的集中度达到超过 70%。

6. 对外开放加快拓展

改革开放以来，四川省主要工业品产量成倍增长，质量不断提高，市场竞争力不断增强，"走出去"与"引进来"取得良好成绩、工业开放型发展水平持续提升，出口产品从劳动密集型加快向高技术产品转变，融入新发展格局步伐进一步加快。2023 年，在川落户世界 500 强企业数量达到

---

① 数据来源：国家统计局网站。

② 数据来源：红星新闻. https://www.sohu.com/a/708331869_ 116237.

③ 数据来源：川观新闻. https://cbgc.scol.com.cn/news/4546877.

377 家，其中境外世界 500 强企业超过 250 家。2022 年，四川省货物贸易进出口总值首次突破万亿大关，规模居全国第 8 位，工业企业产品销售率为 96.4%，实现出口交货值 5 487.2 亿元。

7. 绿色低碳成效显著

四川省通过了《中共四川省委关于以实现碳达峰碳中和目标为引领推动绿色低碳优势产业高质量发展的决定》，出台了《四川省"十四五"工业绿色发展规划》《四川省重点领域企业节能降碳工作方案》等文件，聚力发展清洁能源产业、清洁能源支撑产业和清洁能源应用产业，突出发展动力电池、晶硅光伏、清洁能源装备等绿色产业，提出建设成为全国重要的先进绿色低碳技术创新策源地、绿色低碳优势产业集中承载区、实现碳达峰、碳中和目标战略支撑区、人与自然和谐共生绿色发展先行区的发展目标。截至 2025 年 3 月，四川省已累计创建国家级绿色工厂近 200 家，国家级绿色工业园区 31 个（详见表 4-1）、国家级绿色供应链企业 6 家（详见表 4-2），规上工业单位增加值能耗、单位工业增加值二氧化碳排放量、万元工业增加值用水量等指标持续下降。

表 4-1　截至 2024 年底四川省入选的国家级绿色工业园区

园区名称	入选批次	所在市州
国家级广元经济技术开发区	第二批	广元市
成都新都工业园区	第三批	成都市
泸州高新技术产业开发区	第三批	泸州市
成都市经济技术开发区	第四批	成都市
内江经济技术开发区	第四批	内江市
金堂工业集中发展区	第四批	成都市
自贡市高新技术产业开发区	第五批	自贡市
遂宁经济技术开发区	2021 年度	遂宁市
四川内江高新技术产业开发区	2021 年度	内江市
成都青白江经济开发区	2021 年度	成都市
达州高新技术产业园区	2022 年度	达州市
四川南充经济开发区	2022 年度	南充市
四川遂宁安居经济开发区	2022 年度	遂宁市

表4-1(续)

园区名称	入选批次	所在市州
绵阳经济技术开发区	2023 年度	绵阳市
四川岳池经济开发区	2023 年度	广安市
南充高新技术产业园区	2023 年度	南充市
广安经济技术开发区	2023 年度	广安市
游仙高新技术产业园区	2023 年度	绵阳市
四川大英经济开发区	2023 年度	遂宁市
四川射洪经济开发区	2023 年度	遂宁市
甘眉工业园	2024 年度	眉山市
广安高新技术产业开发区	2024 年度	广安市
眉山高新技术产业园区	2024 年度	眉山市
四川汉源工业园区	2024 年度	雅安市
四川江油高新技术产业园区	2024 年度	绵阳市
四川乐山沙湾经济开发区	2024 年度	乐山市
四川彭山经开区	2024 年度	眉山市
四川彭州工业园区	2024 年度	成都市
四川青神经济开发区	2024 年度	眉山市
四川遂宁高新技术产业园区	2024 年度	遂宁市
四川梓潼经济开发区	2024 年度	绵阳市

表 4-2 四川省入选的国家级绿色供应链企业

名称	入选批次	所在市州
四川长虹电器股份有限公司	第一批	绵阳市
四川九州电子科技股份有限公司	第二批	绵阳市
全友家私有限公司	第四批	成都市
通威太阳能（成都）有限公司	第五批	成都市
通威太阳能（眉山）有限公司	2022 年度	眉山市
四川南都国舰新能源股份有限公司	2023 年度	成都市

（二）四川工业发展面临的挑战

当前，世界百年未有之大变局加速演进，"逆全球化"思潮抬头，单边主义、保护主义明显上升，经济下行压力加大，对四川省产业链、供应链带来严重影响。同时，四川新型工业化还面临着与其他省市激烈的产业竞争和自身发展较慢的挑战。

1. 宏观经济环境深刻调整

从全球来看，2008年国际金融危机以来，全球出现了"经济再平衡"的趋势，主要发达经济体都在尝试通过再工业化实现经济结构的调整，纷纷出台多种措施促进制造业回流和本地化、多元化、分散化，加快实施再工业化。当前，"逆全球化"思潮加剧，单边主义、保护主义明显上升，全球产业链、供应链呈内顾化、分散化趋势，给四川省产业链、供应链安全韧性带来了诸多挑战。以美国为首的西方各国纷纷制订国家策略和经济计划，推动"科技脱钩""科技新冷战"，通过"出口管制""合规审查"等限制引发产业链、供应链阻断效应、寒蝉效应、蝴蝶效应逐级递增。四川省30余家中央在川单位和高水平研究院所被列入美国实体清单，重大科技创新和关键核心技术突破面临"卡脖子"风险。部分中高端制造业向欧美国家"回流"，大量中低端制造业向东南亚、印度地区转移，富士康、英特尔等外向型企业撤资、外移风险加大。

从国内来看，当前国内经济总体延续恢复发展态势，但仍面临需求收缩、供给冲击、预期转弱三重压力。（1）需求收缩。消费需求动能较弱主要是中低收入人群收入增速较难得到有效提升，居民人均可支配收入中位数增速持续低于平均数增速。人口出生率持续下降、老龄化趋势增加等因素，也导致消费需求进一步收缩。投资需求增长偏慢主要是受到基础设施投资与房地产投资增速下滑影响。再加上设备和新建投资持续低迷，各类企业主体生产性投资缩减，投资需求明显弱化。（2）供给冲击。国际政治经济冲突对全球生产网络分工造成较大影响，产业链面临脱钩风险，在全球性供给短缺和运力不足的情况下，四川省工业产业链、供应链安全堪忧。四川省部分产业链供应链现代化水平不高，部分领域"断链""缺链"问题还较突出，核心装备和材料主要依靠进口，在深度参与全球价值链的过程中，由于"两头"在外，整体处于低附加值环节，供给冲击容易导致产业链、供应链形成"断点"。（3）预期转弱。由于预期存在自我实现机制，当人们对经济预期转弱时，消费者和投资者的市场预期更趋谨慎，经济在很大概率上会出现实际转弱，从而难以摆脱"预期转弱"与"经济下行"之间的迭代循环困境。在消费方面，需求预期转弱首先对消费造成抑制效应，居民不敢消费从而可能导致"储蓄悖论"，使得市场有效需求低迷与产品库存积压闲置，社会和个人收入减少，深陷"节俭—贫穷"的恶性循环。在投资方面，企业对预期减弱后，必然信心不足，将缩减生产规模，减少生产投资，降低研发投入，无暇顾及产品升级，没有技术创新就难以保持竞争优势，最终引致有效与高端供给匮乏、供需结构错位、国内需求外溢至海外市场，阻碍新型工业化和现代化产业体系构建。

2. 地区产业竞争异常激烈

当前，宏观经济增长乏力，各地发展任务和压力增加，纷纷为了增加产业投资、加快布局产业链展开激烈竞争。中国经济总量最大的城市上海也开始全面出击到成都、北京、广州、深圳等城市招商，其首次在市级层面出台综合性的产业招商引资和投资促进政策，出现发达地区到欠发达地区"逆向"招商现象。传统需求增长缓慢甚至下降，引发市场有效需求不足，导致竞争异常加剧。各地区围绕新赛道、新产业、战略科技资源的争夺更是空前激烈，抢占前沿技术与未来产业竞争制高点，在一定程度上呈现出盲目"追新""攀大""求全"的现象，给四川新型工业化建设带来竞争压力。比如在集成电路、新型显示等领域，京津冀、长三角、东南沿海地区均大力布局，重庆、西安等地高位推进重大项目建设，四川省相关产业持续发展的优势面临挑战。在晶硅光伏领域，头部企业加快在资源丰富、配套较好、具有电价优势的新疆、青海、内蒙古、云南、宁夏等地布局项目，对四川省产业发展造成了不小冲击。在动力电池领域，湖北宜昌、江苏常州、湖北荆门和四川宜宾规划的电池产能均超过300Gwh，巨量投资规模加剧了"过剩"风险。

3. 横向对比存在较大差距

与先进省市相比，四川省工业发展还存在较大差距，在全国整体布局中的地位作用还有待提高，距离新时代新征程高质量、高水平发展的要求还有很大的提升空间。主要表现在以下几方面。

(1) 工业经济总量与经济大省差距较大

2022年，四川省工业增加值为16 412.2亿元，居全国第8位，但不到广东和江苏的三分之一，约为山东和浙江的57%，甚至低于GDP排名四川之后的湖北省和福建省。四川省 GDP 居全国第 6 位，而工业增加值排名第 8 位，表明工业增加值较低一定程度上影响了全省经济总量（详见表 4-3）。

表 4-3　2022 年 GDP 前十省份的工业增加值排名　单位：亿元

省份	GDP	GDP 全国排名	工业增加值	工业增加值 全国排名
广东	129 119	1	47 723	2
江苏	122 876	2	48 594	1
山东	87 435	3	28 739	4
浙江	77 715	4	28 871	3
河南	61 345	5	19 592	6
四川	56 750	6	16 412	8
湖北	53 735	7	17 546	7
福建	53 110	8	19 628	5
湖南	48 670	9	15 025	9
安徽	45 045	10	13 792	11

　　四川省工业增加值增速较慢，直接导致了在全国的占比低于 GDP 的占比，这进一步反映了工业经济一定程度上拖累市场经济增长。2010—2022 年，四川省工业增加值年均增速仅 7.3%，低于 GDP 增速 3.1 个百分点。这 13 年间，仅有 2010 年、2021 年和 2022 年的工业增加值增速超过 GDP 增速（详见图 4-1）。

　　2010—2016 年，四川省工业增加值占全国的比重略高于 GDP 占全国的比重或基本持平。2017 年开始，四川省工业增加值占全国的比重逐渐下降，2022 年仅为 4.1%。而四川省 GDP 占全国的比重基本保持稳定上升，2022 年达到 4.7%，高于工业增加值在全国的比重 0.6 个百分点。四川省工业增加值占全国的比重与 GDP 占全国的比重差距拉大，也预示着工业经济增速影响了全省整体经济增速（详见表 4-4）。

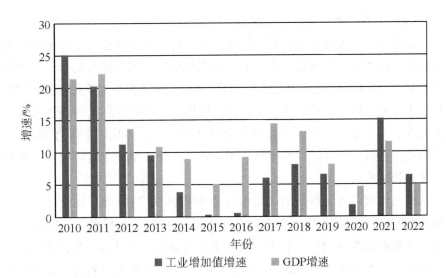

图 4-1　2010—2022 年四川省工业增加值与 GDP 增速变化

表 4-4　2010—2022 年四川省 GDP、工业增加值占全国比重

单位:%

年份	四川省工业增加值占全国比重	四川省 GDP 占全国比重
2010	4.3	4.2
2011	4.3	4.3
2012	4.5	4.4
2013	4.5	4.5
2014	4.6	4.5
2015	4.6	4.4
2016	4.6	4.4
2017	4.4	4.6
2018	4.2	4.7
2019	4.1	4.7
2020	4.2	4.8
2021	4.2	4.7
2022	4.1	4.7

（2）工业化率下降过早过快

工业化率是表征经济发展的重要指标，指工业增加值占全部生产总值的比重，反映了一个国家或地区的工业化程度。按国际标准划分，工业化率达到20%~40%，为正在工业化初期；40%~60%为半工业化国家；60%以上为工业化国家。我们进一步追溯，四川省工业经济总量与经济大省差距较大，主要在于四川省工业增加值增速较慢，工业化率下降过早过快，工业化率较低。与经济大省相比，四川省工业化率呈现出达峰较晚、下降过早过快的特征。

从达峰时间看，四川省工业化率达峰时间为2010年，比全国晚了4年，在GDP前十省份中第6个达峰（详见表4-5）。从峰值看，四川省工业化率的峰值为40.8%，低于全国1.2个百分点，比江苏、山东低超过9个百分点，比浙江、河南低8个百分点以上；在GDP前十省份中居倒数第3位，仅高于湖南和安徽。

从国际经验来看，发达国家开始"去工业化"时基本上已经迈入高收入国家行列，以1990年不变价计算，美国、英国、德国、瑞士开始"去工业化"时，其人均收入均已达到9 000美元—10 000美元；从制造业比重来看，美国开始下降时人均收入已达1.7万美元，德国为1.9万美元，日本为2万美元，而我国只有3 000美元左右。四川省工业化率达峰时人均GDP为21 230元，虽然高于全国平均水平，但明显低于广东、江苏、山东和浙江等经济大省。

表4-5　经济大省工业化率达峰时间、达峰时工业化率、达峰时人均GDP

	达峰时间	达峰时工业化率/%	达峰时人均GDP/元
广东	2006	47.2	37 543
江苏	2006	50.9	27 868
山东	2006	49.9	32 443
浙江	2007	48.8	36 159
河南	2008	49.0	18 879
四川	2010	40.8	21 230
湖北	2012	43.3	20 385
福建	2011	43.7	47 928

表4-5（续）

	达峰时间	达峰时工业化率/%	达峰时人均 GDP/元
湖南	2011	39.8	28 766
安徽	2012	39.7	30 697
全国	2006	42.0	16 738

四川省工业化率下降速度过快，主要表现在两方面：

一是达峰后保持 40% 以上的半工业化时间较短。1992—2022 年 30 年间，四川省工业化率只有在 2010 年和 2012 年超过 40%，在 GDP 前十省份中居倒数第 3 位。相比之下，广东、江苏、浙江、山东工业化率超过 40% 的年份均超过 20 年，分别为 22 年、24 年、24 年、22 年。江苏和浙江分别有 17 年和 18 年的工业化率超过 45%。全国工业化率都有 7 年保持在 40% 以上。

二是达峰后年平均速度下降快。从达峰后 10 年的数据我们可以发现，2011—2021 年，四川省工业化率年均下降 1.2 个百分点，比全国同期下降速度高 50%。达峰后 10 年内，工业化率下降 13.2 个百分点，快于全国 5.5 个百分点，在 GDP 前十省份中居第 2 高。其下降速度快，导致四川省工业化率较低、进程放缓。2022 年，四川省工业化率只有 28.9%，低于全国工业化率 4.3 个百分点，是 GDP 前十省份中唯一低于 30% 的省份（详见表 4-6）。

表 4-6　经济大省工业化率达峰后十年的平均降幅

	达峰后10 年占比/%	达峰 10 年下降百分点	2022 年工业化率/%
广东	37.7	7.4	37.0
江苏	39.2	11.3	39.5
山东	36.9	13.0	32.9
浙江	45.9	10.5	37.2
河南	34.7	14.3	31.9
四川	27.6	13.2	28.9
湖北	32.7	10.6	32.7

表4-6(续)

	达峰后 10年占比/%	达峰10年 下降百分点	2022年 工业化率/%
福建	36.9	6.8	37.0
湖南	30.5	9.3	30.9
安徽	30.6	9.0	30.6
全国	32.9	7.7	33.2

二、"双碳"目标下四川新型工业化的战略选择

（一）关于"双碳"的战略部署

1. 国家关于"双碳"目标的部署

自"双碳"目标提出之后，我国就开始从顶层设计作出系统部署，正式进入实施阶段。2020年12月，中央经济工作会议明确提出做好碳达峰、碳中和工作是2021年八项重点任务之一，成为中国加快实现碳排放达峰的元年。2021年3月，中央财经委员会第九次会议，对碳达峰、碳中和工作作出部署。2021年5月，中央成立碳达峰碳中和工作领导小组，对碳达峰碳中和工作进行整体部署和系统推进，构建了碳达峰碳中和"1+N"政策体系。"1"是指《中共中央 国务院关于完整准确全面贯彻新发展理念做好碳达峰碳中和工作的意见》《2030年前碳达峰行动方案》两个顶层设计文件，"N"是指能源、工业、交通运输、城乡建设、农业农村等重点领域碳达峰实施方案，煤炭、石油天然气、钢铁、有色金属等重点行业碳达峰实施方案，以及科技、财政、金融、生态碳汇、人才培育等碳达峰碳中和支撑保障方案。2021年7月，中共中央政治局召开会议指出，要统筹有序做好碳达峰、碳中和工作，尽快在2030年前出台碳达峰行动方案。2021年12月，中央经济工作会议指出，将碳达峰、碳中和作为需要正确认识和把握的五方面重大理论和实践问题之一。

其中，《中共中央 国务院关于完整准确全面贯彻新发展理念做好碳达峰碳中和工作的意见》，对碳达峰碳中和工作进行系统谋划和总体部署，提出了2025年、2030年和2060年的阶段性目标，确定了推进经济社会发

展全面绿色转型、深度调整产业结构、加快构建清洁低碳安全高效能源体系、加强绿色低碳重大科技攻关和推广应用、持续巩固提升碳汇能力、提高对外开放绿色低碳发展水平、完善政策机制等十三个方面的重点任务。

国务院印发的《2030年前碳达峰行动方案》，聚焦"十四五""十五五"两个碳达峰关键期，部署了能源绿色低碳转型行动、节能降碳增效行动、工业领域碳达峰行动、循环经济助力降碳行动、绿色低碳科技创新行动、碳汇能力巩固提升行动、各地区梯次有序碳达峰行动等碳达峰十大行动。

表4-7　国家部委出台的关于碳达峰的政策文件

发文部门	文件名称	文件编号
工业和信息化部、国家发展改革委、生态环境部	《工业领域碳达峰实施方案》	工信部联节〔2022〕88号
住房和城乡建设部、国家发展改革委	《城乡建设领域碳达峰实施方案》	建标〔2022〕53号
科技部等9部门	《科技支撑碳达峰碳中和实施方案（2022—2030年）》	国科发社〔2022〕157号
生态环境部等7部门	《减污降碳协同增效实施方案》	环综合〔2022〕42号
国家市场监督管理总局等9部门	《关于印发建立健全碳达峰碳中和标准计量体系实施方案的通知》	国市监计量发〔2022〕92号
国家能源局	《能源碳达峰碳中和标准化提升行动计划》	————
国家标准委等11部门	《碳达峰碳中和标准体系建设指南》	国标委联〔2023〕19号
财政部	《财政支持做好碳达峰碳中和工作的意见》	财资环〔2022〕53号
教育部	《加强碳达峰碳中和高等教育人才培养体系建设工作方案》	教高函〔2022〕3号
国家发展改革委等4部门	《贯彻落实碳达峰碳中和目标要求 推动数据中心和5G等新型基础设施绿色高质量发展实施方案》	发改高技〔2021〕1742号

2. 四川关于"双碳"目标的安排

四川省作为清洁能源大省，在国家实现碳达峰、碳中和目标中肩负着重要的使命和责任。围绕"双碳"目标，四川省成立了生态环境保护委员会，并专门设立省碳达峰碳中和工作委员会，组建全省碳达峰碳中和专家库，成立全省碳排放统计核算工作组。

2021 年 12 月，中共四川省委十一届十次全会审议通过《关于以实现碳达峰碳中和目标为引领推动绿色低碳优势产业高质量发展的决定》，提出了把四川建设成为全国重要的先进绿色低碳技术创新策源地、绿色低碳优势产业集中承载区、实现碳达峰碳中和目标战略支撑区、人与自然和谐共生绿色发展先行区的"一地三区"的发展目标，制定了做优做强清洁能源产业、发展壮大清洁能源支撑产业、加快发展清洁能源应用产业、强化绿色低碳优势产业发展科技创新、推动绿色低碳优势产业集聚发展、营造支持绿色低碳优势产业发展的良好环境等主要任务。

2022 年 5 月，中国共产党四川省第十二次代表大会指出，"有力有序推进碳达峰碳中和""坚持降碳、减污、扩绿、增长协同推进""建立健全绿色低碳循环发展经济体系，走出一条服务国家战略全局、支撑四川未来发展的绿色低碳转型之路"。2022 年 11 月，中国共产党四川省第十二届委员会第二次全体会议强调，"协同推进降碳、减污、扩绿、增长"。

2022 年 12 月，四川省人民政府印发《四川省碳达峰实施方案》（川府发〔2022〕37 号），提出了实施能源绿色低碳转型行动、工业领域碳达峰行动等十项重点行动，确保 2030 年前如期实现碳达峰。

2023 年 1 月，四川省发展和改革委员会、四川省能源局联合印发《四川省能源领域碳达峰实施方案》（川发改能源〔2023〕3 号），提出了"十四五""十五五"构建清洁低碳、安全高效的能源体系的具体指标，制定了强化能源绿色低碳转型关键技术创新、大力推进能源产业链碳减排、深化体制改革和机制创新等重点任务。

2023 年 6 月，中国共产党四川省第十二届委员会第三次全体会议提出，推进产业绿色化发展，培育壮大清洁能源产业及其支撑产业、应用产业，打造绿色低碳优势产业集群。开展工业企业安全环保节能降碳三年攻坚，实施绿色制造工程，支持绿色产品认证，建设绿色工厂、绿色园区、近零碳排放园区，构建绿色供应链。

2023 年 10 月，《四川省工业领域碳达峰实施方案》（川经信环资〔2023〕173 号）提出了"深度调整产业结构""强化绿色制造标杆引领""大力发展循环经济""加快工业绿色低碳科技变革""推动数字赋能工业绿色低碳转型"等重点任务，制定了钢铁行业、建材行业、化工行业、有色金属行业、造纸行业、纺织行业、电子行业、装备制造行业等重点行业达峰行动，以及加大绿色低碳产品供给、绿色低碳装备供给等助力全社会达峰行动。四川省工业领域碳达峰目标为："十四五"期间，产业结构与用能结构调整优化取得明显进展，能源资源利用效率大幅提升，建成一批绿色工厂和绿色工业园区，研发、示范和推广应用一批减排效果显著的低碳、零碳、负碳技术工艺装备产品，绿色低碳优势产业体系基本形成，高标准建设国家实现碳达峰碳中和目标的战略支撑区，为实现碳达峰碳中和奠定坚实基础。到 2025 年，规模以上工业单位增加值能耗较 2020 年下降14%，单位工业增加值二氧化碳排放较 2020 年下降 19.5%[①]。

"十五五"期间，产业结构和用能结构调整取得重大进展，重点行业能源资源利用效率达到国内先进水平，绿色低碳技术取得关键突破，绿色低碳优势产业保持全国领先水平，在实现工业领域碳达峰的基础上强化碳中和能力。工业能耗强度、二氧化碳排放强度持续下降，实现减污降碳协同增效，确保全省工业领域二氧化碳排放在 2030 年前达到峰值，力争有条件的重点行业的二氧化碳排放率先达峰。

（二）"双碳"目标下四川新型工业化的总体考量

四川省是工业大省，工业对四川省经济发展的支撑作用明显。自党的十六大提出新型工业化以来，四川省作出了实施工业强省战略的决定，突出了工业的主导地位，先后提出了"8+5 工程""小巨人计划""7+3 优势产业""七大优势产业""五大高端成长型产业""'5+1'现代工业体系"等重点发展方向，工业发展取得长足进步，其目前正处于工业化中期向中后期转型推进的关键阶段。

2022 年 5 月，中国共产党四川省第十二次代表大会提出，"要依靠创新驱动塑造发展优势，同步推进新型工业化、信息化、城镇化和农业现代化""突出新型工业化主导作用，实施制造强省战略，推进战略性新兴产业集群发展工程、产业基础再造工程、强链补链工程，开展质量提升行动，发展壮大特色优势产业，培育具有较强核心竞争力的大企业大集团，打造世界级先进制造业集群"。

---

① 数据来源：《四川省工业领域碳达峰实施方案》（川经信环资〔2023〕173 号）。

2022 年 6 月，《四川省"十四五"工业绿色发展规划》提出，要以碳达峰、碳中和目标为引领，以减污降碳协同增效为总抓手，加快构建工业绿色低碳转型与工业赋能绿色发展深度融合的现代化产业格局，打造全国高质量发展重要增长极、工业绿色高质量发展高地、区域绿色协同发展示范区，支撑碳达峰、碳中和目标任务如期实现。

2022 年 11 月，中国共产党四川省第十二届委员会第二次全体会议提出实施"四化同步、城乡融合、五区共兴"发展战略，把新型工业化摆在"四化同步"的首要位置，提出"发挥新型工业化主导作用，推进产业智能化、绿色化、融合化发展，着力'扬优势、锻长板，促创新、增动能，建集群、强主体'，建设现代化的工业、农业、服务业和基础设施，构建以实体经济为支撑的现代化产业体系，加快向现代化经济强省全面跃升"的要求，新型工业化主导作用，将"新型工业化、信息化、城镇化、农业现代化同步发展，制造业增加值占比稳中有升"明确为未来五年的发展目标；明确要坚持新型工业化主导、信息化引领、城镇化带动、农业现代化固本，推动信息化和工业化深度融合、工业化和城镇化良性互动、城镇化和农业现代化相互协调，加快质量变革、效率变革、动力变革。

2023 年 6 月，中国共产党四川省第十二届委员会第三次全体会议专题审议通过《中共四川省委关于深入推进新型工业化加快建设现代化产业体系的决定》，明确"深入推进新型工业化、加快建设现代化产业体系，是推动高质量发展、写好中国式现代化四川篇章的重大任务"，要求把推进新型工业化摆在全局工作的突出位置，强调发挥新型工业化主导作用，推进产业智能化、绿色化、融合化发展，构建以实体经济为支撑的现代化产业体系，加快向现代化经济强省全面跃升。提出了 2027 年和 2035 年的阶段性目标，分别为"到 2027 年，制造强省建设取得新成效，制造业增加值占比明显提高，战略性新兴产业增加值占规模以上工业增加值比重达到30%，培育电子信息、装备制造、特色消费品等世界级产业集群成效明显。创新发展取得新突破，企业研发经费投入强度显著提升，高新技术产业营业收入占规模以上工业比重超过 40%。转型升级取得新进展，数字经济规模占地区生产总值比重达到 45%，绿色低碳优势产业营业收入占规模以上工业比重达到 30%，产业创新力、竞争力明显提升""到 2035 年，制造强省、农业强省、服务业强省基本建成，形成一批深度融入国内国际双循环、具有全球竞争力的产业集群，三次产业发展能级和综合实力全面跃升，现代化产业体系总体形成，与全国同步基本实现新型工业化。"此次全会明确了主攻方向，将锚定发展特色优势产业和战略性新兴产业作为主攻方向，聚焦聚力实体经济攻坚突破，加快形成现代化产业体系的主体支撑。提出"六个突出"：突出高质量发展主题；突出工业当先、制造为重；突出发挥军工大省优势；突出创新驱动引领；突出能源、矿产等战略性资源科学开发利用；突出产业开放合作。此次全会也明确了主要举措：实施优势产业提质倍增行动、培育壮大战略性新兴产业、推动未来产业加速孵化；加快产业数字化转型、绿色化发展；推动三次产业高质量融合发展；推进创新驱动引领产业发展等重大举措。

2024 年 2 月，四川省召开推进新型工业化暨制造业智能化改造数字化转型工作会议，要求坚持工业兴省制造强省不动摇，加快制造业"智改数转"步伐，扎实推动新型工业化高质量发展，构建富有四川特色和优势的现代化产业体系；提出要围绕发展新质生产力加快推动制造业智能化改造数字化转型，要聚焦重点领域扎实推动新型工业化取得更大突破①。

三、"双碳"目标下四川新型工业化路径的框架构建

基于前文"双碳"目标与新型工业化内在理论逻辑，四川新型工业化面临的"双碳"现实形势分析，本书从"双碳"目标下四川推进新型工业化的战略选择出发，遵循"微观—中观—域观②"的基本逻辑理路，构建了一个研究"双碳"目标下四川新型工业化路径的"主体—结构—空间"分析框架，考察在三个递进逻辑层次上四川新型工业化的具体实施路径（详见图 4-2）。

---

① 四川日报. 四川召开全省推进新型工业化暨制造业智能化改造数字化转型工作会议[EB/OL].（2024-02-20）[2025-03-16]. http：www.miit.gov.cn/sycxxgcxjpzsjzyzsjzyzsjsqm/sqgxxgyhtjdhbs/gzdt/art/2024/art_56d090a3389b4d619eaod51b37fq726f.html.

② 这里没有采用通常意义上的"宏观"，是因为考虑到区域层面的研究与宏观层面的研究具有较大差异性。"域观"这一概念由中国社科院工业经济研究所金碚学部委员提出，根据他的理解，"域观"是介于"微观—宏观"范式结构的一种理论范式，域内关系（及域类质态）、域际关系（异域交互）和域中之域（多层域类）是"域观"范式下的关系存在的三种主要质态。本书这里采用"域观"的"域际关系"质态，代指区域层面的研究内容。详细参见：金碚. 论经济学域观范式的识别发现逻辑 [J]. 中国工业经济，2019，7.

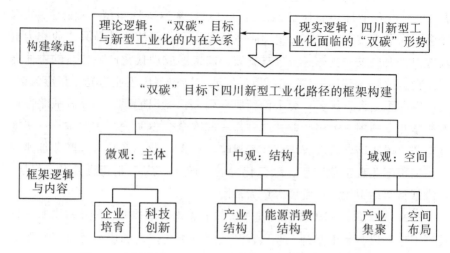

图 4-2 "双碳"目标下四川新型工业化路径的分析框架

其中，"主体"是"双碳"目标下四川新型工业化在微观逻辑层面上的实施路径，主要指各类型企业主体及工业科技创新，尤其是工业企业的创新发展问题。新型工业化的实现必须依赖于一定的执行和实践主体，科技含量高是新型工业化的典型特征之一，在这两者之中，企业都占据着绝对的支配性地位。就新型工业化的执行和实践主体而言，政府、社会性组织等无疑是重要的，然而，至为重要的仍然是企业这一微观主体。企业直接面临新型工业化产品的设计、生产、销售等全生命周期环节，企业是推进新型工业化数量最多的"微观细胞"。我们就新型工业化的科技含量特征而言，企业仍然是最为重要的主体。美国经济学家熊彼特将经济发展的本质视为一个创新的过程，并指出，在这一过程中，起关键作用的是企业家，也就是说，"创新"是一个产生于企业，尤其是工业企业的行为。推进新型工业化，必然要求深入推进科技创新，加快形成和培育新质生产力，而要实现这一目标，也就要求深入实施创新驱动发展战略，以创新理论为指导，突出企业的创新主体地位作用，通过企业主体的培育和提高工业科技创新水平，尤其是工业企业的科技创新水平推动"双碳"目标下四川新型工业化的加快实现。

"结构"是"双碳"目标下四川新型工业化在中观逻辑层面的实施路径，主要是指新型工业化的产业结构以及能源消费结构问题。新型工业化本质上是产业发展结构的高级化问题，其内在逻辑上还是指产业的结构问题。换句话说，新型工业化，从产业上来看，其内核还是工业这一特定产业。"新型"指向"工业"产业的结构高级化。"化"则表明工业产业结构高级化的过程。因此，从产业这一中观逻辑层次来看，则主要是"工业"产业结构的优化升级和"双碳"指向下"工业"产业的能源消费结构优化问题。其中，产业结构理论是新型工业化的基础理论，无论是马克思的社会两大部类比例关系的理论，还是西方经济学中的"配第—克拉克"定律，"霍夫曼比例"等，都强调了产业结构合理化的重要性。而工业产业结构的优化升级既包括推动传统工业产业的延链、补链、强链，实现转型升级，也包括大力培育战略性新兴工业产业，推动工业产业结构整体的合理化和高级化。能源消耗是影响"双碳"目标实现的关键变量。对于工业产业的能源消费结构优化，主要是从电力、天然气等能源消费的角度观察工业产业的结构问题，通过对工业产业的能源消费结构进行优化配置，助力"双碳"目标实现。

"空间"是"双碳"目标下四川新型工业化在域观逻辑层面上的实施路径，主要是指新型工业化的空间布局与产业在空间上的集聚发展问题，其本质上是"主体"和"结构"在一定区域空间层面上的整体呈现。正如前文对新型工业化的理论基础分析部分所阐释的，马克思、列宁对生产力的空间布局问题进行了深刻论述，在空间地理经济学中，"空间"是非常重要的变量和研究对象。新经济地理学在对古典区位论继承创新的基础上重点关注了经济研究中的空间视角，地理空间的经济集聚是经济地理学关注的焦点问题。马歇尔就从专业化等角度分析了产业集聚产生的经济动因。就本书的研究对象而言，"双碳"目标下四川新型工业化的空间路径，总体上包括两个层面的内涵，一是从区域和工业产业整体性的维度分析新型工业化的空间分布与优化调整，主要是研究工业产业总体空间差异、布局重点领域、工业产业的空间布局功能互补性等内容；二是从工业产业集聚的角度分析新型工业化的空间发展问题。

总之，"主体—结构—空间"三者从"微观—中观—域观"的基本逻辑出发构成了"双碳"目标下四川新型工业化路径的分析框架，"主体""结构""空间"是"双碳"目标下四川新型工业化路径的三个重要维度。其中，"主体"维度涉及企业主体的培育和工业产业科技创新，尤其是工业企业的科技创新两个内容；"结构"维度包含工业产业结构的优化升级和工业产业能源消耗结构的优化两个问题；"空间"维度主要包括新型工业化的空间区域与工业的产业集聚。进一步看，这三大维度之间具有内在的逻辑一致性，这不仅与新型工业化的相关理论相吻合，也是"双碳"相关理论的内在要求，"主体—结构—空间"三位一体的逻辑框架共同支撑和促进"双碳"目标下四川新型工业化路径的实现。

第五章 主体路径：强化企业培育与促进科技创新

一、科技创新、新型工业化和工业碳排放

（一）科技创新与新型工业化的关系

马克思认为，科学是一种在历史上起推动作用的、革命的力量。科技创新作为新型工业化的动力机制，推动着工业创新链、产业链以及价值链的调整与重塑，是一种革命性力量。

1. 科技创新促进工业经济增长

经济增长理论指出，技术是促进经济高比率增长的源泉。库茨涅茨认为，现代经济增长的重要因素之一是知识存量的增长，当知识存量被利用和转化为科技力量时，它将促进现代经济总量快速增长和结构迅速转变。总体来看，科技创新影响经济增长的主要途径是通过新的、更先进的工艺或设备提高工业企业的生产投入产出比。地球上的土地、能源、矿产等资源是有限的，而且这些资源往往不能被直接利用，而是需要科学技术进行转化才能使用。比如，大自然本身没有钢铁，人们必须通过在矿物质中进行加工提炼，这必然需要科学技术进步。世界经济发展历程已经深刻证明了，科技创新可以创造人们生活所需的新物品，生产出新的、更先进的生产工具，促进整个经济社会的快速发展。罗姆（1986）提出技术才是促进经济增长的重要因素，能够促进经济持续增长[①]。埃达克（2015）研究发

---

① ROMER，PAUL M. Increasing Returns and Long-Run Growth ［J］. Journal of Political Economy. 1986，94（5）：1002-1037.

现科技创新可以促进经济发展[1]。随着社会的不断发展，人民对美好生活的向往和追求必然更高，需要更加方便快捷的交通、更加美好的生态环境、更加安全可口的食品等，这些都需要科技创新。随着经济社会进入高质量发展阶段，简单重复投资已不再适应需求，科技创新必然成为工业增长甚至整个经济发展的主要驱动力。

2. 科技创新促进产业分工和产业结构升级

产业结构是国民经济中各个产业、部门以及产业部门内部的内在生产联系和数量构成比例，优化产业结构是推动经济社会环境协调发展的重要措施。合理的产业结构推动经济社会健康发展，不合理的产业结构往往造成资源浪费、经济失调、通货紧缩等。而产业的发展与科技创新紧密相连，科技创新是产出新产品、催生新产业的重要途径。科技创新催生的新兴产业往往都高于社会同期水平，进而形成新的产业或者取代落后产能，不断推动产业结构高级化。

3. 科技创新提高工业生产效率

科技创新改变了工业生产方式，提升了生产力水平，提高了生产效率。第一次工业革命实现了机械生产代替手工劳动，工厂制造代替手工工厂；第二次工业革命实现了电气自动化控制机械，开创了产品批量生产的高效新模式；第三次工业革命实现了电子信息技术的广泛应用，大幅提高了制造过程的自动化控制程度，不仅减少了相当比例的"体力劳动"，还替代了一些"脑力劳动"。当前，互联网、云计算、大数据等信息技术飞速发展，推动着工业生产智能化、高端化发展，工业机器人的出现在相当程度上代替了人力劳动，特别是在极端生产环境下避免了人为作业。随着人工智能技术的战略性突破，以及与先进制造技术的深度融合，将进一步重塑工业的技术体系、生产模式、产业形态。

（二）科技创新与工业碳排放的关系

科技创新对工业碳排放的影响不是简单的直接促进或抑制效应，而是通过工业经济规模和效率间接传递的。科技创新对工业碳排放的影响主要包括以下几方面。

---

① MEHMET ADAK. Technological Progress, Innovation and Economic Growth: the Case of Turjey [J]. Procedia Social and Behavioral Science, 2015（195）: 776-782.

第一，技术提升效应。科技创新产生低碳技术，低碳技术的应用能提高能源开发效率、利用效率，降低单位产品的能源消耗量，从而对工业碳排放产生抑制作用，可称为技术提升效益。譬如，科技创新直接应用于减排技术，形成了各种低碳技术，这些技术应用于电力、交通、建筑、冶金、化工、石化等部门，包括可再生能源及新能源、煤的清洁高效利用、油气资源和煤层气的勘探开发、二氧化碳捕获与埋存等领域，从而降低工业碳排放强度。再譬如，科技创新产生的碳捕集、利用与封存技术，通过对化石能源燃烧前、燃烧后的捕集或富氧燃烧，将所捕集的二氧化碳转化成可燃气体，实现二氧化碳再利用，或者通过封存技术将二氧化碳地质封存或海洋封存，都能实现抑制碳排放。

第二，能源替代效应。科技创新促进清洁能源开发，取代或部分取代传统化石能源，促进碳排放降低，可称为能源替代效应。譬如，科技创新形成了对太阳能、风能、水能、地热能、生物质能、海洋能、核能、天然气等清洁能源的开发利用，从而降低了对煤炭、石油的使用量，因此对工业碳排放产生抑制作用。

第三，产能增加效应。科技创新催生新的产业和新的工业投资，从而增加碳排放，可称为产能增加效应。新生产线的投入包括机器设备、土地平整、厂房建设等前期工作，必然引起碳排放。生产线建成后，机器开始运转，新的产品生产也必然消耗能源，产生碳排放。也就是说，科技创新的增排效应在于科技创新通过促进工业经济增长，从而促进碳排放，即工业经济增长起到中介作用。

第四，产能替代效应。科技创新催生新的投资和新产品的同时，必然会取代旧的生产线和旧的产品，被取代的这部分落后产能即为科技创新带来的减碳效应，可称为产能替代效应。科技创新生产出绿色低碳的环保产品，随着越来越多的环保产品被接受和广泛应用，必然会对碳排放起着有效的抑制作用。譬如，新能源汽车取代传统燃油汽车，减少对石油的直接利用，必然实现碳排放减少。新兴的低碳产业必然会积极影响碳排放量的减少，特别是从长期来看，新能源产业对碳排的抑制将会起到重要作用。

我们可以看出，科技创新对工业碳排放的影响既有促进作用，也有抑制作用。若促进作用大于抑制作用，科技创新会导致工业碳排放的增加；当抑制作用大于促进作用时，科技创新就对工业碳排放表现出抑制作用。可以用数学公式表述为

$$\Delta X = X_1 + X_2 + X_3 + X_4 \qquad\qquad (5.1)$$

其中，ΔX 为科技创新带来的碳排放综合效益；X_1 为技术提升效益；X_2 为能源替代效应；X_3 为产能增加效应；X_4 为产能替代效应。一般来说，产能增加效应 X_3 表现为正值，技术提升效益 X_1、能源替代效应 X_2、产能替代效应 X_4 表现为负值。当 ΔX 大于零时，科技创新表现为促进碳排放；当 ΔX 小于零时，科技创新表现为抑制碳排放。

科技创新对碳排放的影响是一个复杂、动态的过程，在不同阶段表现出不同作用方向。当社会生产力相对低下时，科技创新主要解决"有没有"的问题，因此主要集中在新产品的开发和生产。基于科技创新带来的技术进步，工业生产主要是规模扩大，解决产品短缺的问题。在此阶段，由于对环境污染、工业碳排放的关注较少和没有替代产能退出，技术提升效益、能源替代效应和产能替代效应都较弱，主要表现为由于产能扩大而表现出增排效应，因此科技创新对碳排放表现出促进作用。

当社会生产力发展到一定水平时，科技创新主要由解决"有没有"转向为解决满足人民生活需求"好不好"发展。随着人们对美好生态环境和更加方便快捷的生活需求提升，科技创新更多地专注于提升生产效率、降低劳动强度、降低碳排放，从而科技创新对产能增加效应逐渐减弱。相应地，随着经济发展和科技进步，此阶段科技创新带来的能源替代效应逐渐加强，技术提升带来的低碳生产也更明显，新旧之间的产能替代效应作用也逐步发挥，因此科技创新对碳排放整体表现出抑制作用。

也就是说，在不同经济发展水平条件下，科技创新对碳排放的影响是不同的。当经济发展水平较高时，科技创新产生的新业态不会明显增加碳排放水平，因为增加部分会被产能替代效应、能源替代效应等抵消，这与碳排放的环境库兹涅茨曲线吻合。经济发展水平越高，科技创新水平越高，科技创新产业的新业态对碳排放的影响越小，呈现出经济增长与碳排放的脱钩关系。从另一个角度看，不同的科技水平，也会影响经济增长对碳排放的作用。科技水平越高，经济增长对碳排放的影响越小。有研究表明，随着科技创新水平的提高，经济增长与碳排放的环境库兹涅茨曲线的拐点会随之变化。科技水平越高，拐点越低。

以上分析表明，科技创新与工业经济增长是相辅相成的，是一个从促进碳排放到抑制碳排放的过程。高水平的工业经济发展带来了高水平的科技创新，高水平的科技创新反作用于经济发展。当科技创新与工业经济增长直接形成较好的协同效应，一方面工业经济能保持适当的增长速度，满足就业需求和生活所需；另一方面碳排放和环境污染越来越小，满足人们对美好生活环境的需求。

二、四川工业企业发展现状

（一）企业数量

1. 规模以上工业企业数量

2000—2022 年四川省规模以上工业企业数量变化情况见图 5-1。需要说明的是，2011 年之前，规模以上工业企业的统计范围从年主营业务收入为 500 万元及以上的法人工业企业；从 2011 年开始调整为年主营业务收入为 2 000 万元及以上的法人工业企业。因此，四川省规模以上工业企业数量要分两个阶段分析：（1）2000—2010 年，四川省规模以上工业企业数量总体呈上升趋势。其主要原因是进入 21 世纪，中国加入世界贸易组织（world trade organization，WTO）为企业发展带来广阔的市场空间和技术力量，企业发展动力和活力迸发。其中，2000—2008 年增加较快，由 4 394 个快速增加至 13 725 个，增长 2.12 倍，年均增速达到 15.3%。2008—2010 年，四川省规上工业企业数量出现波动，分别为 13 725 个、13 267 个和 13 706 个，主要原因是受 2008 年国际金融危机影响，导致部分工业企业经营困难。（2）2011—2022 年，四川规模以上工业企业数量保持平稳增长，由 12 085 个增加至 17 523 个，年均增速为 3.44%。

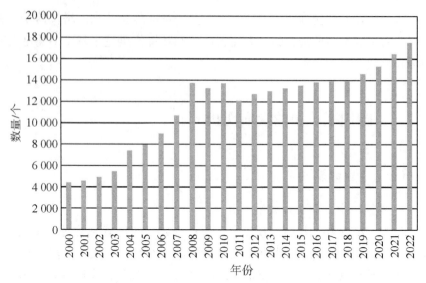

图 5-1　2000—2022 年四川规模以上工业企业数量变化情况

2. 大中型工业企业数量

2003—2022 年，四川省大中型工业企业数量呈先升后降的变化趋势（详见图 5-2）。2003—2011 年呈上升趋势，四川省大中型工业企业数量由 843 个增加至 2 653 个，增长 2.15 倍。2011—2022 年，四川省大中型工业企业数量约减少三分之一，由 2 653 个下降至 1 738 个。

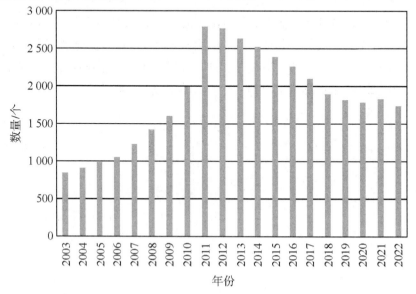

图 5-2　2003—2022 年四川省大中型工业企业数量变化情况

需要说明的是，2003—2022 年，工业大中小型企业执行的划分标准不同。2003 年，国家统计局印发《统计上大中小型企业划分办法（暂行）》（国统字〔2003〕17 号）规定：工业企业职工人数 2 000 人以下，或销售额 3 亿元以下，或资产总额 4 亿元以下为中小企业。其中，中型企业须同时满足职工人数 300 人及以上，销售额 3 000 万元及以上，资产总额 4 000 万元及以上；其余为小型企业。

2011 年，工业和信息化部、国家统计局、国家发展改革委、财政部《关于印发中小企业划型标准规定的通知》（工信部联企业〔2011〕300 号）对工业企业的划分标准为：从业人员数量 1 000 人以下或营业收入 4 亿元以下的为中小微企业。其中，从业人员 300 以上，且营业收入 2 000 万元及以上的为中型企业；从业人员 20 人以上，且营业收入 300 万元及以上的为小型企业；从业人员 20 人以下或者营业收入 300 万元以下的为微型企业。2017 年，国家统计局印发了《统计上大中小微型企业划分办法（2017）》，但对工业企业大中小微型企业的划分没有做调整。

2003—2011 年执行的是《统计上大中小型企业划分办法（暂行）》，2011 年以后的划分标准相同。四川省工业企业大中型数量拐点正好在 2011 年，也就是说，尽管工业企业划分标准有所差异，但对四川省 2003—2022 年工业企业大中型数量的变化趋势没有影响。2003—2011 年的划分标准相同，大中型工业企业数量逐渐增加；2012—2022 年，大中型工业企业数量整体呈下降趋势。

3. "专精特新"企业

"专精特新"是国家为引导中小企业走专业化、精细化、特色化、新颖化发展之路，增强自主创新能力和核心竞争力，不断提高中小企业发展质量和水平而实施的重大工程，引导中小企业向创新领域快速健康发展。截至第五批，工信部已公布约 1.2 万个国家级"专精特新""小巨人"企业，具体分布见图 5-3。四川省共有 425 家企业入选国家级专精特新"小巨人"企业，居全国第 10 位，低于 GDP 排名，也低于工业增加值排名。与前三位相比具有较大差距，四川省的入选数量不到江苏、广东、浙江等省份的 30%，同时也低于湖北、安徽和湖南。

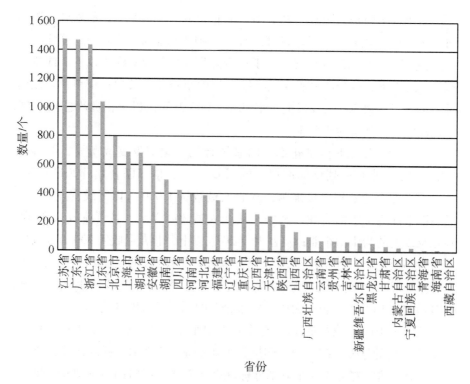

图 5-3 各省区市的国家级"专精特新""小巨人"企业数量

4. "单项冠军"企业

制造业"单项冠军"是指长期专注于制造业某些细分产品市场,生产技术或工艺国际领先,单项产品市场占有率位居全球或国内前列的企业,代表全球制造业细分领域最高发展水平、最强市场实力。"单项冠军"企业是制造业创新发展的基石,是制造业竞争力的重要体现。第一至七批共公布 1 187 家单项冠军示范企业和冠军产品企业,主要行业有机械、电子信息、石化、纺织、轻工、有色、建材、钢铁、医药、船舶等,分布于 29 个省、市、自治区,见图 5-4。

从企业数量看,四川省入选"单项冠军"的企业数量为 22 家,仅居全国第 15 位。其中,"单项冠军"示范企业 9 家,冠军产品企业 22 家。而居全国前两位的浙江和山东入选数量接近 200 家,分别为 189 家和 186 家;江苏入选数量为 170 家,居全国第三位。我们可以看出,四川省与前三位省份的"单项冠军"企业数量差距很大。

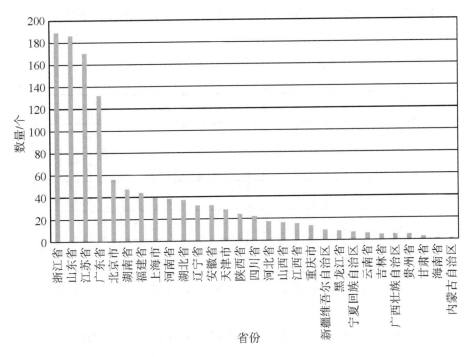

图 5-4　各省区市制造业"单项冠军"企业数量

从城市看，宁波市的国家级制造业"单项冠军"示范企业数量最多，达到 66 家，被称为"全国单项冠军之城"。全国前十的城市是宁波市、深圳市、北京市、杭州市、青岛市、上海市、天津市、苏州市、淄博市、常州市①，而四川省没有一个城市进入前 20 位。

5. 外商及港澳台商投资工业企业

2000—2022 年，四川省外商及港澳台商投资工业企业数量，可以分为快速增长和基本稳定两个阶段（详见图 5-5）。一是快速增长阶段：2000—2008 年，四川省外商及港澳台商投资工业企业数量由 249 个增长到 664 个，增长 2.67 倍，年均增速为 13.04%。这阶段增长的主要原因是中国加入 WTO，对外开放的大门进一步打开，外商及港澳台商纷纷将一些劳动密集型产业转移至四川。二是基本稳定阶段：2009—2022 年，四川省外商及港澳台商投资工业企业数量稳定在 530 个至 620 个区间。2008—2011

---

①　火石创造. 国家级制造业单项冠军分布，谁是"冠军"之城？［EB/OL］.（2025-03-14）［2025-03-16］.https://mp.ofweek.com/im/a456714003507.

年略有下降，主要原因是 2008 年爆发国际金融危机，世界经济增长乏力，外商投资普遍减少。

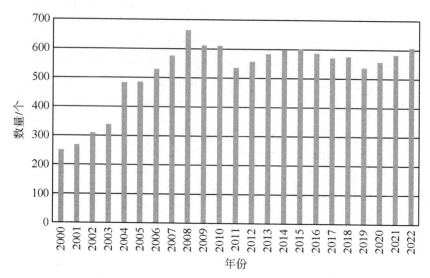

图 5-5　2000—2022 年四川省外商及港澳台商投资工业企业数量

（二）企业资产

1. 规模以上工业企业资产

2000—2022 年，四川省规模以上工业企业资产始终保持增长态势，由 4 586.1 亿元增长到 68 314.3 亿元，增加近 14 倍，年均增速达 12.7%（见图 5-6）。2000—2006 年为中等增速阶段，年均增速为 12.3%，与 2000—2022 年的增速基本相同。2006—2013 年为高增速阶段，资产由 9 182.1 亿元增长到 36 239.6 亿元，年均增速达 21.7%。2013—2022 年为中增速阶段，年均增速为 7.3%，约为 2000—2022 年增速的 60%。

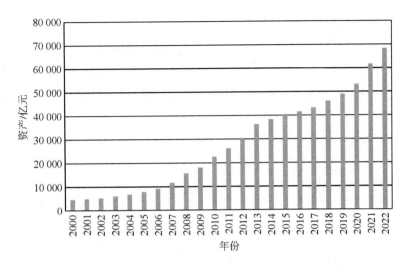

图5-6　2000—2022年四川省规模以上工业企业资产变化情况

2. 大型工业企业资产

四川省大型工业企业、中型工业企业、小型工业企业、国资控股工业企业、私营工业企业、外商投资工业企业的数据均来源于《中国工业统计年鉴》，2018年和2019年未出版，因此2017年和2018年的数据缺失。图5-7给出了2009—2021年四川省大型工业企业的资产变化情况。我们可以看出，2009—2021年，四川省大型工业企业的资产由6 510.6亿元逐渐增加到26 511.6亿元，增加3倍，年均增长12.4%。

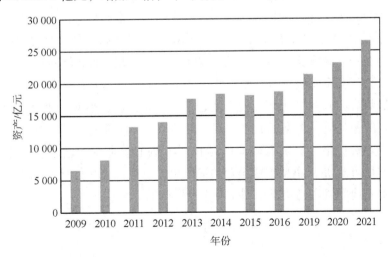

图5-7　2009—2021年四川省大型工业企业资产变化情况

3. 中型工业企业资产

2009—2021 年，四川省中型工业企业的资产总体呈上升态势，除 2011 年相对 2010 年为下降，其余年份均保持增长（详见图 5-8）。2009—2021 年，四川省中型工业企业的资产由 6 000 亿元增长到 12 000 亿元，正好增长一倍，年均增速为 6.0%。

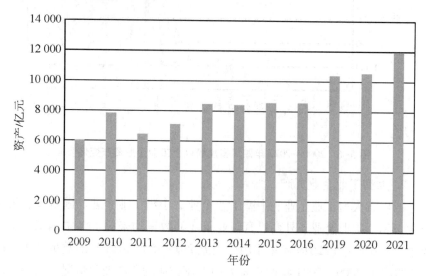

图 5-8　2009—2021 年四川省中型工业企业资产变化情况

4. 小型工业企业资产

2009—2021 年，四川省小型工业企业的资产由 5 516.5 亿元增长到 23 159.9 亿元，增长 3.2 倍，年均增速为 10.2%（见图 5-9）。对比大型、中型、小型企业的增长速度，我们可以看出，大型工业企业的资产增速最快，小型工业企业次之，中型工业企业增速最慢，呈现两头快、中间慢的发展态势。2009 年，大型工业企业、中型工业企业、小型工业企业的资产基本呈等差数列，大型工业企业资产最高，中型工业企业资产次之，小型工业企业资产最小。随着时间的延长，小型工业企业的增速快于中型企业。2012 年开始，小型工业企业的资产超过中型企业的资产。2021 年，小型工业企业的资产已接近中型工业企业资产的 2 倍。

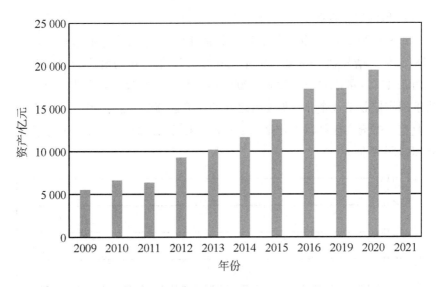

图 5-9　2009—2021 年四川省小型工业企业资产变化情况

5. 国有控股工业企业资产

图 5-10 给出了 2009—2022 年四川省国有控股工业企业的资产变化情况。我们可以看出，2009—2022 年，四川省国有控股工业企业的资产稳步增长，由 9 515.6 亿元增长到 34 958.9 亿元，增长 2.67 倍，年均增速达 10.5%。

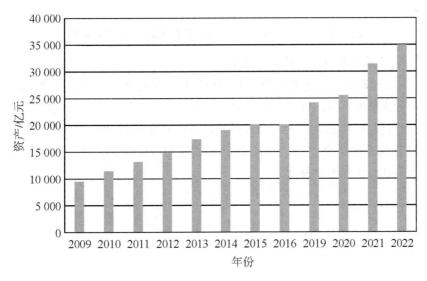

图 5-10　2009—2022 年四川省国有控股工业企业资产变化情况

6. 私营工业企业资产

2009—2022 年，四川省私营工业企业的资产也呈逐步增长态势，由 3 281.2 亿元增长到 14 802.5 亿元，增长 3.51 倍，年均增速为 12.3%（详见图 5-11）。可以看出，2009—2022 年，四川省私营工业企业的资产增速快于国有控股工业企业，但二者之间的差值逐渐变大。2009 年，国有控股工业企业的资产比私营工业企业多 6 234.4 亿元，而 2022 年这一差值拉大到 20 156.4 亿元。

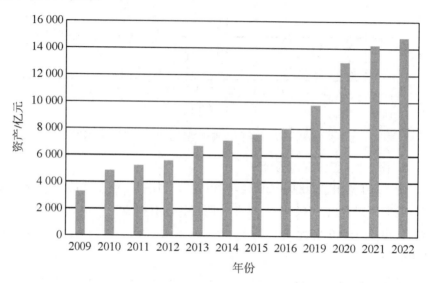

图 5-11　2009—2022 年四川省私营工业企业资产变化情况

7. 外商及港澳台商投资工业企业资产

图 5-12 给出了 2009—2022 年四川省外商及港澳台商投资工业企业的资产变化情况。我们可以看出，2000—2022 年，四川省外商及港澳台商投资工业企业资产总计总体呈上升趋势，由 2000 年的 262.28 亿元增长到 2022 年的 6 641.87 亿元，增长 24.3 倍，年均增速达 15.8%。这表明四川省对外开放程度不断提高。

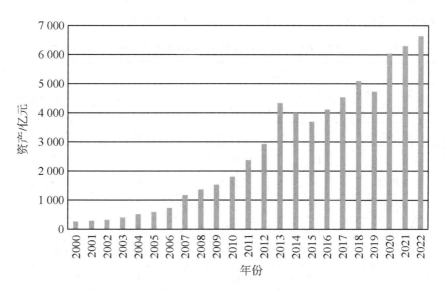

图 5-12　2000—2022 年四川省外商及港澳台商投资工业企业资产

（三）企业分布

1. 数量分布情况

表 5-1 给出了四川省 2011 年和 2021 年各市州大中型工业企业的数量和资产分布情况。我们可以看出，2011—2021 年，四川全省 21 个市州中，19 个市州的大中型工业企业数量减少，仅有阿坝州由 2011 年的 6 个增长到 2021 年的 7 个。德阳市的大中型工业企业数量保持不变，均为 126 个，但在全省的位次由第 9 位上升到第 3 位。

四川省各市州的大中型工业企业数量分布明显不均衡，成都最多，2011 年为 648 个、占全省总数的比例为 23.2%；2021 年为 535 个，占全省总数的比例增加到 29.2%。虽然成都的大中型工业企业的数量有所降低，但占全省的比例却增长了 6 个百分点。南充的大中型工业企业数量居全省第二位，2011 年和 2021 年分别为 247 个和 205 个，分别占全省的 8.9% 和 11.2%。2011 年，大中型工业企业数量居三至十位的市州是宜宾（201个）、乐山（174 个）、达州（172 个）、资阳（159 个）、内江（151 个）、绵阳（435 个）、德阳（126 个）、自贡（111 个），其中眉山和广安均为 100 个，并列第 11 位。2021 年，大中型工业企业数量居三至十位的市州是德阳（126 个）、宜宾（125 个）、绵阳（107 个）、泸州（100 个）、乐山

（83 个）、眉山（80 个）、达州（77 个）、遂宁（68 个）。

表 5-1 2011 和 2021 年四川省各市州大中型工业企业数量和资产分布

地区	2011 年		2021 年	
	企业数量/个	资产总计/亿元	企业数量/个	资产总计/亿元
成都市	648	4 803.51	535	16 679.83
自贡市	111	638.26	51	677.18
攀枝花市	64	2 011.28	45	1 686.55
泸州市	82	533.80	100	1 599.38
德阳市	126	1 674.10	126	2 164.87
绵阳市	135	1 340.44	107	3 202.91
广元市	47	192.71	36	251.77
遂宁市	93	304.26	68	567.89
内江市	151	527.85	41	612.67
乐山市	174	1 005.62	83	1 593.01
南充市	247	637.36	205	961.69
眉山市	100	317.38	80	799.22
宜宾市	201	1 415.72	125	4 262.19
广安市	100	274.51	49	432.14
达州市	172	668.88	77	831.26
雅安市	39	129.37	28	263.21
巴中市	35	44.80	14	51.69
资阳市	159	442.13	25	186.59
阿坝州	6	63.49	7	81.51
甘孜州	6	73.23	4	51.27
凉山州	90	472.82	27	1 527.33

从四川省五大经济区看，2011 年，成都平原经济区的大中型工业企业数量为 1 474 个，占全省的比例为 53%；川东北经济区的数量为 601 个，占全省的比例为 22%；川南经济区的数量为 545 个，占全省的比例为 20%；攀西经济区的数量为 154 个，占全省的比例为 5%；川西北生态经济

区的数量仅有 12 个，占全省的比例不到 1%。

　　根据图 5-13 计算，2021 年，成都平原经济区的大中型工业企业数量降低到 1 052 个，但占全省的比例上升为 57%；川东北经济区的数量降低到 381 个，占全省的比例下降 1 个百分点变为 21%；攀西经济区的数量减少超过一半，仅有 72 个，占全省的比例下降为 4%；川西北生态经济区的数量下降 1 个变成 11 个，占全省的比例约 1%。

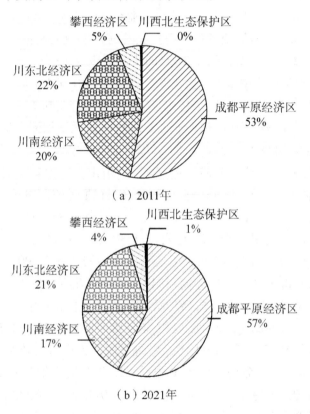

（a）2011年

（b）2021年

图 5-13　2011 年和 2021 年四川省五大经济区大中型工业企业数量分布

2. 资产分布情况

　　2011—2021 年，在四川省 21 个市州中，18 个市州的大中型工业企业资产都增加，只有攀枝花、资阳、甘孜 3 个市州呈下降趋势（见表 5-1）。攀枝花由 2 011.28 亿元降低到 1 686.55 亿元，下降 16.15%；资阳由 442.13 亿元降低到 186.59 亿元，下降 57.8%；甘孜由 73.23 亿元降低到 51.27 亿元，在全省的排名由倒数第二位下降至倒数第一位。增幅最高的市州是成都，增长 2.47 倍；其次为宜宾，增长 2.01 倍；第三位是泸州，增长 2.00 倍。眉山、绵阳、雅安的大中型工业企业资产增幅超过 1 倍，分别达到 1.52、1.39 和 1.03。遂宁、乐山、南充、广安的增幅分别为 86.6%、58.4%、50.9% 和 57.4%。

分市州看，成都大中型工业企业的资产最高，远高于其他市州。2011 年，成都大中型工业企业的资产为 4 803.51 亿元，占全省的比例达 27.3%；2021 年达到 16 679.83 亿元，占全省的比例提高 16 个百分点，达到 43.3%。2011 年，攀枝花的大中型工业企业资产为 2 011.28 亿元，居全省第二位；2021 年退居全省第五位。宜宾的大中型工业企业资产由 2011 年的 1 415.72 亿元，增长到 2021 年的 4 262.19 亿元，由全省第四位上升到第二位。德阳的大中型工业企业资产 2011 年为 1 674.1 亿元，居全省第三位；2021 年增加至 2 164.87 亿元，但在全省的排名却退居第四位。绵阳的大中型工业企业资产由 2011 年的 1 340.44 亿元增加到 3 202.91 亿元，排名由全省第四位上升到第三位。2021 年，大中型工业企业资产超过 1 000 亿元的还有泸州（1 599.38 亿元）、乐山（1 593.01 亿元）、凉山（1 527.33 亿元），超过 500 亿元的还有自贡（677.18 亿元）、遂宁（567.89 亿元）、内江（612.67 亿元）、南充（961.69 亿元）、眉山（799.22 亿元）、达州（831.26 亿元）。巴中（51.69 亿元）、甘孜（51.27 亿元）、阿坝（81.51 亿元）的大中型工业企业资产不到 100 亿元。

从五大经济区看，成都平原经济区大中型工业企业的资产最多，远远高于其他经济区。2011 年，成都平原经济区的大中型工业企业资产超过 1 万亿元，占全省的比例达 57%；2021 年其资产增长到 25 457.53 亿元，占全省的比例提升至 66%。2011 年，川南经济区大中型工业企业的资产为 3 115.63 亿元，占全省的比例为 18%；2021 年其资产增长到 7 151.42 亿元，占全省的比例提升 1 个百分点至 19%。2011 年，攀西经济区大中型工业企业的资产为 2 484.1 亿元，占全省的比例为 14%；2021 年其资产增加到 3 213.88 亿元，占全省的比例下降至 8%。2011 年，川东北经济区大中型工业企业的资产为 1 818.26 亿元，占全省的比例为 10%；2021 年川东北经济区大中型工业企业资产增加到 3 213.88 亿元，占全省的比例下降至 7%。2011 年和 2021 年，川西北生态经济区大中型工业企业的资产分别为 136.72 亿元和 132.78 亿元，占全省的比例不到 1%（详见图 5-14）。

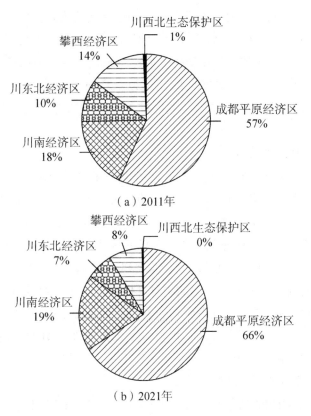

（a）2011年

（b）2021年

图 5-14　四川省五大经济区大中型工业企业资产分布

（四）科技创新情况

四川省是科技大省和人才大省，近年来，四川省科技创新投入持续加大，科技创新能力不断提升，但与发达地区相比仍存在较大差距。总体来看，四川省科技研发力量较为分散，创新主体之间合作深度不够，拥有较多人才和技术的在川央企与地方联动较少。共性技术、基础技术、"卡脖子"的关键技术等研发投入力度不够，重大基础性原创成果相对较小。企业拥有核心技术较少，产品大多集中在技术含量不高、附加值较低的中低端。高端创新人才缺乏，尤其是行业领军人物更少，虽然在川两院院士数量逐渐增加，但研究成果与产业发展的紧密度还有待提升。

1. 科技创新投入

2022 年，四川省共投入研究与试验发展（R&D）经费 1 215 亿元，比上年增加 0.5 亿元，总量排全国第 8 位。R&D 经费投入强度为 2.14%，比上年下降 0.12 个百分点，居全国第 13 位，低于与全国平均水平 0.4 个百分点。企业投入占全省科技创新投入的比例最高，达到 60.3%。基于数量的可得性和可对比性，本书选取规模以上工业企业的 R&D 经费投入、R&D 人员全时当量、新产品研发经费投入三个指标与其他省份进行分析，见表 5-2。

（1）R&D 经费投入

2022 年，四川省规模以上工业企业 R&D 经费为 530.1 亿元，居全国第 12 位，居第四梯队。广东和江苏，2022 年规模以上工业企业 R&D 经费分别为 3 217.8 亿元和 2 993.7 亿元，遥遥领先其他省份。浙江和山东位居第二梯队，2022 年分别达到 1 768.1 亿元和 1 728.7 亿元。福建、湖南、河南、安徽、上海为第三梯队，分别为 848.6 亿元、858.9 亿元、845.5 亿元、820.7 亿元和 766.0 亿元。四川省规模以上工业企业 R&D 经费投入在 GDP 前十省份中居末位，仅占广东的 16.5%、占江苏的 17.7%、约为浙江和山东的 30%。我们可以发现，规模以上工业企业 R&D 经费排名与经济总量排名基本相同。

（2）R&D 人员全时当量

2022 年，四川省规模以上工业企业 R&D 人员全时当量为 117 859 人年，在 GDP 前十省份中位列末位，约为广东的 12.3%、江苏的 18.0%、浙江的 22.7%，也仅为福建的 60.0%、安徽的 65.2%。

（3）新产品研发经费投入

2022 年，四川省规模以上工业企业新产品研发经费投入为 620.1 亿元，在全国的排位与经济总量位次错位明显。2022 年，GDP 排名前 13 位的省市分别是广东、江苏、山东、浙江、河南、四川、湖北、福建、湖南、安徽、上海、河北、北京。四川省规模以上工业企业新产品研发经费投入在 GDP 前 13 省市中居末位，与广东、江苏等投入大省相比更是差距显著，分别为广东和江苏的 12.0% 和 16.3%。

表 5-2　2022 年各省区市规模以上工业企业投入情况

省份	R&D 经费/亿元	R&D 人员全时当量/人年	新产品研发经费/亿元	新产品项目数/个
北京	349.0	53 459	650.3	16 838

表5-2（续）

省份	R&D 经费/亿元	R&D 人员全时当量/人年	新产品研发经费/亿元	新产品项目数/个
天津	284.56	51 110	317.4	16 711
河北	635.9	111 333	859.4	34 170
山西	202.31	40 034	193.5	7 997
内蒙古	170.9	24 931	175.6	4 920
辽宁	375.7	67 503	430.3	17 134
吉林	92.6	15 297	183.0	5 072
黑龙江	98.0	18 483	135.3	7 505
上海	766.0	100 972	1 139.4	27 316
江苏	2 993.7	655 930	3 813.2	131 118
浙江	1 768.1	519 168	2 711.1	188 833
安徽	820.7	180 814	1 040.8	42 535
福建	848.6	193 782	921.1	35 707
江西	439.7	101 018	609.0	32 823
山东	1 728.7	391 781	2 029.23	100 611
河南	845.5	175 486	667.2	29 852
湖北	793.2	168 695	1 049.2	27 918
湖南	858.9	174 121	1 065.2	46 908
广东	3 217.8	772 585	5 159.5	221 782
广西	150.6	37 341	222.8	11 634
海南	14.9	3 961	47.1	2 328
重庆	479.3	83 623	544.0	22 057
四川	530.1	117 859	620.1	28 673
贵州	131.8	29 129	118.1	5 805
云南	198.7	27 950	156.3	6 498
西藏	1.7	173	1.3	78
陕西	354.4	60 713	376.8	13 423
甘肃	72.0	14 487	68.7	2 520

表5-2(续)

省份	R&D 经费/亿元	R&D 人员全时当量/人年	新产品研发经费/亿元	新产品项目数/个
青海	14.9	1 878	21.3	327
宁夏	59.7	10 804	78.3	2 347
新疆	64.1	10 248	135.7	2 535

2. 科技创新产出

为更好认清四川省科技创新产出在全国的情况,本书选取规模以上工业企业有效发明专利数、新产品销售收入和新产品出口销售收入情况三个指标与其他省份进行对比分析,见表5-3。

(1) 有效发明专利

2022 年,四川省规模以上工业企业的有效发明专利为41 462件,居全国第11 位,在 GDP 前十省份中居末位,仅分别为广东、江苏、和浙江的11.7%、19.0%和24.1%。

(2) 新产品销售收入

2022 年,四川省规模以上工业企业新产品销售收入为6 831.9 亿元,仅居全国第13 位,在 GDP 前十省份中居末位。规模以上工业企业新产品销售收入居全国前4 位的是江苏、广东、浙江、山东,分别达到51 118.3 亿元、48 075.1 亿元、41 281.8 亿元和37 847.2,分别是四川省的7.5 倍、7.0 倍、6.0 倍和5.5 倍。

(3) 新产品出口销售收入

2022 年,四川省规模以上工业企业新产品出口销售收入为696.5 亿元,居全国第16 位,在 GDP 前十省份中居末位。广东、江苏、浙江、山东分别达到13 011.1 亿元、10 456.4 亿元、8 663.6 亿元和5 238.7 亿元,是四川省的18.7 倍、15.0 倍、12.4 倍和7.5 倍。

表 5-3 2022 年各省区市规模以上工业企业产出情况

省份	有效发明专利数/件	新产品销售收入/亿元	新产品出口销售收入/亿元
北京	32 594	5 603.7	963.1
天津	18 488	4 868.4	726.9

表5-3（续）

省份	有效发明专利数/件	新产品销售收入/亿元	新产品出口销售收入/亿元
河北	33 789	9 474.6	986.7
山西	9 827	3 554.8	555.0
内蒙古	9 065	3 147.5	146.2
辽宁	21 581	5 102.6	643.1
吉林	12 612	2 177.0	104.2
黑龙江	6 551	1 395.4	53.9
上海	42 835	10 785.3	1 746.6
江苏	218 368	51 118.3	10 456.4
浙江	171 872	41 281.8	8 663.6
安徽	81 620	17 580.5	2 243.1
福建	57 792	7 757.7	1 764.6
江西	32 595	11 644.8	1 468.8
山东	113 621	37 847.2	5 238.7
河南	47 069	10 656.0	2 509.6
湖北	59 771	14 809.3	895.5
湖南	43 973	13 771.7	724.00
广东	354 470	48 075.1	13 011.1
广西	11 637	2 860.5	2 404.8
海南	1 567	372.4	27.6
重庆	26 245	6 795.7	1 354.6
四川	41 462	6 831.9	696.5
贵州	9 294	1 359.9	52.0
云南	11 139	1 631.3	31.8
西藏	97	8.4	—
陕西	19 071	4 364.1	477.2
甘肃	5 979	1 122.0	39.5

表5-3(续)

省份	有效发明 专利数 /件	新产品 销售收入 /亿元	新产品出口 销售收入 /亿元
青海	1 423	375.2	2.3
宁夏	4 725	924.5	22.9
新疆	6 164	685.5	13.9

综上分析可见,科技创新水平与经济实力紧密相关,科技创新与经济增长形成良性循环。经济实力越强的省份,科技创新投入越多、科研活动越密集、创新成果越丰富。这些科技创新成果又不断转化为先进生产力,推动工业生产水平提高,促进产业结构升级,获得更多利润。

3. 科技创新分布

四川省各市州工业科技创新水平差异较大,发展不平衡不充分特征明显。成都市作为省会城市和国家中心城市,工业科技创新投入和产出明显高于其他市州,而革命老区、脱贫地区、民族地区、盆周山区等区域的科技创新水平明显落后。本书选取规模以上工业企业 R&D 及专利情况对各市州和五大经济区的科技创新情况进行分析。

(1)各市州规模以上工业企业 R&D 及专利情况

表5-4 给出了 2021 年四川省各市州规模以上工业企业 R&D 及专利情况。我们可以看出,成都的 R&D 人员全时当量、R&D 经费和有效发明专利数均居全省首位,遥遥领先于其他市州。大部分市州的 R&D 人员全时当量在 3 000 人年左右,自贡、泸州、遂宁、内江、乐山、南充、眉山、广安、达州 9 个市的 R&D 人员全时当量在 2 400~3 400 人年。攀枝花、广元、雅安的 R&D 人员全时当量在 1 000~2 000 人年,巴中、资阳、阿坝州、甘孜州、凉山州 5 个市州的 R&D 人员全时当量低于 1 000 人年,全省最低的甘孜仅为 7 人年。

R&D 经费方面,2021 年成都达到 187.67 亿元,是全省第二位绵阳的 2.77 倍,是全省第三位德阳的 4.44 倍。宜宾的 R&D 经费和 R&D 人员全时当量均居全省第四位,分别是 6 381 人年和 35.58 亿元。泸州、眉山、乐山、自贡、攀枝花、达州、南充、遂宁依次居全省第 5 位至第 12 位,R&D 经费值在 10 亿元至 17 亿元之间区域。内江、广元、雅安、凉山州、资阳、巴中、阿坝和甘孜的工业企业 R&D 经费低于 10 亿元,全省最低的甘孜州仅有 108 万元。

2021 年，成都规模以上工业企业的有效发明专利数到达 26 876 件，分别是全省第二位绵阳的 4.93 倍，是全省第三位德阳的 8.77 倍。自贡、宜宾、乐山、泸州、眉山、遂宁、内江、攀枝花依次居全省第 5 位至 12 位，规模以上工业企业有效发明专利数在 900 件至 1 600 件。雅安、达州、南充、凉山、广安的规模以上工业企业有效发明专利数在 400 件至 600 件。阿坝州和甘孜州的规模以上工业企业有效发明专利数不到 100 件，居全省倒数两位。

表 5-4　2021 年四川省各市州规模以上工业企业 R&D 及专利情况

省份	R&D 人员全时当量/人年	R&D 经费/亿元	有效发明专利数/件
成都市	37 652	187.67	26 876
自贡市	2 423	13.01	1 538
攀枝花市	1 575	12.96	975
泸州市	3 276	16.14	1 386
德阳市	7 567	42.30	3 063
绵阳市	13 023	67.87	5 456
广元市	1 207	6.69	302
遂宁市	2 893	11.77	1 157
内江市	2 519	9.64	995
乐山市	2 605	13.88	1 455
南充市	2 988	12.63	453
眉山市	3 260	14.81	1 249
宜宾市	6 381	35.58	1 501
广安市	2 684	7.33	425
达州市	2 707	12.86	480
雅安市	1 305	6.08	580
巴中市	409	1.68	106
资阳市	929	3.19	389

表5-4(续)

省份	R&D 人员 全时当量 /人年	R&D 经费 /亿元	有效发明 专利数 /件
阿坝州	109	0. 20	58
甘孜州	7	0. 01	28
凉山州	131	3. 87	426

（2）五大经济区规模以上工业企业科技活动情况

在四川省五大经济区中，成都平原经济区规模以上工业企业的科技活动明显高于其他经济区，是四川工业科技创新的主战场。从规模以上工业企业 R&D 经费看，2021 年，成都平原经济区占全省的比例超过 70%，川南经济区的占全省的比例仅 15%，川东北经济区的占比不到 10%，攀西经济区的占比仅 4%，而川西北生态经济区基本可以忽略（详见图 5-15）。

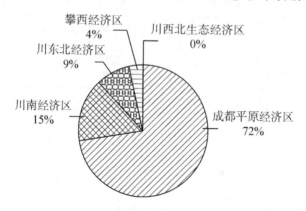

图 5-15　2021 年四川省五大经济区规模以上工业企业 R&D 经费占比

从规模以上工业企业有效发明专利看，成都平原经济区的优势更大。2021 年，成都平原经济区占全省的比例达到 82%，川南经济区的占全省的比例仅 11%，川东北经济区和攀西经济区的占比仅分别为 4% 和 3%，而川西北生态经济区基本可以忽略（详见图 5-16）。

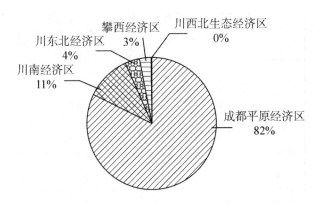

图 5-16　2021 年四川省五大经济区规模以上工业企业有效发明专利占比

三、与其他省份横向比较

（一）企业数量

表 5-5 展示了 2022 年全国各省区市规模以上工业企业、大中型工业企业、国有控股工业企业和私营工业企业的数量。我们可以看出，四川省规模以上工业企业数量居全国第 12 位，明显低于 GDP 和工业增加值在全国的位次；在 GDP 前十省份中排名最后一位，仅为广东的 25%、江苏的 28.5%。四川省大中型工业企业数量居全国第 7 位，仅为广东的 22%、江苏的 32%、浙江的 39%。四川省国有控股工业企业数量居全国第 3 位，甚至高于广东、浙江等省份。国有控股企业数量位次高于规模以上工业企业、大中型工业企业的排位，表明四川省国有控股企业优势明显。四川省私营工业企业数量为 12 607 个，居全国第 12 位，在 GDP 前十省份中排最后一位，仅分别为广东、江苏、浙江的 25%，仅为山东的 50%。四川省外商和港澳台商投资工业企业数量为 607 个，居全国第 14 位、西部地区第 1 位，在 GDP 前十省份中居第 7 位；外商及港澳台商投资工业企业数量前三位的广东、江苏和浙江分别约为四川省的 19.3 倍、14.5 倍和 7 倍。

表5-5 2022年全国各省区市××工业企业数量   单位：个

	规模以上 工业企业	大中型 工业企业	国有控股 工业企业	私营 工业企业	外商及港澳台商 投资工业企业
北京	3 141	528	664	1 143	647
天津	5 812	582	502	3 464	1 121
河北	18 077	1 345	1 098	14 433	651
山西	7 688	1 232	1 435	5 128	157
内蒙古	3 591	633	864	1 738	131
辽宁	8 923	1 148	827	5 739	1 118
吉林	3 216	438	408	2 100	258
黑龙江	4 532	393	585	2 945	152
上海	9 432	1 105	698	5 237	2 953
江苏	61 504	5 458	1 608	48 248	8 812
浙江	56 229	4 508	965	47 490	4 256
安徽	21 484	1 525	1 110	16 390	917
福建	20 691	2 346	613	16 757	2 763
江西	17 614	1 244	835	13 694	728
山东	35 322	3 363	2 081	25 451	2 719
河南	23 805	1 808	1 115	18 966	524
湖北	18 388	1 604	1 036	13 557	844
湖南	19 885	1 559	934	16 833	490
广东	70 702	7 865	1 550	47 503	11 736
广西	8 959	831	770	6 614	457
海南	665	81	99	243	67
重庆	7 616	1 010	648	6 122	420
四川	17 523	1 738	1 555	12 607	607
贵州	5 332	473	786	3 654	118
云南	4 895	460	753	3 096	155
西藏	190	14	73	59	6
陕西	7 772	792	1 146	5 000	250

表5-5(续)

	规模以上 工业企业	大中型 工业企业	国有控股 工业企业	私营 工业企业	外商及港澳台商 投资工业企业
甘肃	2 518	247	691	1 277	48
青海	646	86	211	260	19
宁夏	1 476	202	262	999	49
新疆	4 381	443	1 143	2 522	87
全国	472 009	45 061	27 065	349 269	43 260

综上可见，四川省规模以上工业企业数量、大中型工业企业数量、国有控股工业企业数量和私营工业企业数量均居全国前列，特别是大中型企业数量和国有控股工业企业数量分别居全国第5位和第3位。然而，四川与广东、江苏、山东、浙江等经济大省相比差距明显，国家级"专精特新""小巨人"企业、"单项冠军"企业、外商和港澳台商投资的工业企业数的数量与发达省份相比也有较大差距。

(二) 企业资产

1. 资产总计

2022年全国各省区市规模以上工业企业、大中型工业企业、国有控股工业企业、私营工业企业和外商及港澳台商投资工业企业的资产总计情况见表5-6。分企业规模看，四川省规模以上工业企业资产居全国第5位，明显高于规模以上工业企业数量的排位，但与排名居前三位的差距较大。广东和江苏的规模以上工业企业资产总量分别为四川的2.87倍和2.55倍。从大中型工业企业资产看，四川省居全国第8位，在GDP前十省份中居第5位。大中型工业企业资产居前几位的是广东、江苏、山东和浙江，分别为四川省的3.47倍、2.71倍、2.05倍和1.90倍。北京、山西和上海的大中型工业企业资产也高于四川。

分企业所有制属性看，2022年，四川省国有控股工业企业资产为34 958.92亿元，居全国第5位，在GDP前十省份中仅低于广东和山东居第3位。四川省私营工业企业资产为14 802.54亿元，居全国第9位，在GDP前十省份中仅居第8位。

私营企业数量和资产在一定程度上可以反映该地区对外开放程度和营

商环境。私营工业企业资产最多的是江苏，达到 71 892.51 亿元；其次是广东，达到 53 847.96 亿元；接着是浙江 52 902.93 亿元、山东 33 706.25 亿元、福建 23 194.41 亿元、河北 20 703.25 亿元。超过 1 万亿的省份还有山西、辽宁、江西、湖北、湖南。从全国来看，私营工业企业资产小于国有控股工业企业资产，约为国有控股工业企业的四分之三。四川省私营工业企业资产占国有控股工业企业的资产仅为 42.3%，显著低于全国水平。广东、江苏、浙江、福建、江西省、湖南省 6 个省份私营工业企业资产高于国有控股工业企业的资产。

外商及港澳台商投资工业企业的投资情况在一定程度上反映该地区对外开放的水平。2022 年，四川省外商及港澳台商投资工业企业资产达到 6 641.87 亿元，居全国第 12 位、西部地区第 1 位，在 GDP 前十省份中仅居第 7 位。外商及港澳台商投资工业企业资产居全国前三位的是广东、江苏、浙江，分别为 59 804.69 亿元、49 604.16 亿元和 25 565.05 亿元，分别是四川省的 9 倍、7.5 倍和 3.8 倍。上海和山东的外商及港澳台商投资工业企业资产均超过 2 万亿元，分别居全国第 4 位和第 5 位，分别是四川省的 3.3 倍和 3.1 倍。我们可以看出，外商和港澳台商投资工业企业的资产主要在东部沿海地区，2022 年在东部沿海 10 省市投资工业企业的资产总和达到 218 635 亿元，占全国的比例为 78.4%。四川省外商及港澳台商投资工业企业资产占国有控股工业企业和私营工业企业的比例均明显低于全国水平。2022 年，全国外商及港澳台商投资工业企业的资产接近为国有控股工业企业资产的一半，约为私营工业企业资产的三分之二；而四川省外商及港澳台商投资工业企业资产占国有控股工业企业的资产的比例仅 19%，占私营工业企业资产的比例仅 45%，均显著低于全国水平。四川省外商和港澳台商投资工业企业资产占全省规模以上工业企业资产总额的比例为 9.7%，低于全国 8.6 个百分点，居全国 19 位，低于所有东部地区的省区市。

表 5-6　2022 年全国各省区市工业企业资产总计　　　　单位：亿元

	规模以上工业企业	大中型工业企业	国有控股工业企业	私营工业企业	外商及港澳台商投资工业企业
北京	66 052.47	57 340.75	46 181.20	4 059.75	13 612.10
天津	25 797.40	17 345.88	10 057.84	4 864.01	8 909.87

表5-6（续）

	规模以上 工业企业	大中型 工业企业	国有控股 工业企业	私营 工业企业	外商及港澳台商 投资工业企业
河北	61 482.51	39 742.07	21 533.23	20 703.25	8 636.73
山西	60 891.67	47 771.07	39 429.99	10 732.81	2 801.96
内蒙古	43 617.57	30 567.95	22 170.76	7 158.63	3 294.14
辽宁	47 292.14	34 169.51	20 435.28	11 609.59	9 026.16
吉林	19 992.29	14 793.28	12 285.18	3 475.55	3 952.94
黑龙江	20 179.31	13 395.04	12 060.87	3 839.54	1 585.88
上海	56 317.54	41 111.45	24 819.68	9 359.98	21 868.05
江苏	174 319.04	109 604.84	29 822.40	71 892.51	49 604.16
浙江	128 298.51	76 954.44	17 160.19	52 902.93	25 565.05
安徽	56 457.80	36 544.98	20 000.37	14 947.69	5 979.91
福建	50 912.96	34 452.53	13 904.13	23 194.41	11 898.33
江西	35 429.91	19 135.00	9 776.82	13 557.34	4 119.17
山东	120 624.15	82 815.85	39 407.63	33 706.25	20 718.67
河南	55 880.25	36 701.61	20 556.98	15 797.43	5 287.57
湖北	53 244.26	34 830.53	24 045.56	13 249.53	6 774.77
湖南	36 684.69	21 988.28	14 630.19	13 630.80	3 975.42
广东	196 419.19	140 366.07	43 476.12	53 847.96	59 804.69
广西	26 912.97	16 067.22	12 537.01	6 783.83	4 641.26
海南	4 754.83	3 129.39	1 954.93	513.92	1 519.28
重庆	27 524.31	18 291.60	11 601.29	9 841.25	4 081.28
四川	68 314.26	40 452.25	34 958.92	14 802.54	6 641.87
贵州	19 977.77	12 053.33	12 589.32	3 706.38	888.78
云南	27 290.80	17 303.84	17 635.79	5 779.30	1 003.75
西藏	2 382.81	1 418.62	1 641.70	77.09	151.18
陕西	47 399.09	33 109.71	29 682.23	7 879.76	3 691.96
甘肃	15 837.31	10 062.36	11 406.08	1 945.48	496.89
青海	7 774.63	5 141.25	5 193.90	751.61	153.54

表5-6(续)

	规模以上工业企业	大中型工业企业	国有控股工业企业	私营工业企业	外商及港澳台商投资工业企业
宁夏	13 420.55	9 213.70	5 408.61	5 696.47	1 185.88
新疆	30 442.72	19 978.03	17 882.55	6 449.02	1 082.33
全国	1 601 926	1 075 852	604 247	446 757	292 953.57

2. 平均资产

2022 年全国各省区市规模以上工业企业、大中型工业企业、国有控股工业企业、私营工业企业和外商及港澳台商投资工业企业的平均资产见表5-7。分企业规模看，2022 年，四川省规模以上工业企业的平均资产达到 3.90 亿元，在 GDP 前十省份中居第一位，分别为广东、江苏、山东、浙江的 1.40 倍、1.38 倍、1.14 倍和 1.71 倍。四川省大中型工业企业的平均资产为 23.28 亿元，在 GDP 前十省份中居第三位，略低于山东和安徽。

分企业所有制属性看，2022 年，四川省国有控股工业企业的平均资产为 22.48 亿元，在 GDP 前十省份中居第四位，低于广东、湖北和福建。四川省私营工业企业的平均资产为 1.17 亿元，略低于全国平均水平。GDP 前十省份中，私营工业企业的平均资产最高的是江苏的 1.49，其次为福建，再次为山东、广东、浙江。中部地区 6 省份除山西外，湖南、湖北、安徽、江西、河南 5 个省份的私营工业企业的平均资产最低均小于 1 亿元。四川省外商及港澳台商投资工业企业的平均资产为 10.94 亿元，比全国平均水平高 4.17 亿元，居 GDP 前十省份首位。

表 5-7　2022 年全国各省区市工业企业平均资产　　单位：亿元

	规模以上工业企业	大中型工业企业	国有控股工业企业	私营工业企业	外商及港澳台商投资工业企业
北京	21.03	108.60	69.55	3.55	21.04
天津	4.44	29.80	20.04	1.40	7.95
河北	3.40	29.55	19.61	1.43	13.27
山西	7.92	38.78	27.48	2.09	17.85
内蒙古	12.15	48.29	25.66	4.12	25.15
辽宁	5.30	29.76	24.71	2.02	8.07

表5-7(续)

	规模以上工业企业	大中型工业企业	国有控股工业企业	私营工业企业	外商及港澳台商投资工业企业
吉林	6.22	33.77	30.11	1.66	15.32
黑龙江	4.45	34.08	20.62	1.30	10.43
上海	5.97	37.20	35.56	1.79	7.41
江苏	2.83	20.08	18.55	1.49	5.63
浙江	2.28	17.07	17.78	1.11	6.01
安徽	2.63	23.96	18.02	0.91	6.52
福建	2.46	14.69	22.68	1.38	4.31
江西	2.01	15.38	11.71	0.99	5.66
山东	3.41	24.63	18.94	1.32	7.62
河南	2.35	20.30	18.44	0.83	10.09
湖北	2.90	21.71	23.21	0.98	8.03
湖南	1.84	14.10	15.66	0.81	8.11
广东	2.78	17.85	28.05	1.13	5.10
广西	3.00	19.33	16.28	1.03	10.16
海南	7.15	38.63	19.75	2.11	22.68
重庆	3.61	18.11	17.90	1.61	9.72
四川	3.90	23.28	22.48	1.17	10.94
贵州	3.75	25.48	16.02	1.01	7.53
云南	5.58	37.62	23.42	1.87	6.48
西藏	12.54	101.33	22.49	1.31	25.20
陕西	6.10	41.81	25.90	1.58	14.77
甘肃	6.29	40.74	16.51	1.52	10.35
青海	12.04	59.78	24.62	2.89	8.08
宁夏	9.09	45.61	20.64	5.70	24.20
新疆	6.95	45.10	15.65	2.56	12.44
全国	3.39	23.88	22.33	1.28	6.77

综上可见，四川省规模以上工业企业资产、大中型工业企业资产、国有控股工业企业资产和私营工业企业资产等指标均居全国前列，特别是规模以上工业企业资产和国有控股工业企业资产均居全国第5位，国有控股工业企业的资产仅低于广东和山东居 GDP 前十省份第3位。然而，四川省规模以上工业企业资产和私营工业企业资产与广东、江苏、山东、浙江等相比差距明显。四川省私营工业企业资产总计居全国第9位、平均资产居全国倒数第10位，表明私营工业企业发展差距更大。四川省外商和港澳台商投资工业企业资产与东部省份相比差距较大，但平均资产居 GDP 前十省份首位，表明差距主要在企业数量少。

（三）盈利能力

为进一步分析四川省工业企业的综合实力，本书选取营业收入和利润总额两个指标考察其盈利能力。各省区市的大中型企业的数量未公布，因此本书选取规模以上工业企业、国有控股工业企业、私营工业企业进行对比分析。

1. 营业收入

表5-8 给出了 2022 年全国各省区市工业企业的营业收入，数据来自《中国工业统计年鉴（2023）》。我们可以看出，2022 年，四川省规模以上工业企业的营业收入为 50 413.61 亿元，居全国第 6 位，仅为广东的 27.5%、江苏的 30.1%、山东和浙江的 46.2%。四川省规模以上工业企业的平均营业收入为 2.88 亿元，比全国平均水平多 0.06 亿元；在全国处于中游水平、居全国第 15 位，在 GDP 前十省份中居第二位。

2022 年，四川省国有控股工业企业的营业收入为 17 702.19 亿元，居全国第 5 位，在 GDP 前十省份中仅低于广东、山东和江苏。国有控股工业企业营业收入最高的是广东，达到 32 626.42 亿元，约为四川的 1.84 倍。从企业平均营业收入看，四川为 11.38 亿元，略低于全国平均水平 2.4 个百分点，居全国倒数第 7 位。国有控股工业企业平均营业收入最高的是北京，达到 24.15 亿元，是四川的 2.12 倍。

2022 年，四川省私营工业企业的营业收入为 16 202.14 亿元，居全国第 10 位，在 GDP 前十省份中居第 8 位。私营工业企业的营业收入前三的省份是江苏、广东、浙江，分别是四川省的 4.61 倍、3.90 倍和 3.21 倍。四川省单个工业企业的平均营业收入为 1.29 亿元，略低于全国平均水平，居全国倒数第 11 位；在 GDP 前十省份中居第 7 位。2022 年，四川省外商及港澳台商投资工业企业的营业收入为 7 142.66 亿元，在 GDP 前十省份中居倒数第三位，仅占广东的 11.8%，江苏的 14.6%。

对比国有控股工业企业和私营工业企业，我们可以看出单个私营工业企业的平均营业收入显著低于国有控股工业企业。从全国来看，2022 年，单个国有控股工业企业的平均营业收入为 13.78 亿元，是单个私营工业企业平均营业收入的 9.84 倍。四川省单个国有控股工业企业的平均营业收入是单个私营工业企业平均营业收入的 8.82 倍，低于全国的倍数。

四川省规上工业企业、国有控股工业企业、私营工业企业的营业收入都居全国前列，但与广东、江苏、山东等相比仍有较大差距；从单个企业的平均营业收入看，四川省规上工业企业、国有控股工业企业、私营工业企业的平均营业收入处于全国中游甚至中下游水平，表明下一步既要培育更多的工业企业，也要提升盈利能力。

表 5-8　2022 年全国各省区市不同性质工业企业的营业收入

单位：亿元

省份	规模以上工业企业		国有控股工业企业		私营工业企业		外商及港澳台商投资工业企业	
	营业收入	单个企业平均营业收入	营业收入	单个企业平均营业收入	营业收入	单个企业平均营业收入	营业收入	单个企业平均营业收入
北京	27 713.55	8.82	16 037.29	24.15	1 809.80	1.58	10 433.23	16.13
天津	24 203.63	4.16	7 107.50	14.16	6 082.94	1.76	9 501.98	8.48
河北	50 877.38	2.81	14 446.83	13.16	22 008.19	1.52	6 925.2	10.64
山西	39 045.35	5.08	17 870.44	12.45	12 261.66	2.39	2 074.84	13.22
内蒙古	28 901.77	8.05	12 489.06	14.45	6 379.17	3.67	2 113.3	16.13
辽宁	37 188.82	4.17	15 009.14	18.15	9 970.06	1.74	7 868.73	7.04
吉林	13 570.40	4.22	8 312.86	20.37	2 108.54	1.00	4 335.23	16.80
黑龙江	13 015.23	2.87	6 942.64	11.87	2 916.84	0.99	1 055.07	6.94
上海	45 185.62	4.79	15 956.93	22.86	7 310.54	1.40	23 572.06	7.98
江苏	164 753.25	2.68	23 461.97	14.59	74 763.71	1.55	49 071.72	5.57
浙江	109 188.45	1.94	14 348.45	14.87	51 976.80	1.09	21 388.74	5.03
安徽	46 889.51	2.18	13 576.57	12.23	15 115.65	0.92	6 500.59	7.09
福建	56 291.83	2.72	10 295.17	16.79	31 551.90	1.88	13 001.47	4.71
江西	39 958.91	2.27	8 023.81	9.61	20 418.30	1.49	3 684.71	5.06
山东	109 044.78	3.09	27 483.75	13.21	39 117.31	1.54	15 712.12	5.78

表5-8(续)

省份	规模以上工业企业		国有控股工业企业		私营工业企业		外商及港澳台商投资工业企业	
	营业收入	单个企业平均营业收入	营业收入	单个企业平均营业收入	营业收入	单个企业平均营业收入	营业收入	单个企业平均营业收入
河南	47 419.88	1.99	13 536.94	12.14	15 333.76	0.81	6 999.02	13.36
湖北	45 496.34	2.47	14 573.01	14.07	17 218.01	1.27	7 120.17	8.44
湖南	39 760.49	2.00	10 246.68	10.97	21 973.92	1.31	2 617.7	5.34
广东	183 027.35	2.59	32 626.42	21.05	63 239.38	1.33	60 516.1	5.16
广西	22 596.26	2.52	8 976.77	11.66	7 747.68	1.17	3 673.24	8.04
海南	3 008.35	4.52	1 213.50	12.26	372.00	1.53	947.41	14.14
重庆	27 165.52	3.57	7 867.76	9.30	11 519.20	1.88	5 735.49	13.66
四川	50 413.61	2.88	17 702.19	11.38	16 202.14	1.29	7 142.66	11.77
贵州	10 352.63	1.94	5 950.83	7.57	2 425.08	0.66	384.79	3.26
云南	19 650.22	4.01	10 365.26	13.77	6 190.22	2.00	581.88	3.75
西藏	503.59	2.65	281.58	3.86	20.87	0.35	63.06	10.51
陕西	36 580.14	4.71	16 872.55	14.72	10 765.65	2.15	3 102.17	12.41
甘肃	10 888.41	4.32	8 268.90	11.97	1 433.01	1.12	353.51	7.36
青海	4 604.37	7.13	2 540.34	12.04	606.24	2.33	70.8	3.73
宁夏	8 228.54	5.57	3 604.44	13.76	3 580.68	3.58	428.96	8.75
新疆	17 690.23	4.04	9600.55	8.40	4 839.27	1.92	799.56	9.19
全国	1 333 214.43	2.82	375 590.12	13.78	487 258.50	1.40	277 775.52	6.42

2. 利润总额

表5-9给出了2022年全国各省区市工业企业的利润总额，数据来自国家统计局网站。2022年，四川省规模以上工业企业的利润总额为4 602.33亿元，居全国第6位，低于广东、江苏、山东、浙江和陕西，在GDP前十省份中居第5位。四川省规模以上工业企业的平均利润为0.26亿元，高于全国平均水平，居全国第11位，在GDP前十省份中居首位。四川省国有控股工业企业的利润总额为1 561.79亿元，居全国第5位，低于山西、内蒙古、山东和陕西，在GDP前十省份中居第2位。四川省国有控股工业企业的平均利润为1.10亿元，高于全国平均水平，居全国第9位，在GDP前十省份中居首位。四川省私营工业企业的利润总额为1 293.2亿元，居全国第7位，在GDP前十省份中居第6位。四川省私营工业企业的平均利润为0.11亿元，略高于全国平均水平，居全国第11位，

在 GDP 前十省份中居第 2 位。四川省外商及港澳台商投资工业企业的利润总额为 331.27 亿元，居全国第 12 位、西部地区第 1 位，在 GDP 前十省份中居第 6 位。单个外商及港澳台商投资的平均利润为 0.55 亿元，略高于全国平均水平，居全国中游，在 GDP 前十省份中并列第一位。

表 5-9 2022 年全国各省区市不同性质工业企业的利润总额

单位：亿元

	规模以上工业企业		国有控股工业企业		私营工业企业		外商及港澳台商投资工业企业	
	利润总额	平均利润	利润总额	平均利润	利润总额	平均利润	利润总额	平均利润
北京	1 998.72	0.64	1 028.48	1.53	133.53	0.12	988.96	1.53
天津	1 685.62	0.29	225.68	0.46	101.47	0.03	1 400.75	1.25
河北	1 210.36	0.07	267.06	0.28	407.83	0.03	279.45	0.43
山西	3 913.92	0.51	2 501.42	1.84	469.42	0.10	217.07	1.38
内蒙古	4 080.9	1.14	1 656.73	2.06	704.21	0.44	398.87	3.04
辽宁	1 639.15	0.19	487.35	0.60	258.48	0.05	852.36	0.76
吉林	827.64	0.26	584.62	1.46	65.09	0.03	358.41	1.39
黑龙江	685.07	0.15	389.21	0.64	123.15	0.04	56.98	0.37
上海	2 545.31	0.27	640.18	0.95	457.03	0.09	1 144.15	0.39
江苏	9 490.6	0.15	1 174.03	0.78	3 745.22	0.09	3 439.96	0.39
浙江	5 994.09	0.11	651.92	0.72	2 460.81	0.05	1 533.76	0.36
安徽	2 386.6	0.12	656.62	0.66	680.02	0.12	272.36	0.30
福建	3 698.65	0.18	280	0.50	2 332.64	0.14	967.64	0.35
江西	2 527.07	0.14	280.73	0.38	1 434.83	0.12	214.83	0.30
山东	4 785.3	0.14	1 603.63	0.83	1 282.19	0.05	1 163.77	0.43
河南	1 701.58	0.07	339.18	0.34	561.6	0.03	240.34	0.46
湖北	3 131.71	0.17	850.47	0.91	1 281.62	0.10	464.87	0.55
湖南	2 282.93	0.12	484.6	0.56	1 370.85	0.08	140.16	0.29
广东	10 329.25	0.15	1 436.88	1.01	3 208.86	0.07	3 960.59	0.34
广西	893.56	0.10	238.1	0.33	335.15	0.06	140.78	0.31
海南	135.76	0.20	12.12	0.14	27.99	0.16	64.25	0.96
重庆	1 827.67	0.25	413.23	0.67	937.57	0.16	219.15	0.52
四川	4 602.33	0.26	1 561.79	1.10	1 293.2	0.11	331.27	0.55
贵州	1 295.86	0.24	1 047.86	1.41	118.89	0.03	59.37	0.50
云南	1 361.96	0.27	751.13	1.02	278.69	0.10	77.08	0.50
西藏	62.74	0.33	2.25	0.03	-1.79	-0.03	18.5	3.08
陕西	4 665.77	0.60	2 481.96	2.31	1 039.41	0.21	271.05	1.08
甘肃	607.49	0.24	486.71	0.78	36.01	0.03	19.29	0.40

表5-9（续）

	规模以上工业企业		国有控股工业企业		私营工业企业		外商及港澳台商投资工业企业	
	利润总额	平均利润	利润总额	平均利润	利润总额	平均利润	利润总额	平均利润
青海	831.44	1.29	488.66	2.44	47.39	0.18	35.86	1.89
宁夏	416.29	0.28	174.03	0.72	140.18	0.14	65.14	1.33
新疆	2 547.09	0.58	1 202.81	1.14	614.23	0.26	303.9	3.49
全国	84 162.43	0.18	24 399.44	0.97	25 945.77	0.08	19 700.92	0.46

对比分析我们可以看出，广东、江苏、浙江等经济大省的规模以上工业企业、国有控股工业企业、私营工业企业的利润总额较高，但单个企业的平均利润总额不高，预示着利润总额较高的主要原因是企业数量多。反观青海、内蒙古等地区工业企业利润总额不高，但单个企业的平均利润较高，预示着这些省份虽然企业数量少，但规模大、效益好。对比国有控股工业企业和私营工业企业我们还可以发现，从全国来看，2022年，单个国有控股工业企业的平均利润为0.97亿元，是单个私营工业企业平均利润的12倍。四川省单个国有控股工业企业的平均利润是单个私营工业企业平均利润的10倍。四川省规模以上工业企业、国有控股工业企业、私营工业企业的利润总额都居全国前列，但与广东、江苏、山东等相比仍有较大差距；从单个企业的平均利润看，四川省规模以上工业企业、国有控股工业企业、私营工业企业的平均利润处于全国中游水平，表明四川省企业的总体盈利能力偏低。

综上可见，四川省规模以上工业企业、国有控股工业企业、私营工业企业的营业收入和利润总额都位居全国前列，但与广东、江苏、山东等经济大省相比仍有较大差距。四川省规模以上工业企业、国有控股工业企业、私营工业企业的平均营业收入和平均利润处于全国中游甚至中下游水平，表明四川省工业企业的总体盈利能力偏低。从结构上看，国有控股工业企业的盈利规模显著高于私营工业企业，但盈利效率低于私营工业企业。2022年，四川省国有控股工业企业的营业收入和利润总额分别是私营工业企业的1.09倍和1.21倍，单个国有控股工业企业的平均营业收入和平均利润分别为私营工业企业的8.2倍和10倍。而四川省国有控股工业企业的营业收入利润率为8.82%，私营工业企业的营业收入利润率为7.98%，低于国有控股工业企业。国有控股工业企业的资产利润率为4.47%，而私营工业企业的资产利润率达到8.74%。

四、"双碳"目标下四川新型工业化的主体路径

（一）培育壮大工业企业队伍

1. 实施企业梯度培育计划

第一，推动大企业大集团实现跨越式发展。加快实施制造业企业"贡嘎培优"行动计划，遴选资源消耗少、环境影响小、科技含量高、产出效益好、发展可持续的企业倾斜政策扶持和服务保障，持续挖掘和培育综合实力强的大企业大集团并做好年度动态调整。加快组织实施工业"珠峰攀登"行动，全力支持新型显示、清洁能源装备、动力电池、晶硅光伏等优势产业领域的优质企业成长壮大为世界一流企业。支持培育企业加大创新投入，积极创建高新企业，搭建"产学研用"结合的创新平台。支持培育企业品牌优化提升，引导打造国家级品牌、中国驰名商标等名牌产品和树立良好信用形象。支持培育企业增强集聚发展能力，围绕自身产业链带动协作配套企业和上下游企业协同发展。为培育企业做好能源、用地、资金等要素保障。

第二，加强中小企业梯度培育。深入落实《四川省〈中华人民共和国中小企业促进法〉实施办法》，以健全的制度设计、完善的配套政策，全方位、系统性支持中小企业发展。构建中小企业梯度培育体系，打造、培育一批专精特新"小巨人"、单项冠军、"瞪羚"企业和"独角兽"企业，加大"小升规"工作力度。实施"头雁领航"行动，深入实施创新型领军企业"顶天立地"行动、高新技术企业"扩容倍增"行动、科技型中小企业"铺天盖地"三大行动，培育一大批科技型企业，打造科技创新体集群。鼓励创新型企业与中小企业、创新团队开展合作，加快建立以市场为导向、产学研深度融合的创新联合体。研究制定促进科技金融"投—贷—服"融合发展的政策，引导金融机构加大对科技创新支持力度，积极推进科技企业上市后备库建设。重视传统中小企业转型升级，加强中小企业数字化、智能化转型政策支持，助力传统中小企业升级改造为专精特新中小企业。加快中小企业公共服务体系建设，指导各类公共服务机构、有关协会、商会为企业提供多元化精准服务。

第三，大力孵化科创型企业。加强科技企业孵化器、众创空间和大学

科技园等布局建设，鼓励龙头骨干企业建设运营专业化孵化载体，探索新型孵化器与虚拟孵化器建设。完善孵化载体年度评价机制，引导孵化载体专业化发展，全面加强孵化载体服务水平和能力。加快建设"众创空间—科技企业孵化器—加速器—产业园"链条式的科技创业服务体系，搭建创业项目与投融资机构、服务机构的对接桥梁，加速推进创新成果孵化落地。积极承办中国创新创业大赛行业总决赛等各类双创活动，加大媒体宣传力度，营造创新创业的浓厚氛围。

第四，促进大中小企业融通发展。建设大中小企业融通发展平台载体，发挥大企业引领支撑作用，创建线上线下相结合的大中小企业创新协同、产能共享、供应链互通的新型产业创新生态，着力探索和推广融通发展模式，推动中小企业数字化转型。支持领航企业整合产业链资源，联合中小企业建设先进制造业集群、战略性新兴产业集群、创新型产业集群等。鼓励领航企业对上下游企业开放资源，开展供应链配套对接，与中小企业建立稳定合作关系，构建创新协同、产能共享、供应链互通的新型产业发展生态。鼓励中小企业创新组织模式、重构创新模式、变革生产模式、优化商业模式，进一步推动大中小企业融通发展。发挥政府的支持和引导作用，设立中小企业发展专项资金支持特色载体建设，依托特色载体打造大中小企业融通发展的新型产业创新生态。

2. 加强企业质量品牌建设

第一，做精做亮国家级和省级知名品牌。支持企业积极争创中国质量奖，打造四川品牌"领头雁"。做精做亮省级品牌，高质量评选四川省天府质量奖、四川名牌，推动"中雁"追赶竞飞。指导市州政府按照国家有关规定申报、评选、管理好本级政府质量奖，促进国家、省级、市州品牌梯次跃升，树立高水平品牌方阵。

第二，支持"专精特新""小巨人"品牌优化提升。鼓励龙头企业通过标准推广和实施与中小企业建立产业链联盟，带动产业链上下游企业标准能力提升。支持有条件的"专精特新""小巨人"企业通过海外参股、并购、建立战略联盟等形式，推动研发、品牌、营销、管理的国际化，提高企业国际化经营水平。重点支持"专精特新""小巨人"企业针对细分领域基础共性和关键技术标准开展研究，牵头或参与国家、行业标准制（修）订。

第三，加强中小企业品牌培育建设。广泛开展中小企业质量管理体系认证，高标准引领中小企业发展。引导中小企业健全质量责任体系，加强全面质量管理，探索构建以数字化、网络化、智能化为基础的全过程质量管理体系，推进中小企业质量诚信体系建设，推行品牌质量承诺制度，提高用户满意度和企业质量效益。引导中小企业树立"经营企业就是经营品牌"的发展理念，增强企业品牌意识，激发企业提升质量和品牌的内生动力，加大品牌建设的投入力度，不断完善品牌培育、发展和保护机制。指导中小企业围绕产品定位、价值挖掘、传播渠道科学制定品牌发展战略和规划，合理进行产品品牌和企业品牌定位，提炼品牌核心价值，紧盯目标消费群体，确立差异化竞争优势。

第四，加大企业品牌推广力度。大力推广"四川制造"品牌产品和"四川制造"标杆企业，提升我省中小企业品牌知名度和产品在细分市场的占有率。充分发挥"文化川军""广电川军""出版川军"的资源优势，鼓励企业合理利用传统媒体和新媒体平台升级品牌推广能力。发挥好国内外四川商会的桥梁作用，借力川商各类资源，强化"四川造"推广宣传，提升国内外市场认可度。支持建设企业品牌理论研究机构和品牌评价机构。开展品牌基础理论、价值评价、发展指数等研究，提高品牌研究水平，发布客观公正的中小企业品牌价值评价结果和品牌发展指数。

3. 提升企业管理现代化水平

第一，推进现代企业制度建设。强化分类指导，持续推进治理体系和治理能力现代化。推动中小企业树立现代企业经营管理理念，加强财务、质量、安全、用工等基础管理。以新发展理念为引领，深入开展企业管理系统提升专项行动，加强全面质量管理、强化资源集约管理和配置，创新生产经营模式，提升全要素生产率。建立学习型组织，加强精细化管理，提高企业危机应对能力。鼓励推动组织管理变革，依托各类培训，发挥商业协会等社会中介组织的作用，引导各类企业建立现代企业制度，推动企业降本增效、创新生产经营模式增效、市场开拓增效、战略转型增效，全面管理和控制生产经营成本，积极延伸产业链，拓展发展新空间，变革生产经营模式，加快推进创新创业，提高战略应变能力和风险防控能力。制定实施企业管理现代化对标提升行动计划，引导中小企业建立健全战略、财务、质量、品牌、安全、风险等管理制度，定期选树一批企业管理创新优秀成果，示范推广先进管理经验和工具方法，开展重点行业对标提升活动。

第二，提升企业战略管理能力。针对四川中小企业存在的战略管理意识不强、投资决策不科学、主责主业不突出、国际化经营水平不高等问题，进一步提升企业强化战略管理意识，紧紧围绕落实国家战略和提升企业核心竞争力的要求，科学谋划战略定位、主攻方向和业务结构，切实强化战略规划的刚性约束和有效落实。引导企业建立健全完善的战略规划、商业计划、投资决策、项目实施、考核评价等紧密衔接的管理体系，实施投资全周期管理，提高投资的科学性和有效性。引导国有企业强化主业管理，推动各类资源要素向主责主业集中，严控非主业投资，加快剥离非主业非优势业务，清理处置低效无效资产。支持企业稳妥实施"走出去"，构建更加适应国际化经营需要的管理机制，有序融入世界产业链和创新生态圈，不断增强全球话语权和影响力。

第三，提升企业组织管控能力。针对四川省中小企业总体定位不清晰、机构设置不匹配、授权放权不充分、流程运转不顺畅、管理方式不合理等问题，支持企业进一步明确总体职能定位，科学设置组织架构，探索推行"扁平化""大部门制""项目制"管理，建立健全目标明确、边界清晰、权责对等、精简高效的组织体系。综合考虑四川国有所出资企业发展阶段、行业特点、治理能力、管理基础等因素，给予不同范围、不同程度的授权放权，全面激发企业活力。转变行政化管理方式，依据股权关系，通过法人治理结构，依法履职行权，提升企业管理市场化、法治化水平。

第四，提升企业精益运营能力。针对精细化管理能力不强、成本和质量管控不到位、运营效率不高等问题，支持企业进一步树立全员参与、协同高效、持续改善的精益管理理念，将精益管理运用到研发设计、生产制造、供应链管理、营销服务等全流程、全链条，以最小资源投入，创造更多更大价值。支持企业加强现场管理，对生产现场各要素进行合理有效的计划、组织、协调、控制，实现生产的安全、优质、高效、环保、低耗和均衡。着力优化供应链管理，持续提升采购的集约化、规范化、信息化、协同化水平，实现采购优质优价和全生命周期总成本最低。引导企业完善营销管理和用户服务体系，科学制定营销策略，创新服务模式，不断提升服务质量和品牌形象，提高客户忠诚度和满意度。

4. 着力培育优秀企业家队伍

实施优秀企业家培育计划，以经营型、科技型、成长型企业家为重点，组织开展企业家管理者素质提升、融资能力提升和领军人才等系列专题培训，按照市场化运作、企业化运营、政府补贴相结合的方式，支持天府商学院等学习平台加快发展，打造一批具有全国影响、四川特色的企业家教育培训基地。探索建立适应市场经济规律和企业家成长规律的培养模式，着力造就一支具有国际视野、战略眼光和开拓精神的优秀企业家队伍。充分运用多种新闻媒体，引导企业家将个人价值、企业发展与国家富强、民族复兴相结合，强化企业家的使命感与责任感，鼓励企业积极履行社会责任、参与社会公益和慈善事业。加强优秀企业家先进事迹、加快建设世界一流企业的宣传力度，在全社会营造鼓励创新、包容失败的舆论环境和良好氛围。凸显企业家推动经济社会发展的重要社会价值，激励更多企业家做勇于创新、诚信守法、回馈社会的典范。

（二）强化工业企业科技创新

1. 建设高水平科技创新平台

第一，强化产业基础研发平台建设。推进在川全国重点实验室优化重组，加快建设国家川藏铁路、高端航空装备技术创新中心，创建国家网络安全技术创新中心。推动首批天府实验室加快攻关，布局建设第二批天府实验室，打造成为四川战略科技力量的重大科技创新基地。实施中央在川大院大所"聚源兴川"行动，实施一批重大科技成果转移转化项目，遴选培育一大批重大创新成果，布局建设一批省级中试研发平台。加快（成都）西部科学城建设，打造重大科技基础设施和研究基地集群，创建国家综合性科学中心。推动中国（绵阳）科技城建设中国特色社会主义科技创新先行区。发挥大企业大集团的资源集聚优势，集成高等院校、科研院所等相关力量，组建国家工程实验室和行业工程中心。加快建设国家川藏铁路中心、高端航空装备技术创新中心，积极创建国家网络安全技术创新中心。大力支持企业加强技术创新中心、工程研究中心、质检中心、新型研发机构等科研平台建设，支持技术转移机构、产业技术创新战略联盟、博士后科研工作站等创新平台建设。推动企业现有的重点实验室、工程实验室、工程（技术）研究中心、企业技术中心等研发平台逐步升级进入国家和省级序列。

第二，加强高新区科技创新能力建设。高新区是科技的集聚地，也是创新的孵化器。四川省是最早一批拥有国家高新区序列的省份，高新区总体数量居全国前列。但与北京、上海、广东等地相比，科技创新实力还有较大差距，主要原因包括三方面：一是部分高新区并不是一开始就是按科技园区的标准建立，而是由工业园区或经济开发区直接转化而来。二是高新区的考核"指挥棒"与工业园区、经济开发区相同，存在"重经济、轻创新，重规模、轻质量，重速度、轻效益"的现象，并没有坚持将考核指标侧重于"科技"和"创新"。三是四川高新区大多为"一区多园"，各园分属不同区县，管理管委会与各分园之间统筹管理协调以及各园区之间联动发展、优势互补等方面大多运行不顺畅，实际运行效率不高。当前，国家推进的战略性新兴产业集群、创新型产业集群、先进制造业集群、综合性国家科学中心、国际科技创新中心、制造业创新中心等建设，依托的载体主要是特大城市的国家级高新区、城市新区、自贸区等。要按照"因地制宜、错位发展"的原则，加强对高新区总体布局的统筹力度，提升高新区的创新能力和产业承载能力，通过"以升促建"推动更多的省级高新区进入国家高新区序列。

2. 围绕产业链布局创新链

第一，聚焦六大优势产业加强关键核心技术攻关。围绕实施电子信息、装备制造、先进材料、能源化工、食品轻纺、医药健康六大优势产业提质倍增计划，组织实施航空与燃机、工业软件及信息安全、生命健康、生物育种、川猪等省级重大科技专项，集中力量突破一批"卡脖子"关键核心技术，培育一批重大科技创新产品。加快推进制造业数转智改，深入实施智能制造工程和制造业数字化转型行动，推动产品设计、生产流程、市场化开发等数字化，深化云计算、大数据、人工智能与制造业融合发展。大力推进水风光气氢储一体化、互补性开发，叠加清洁能源装备制造业全产业链基础，构建资源节约、环境友好的绿色技术创新体系和生产体系。

第二，聚焦未来产业强化前沿技术研究。围绕先进材料、装备制造、清洁能源、晶硅光伏、动力电池等优势产业、战略性新兴产业和未来产业发展，组织实施基础研究十年行动计划，高效运行省自然科学基金，力争取得更多"从0到1"的重大突破。实施产业跨界融合示范工程，加强量子信息、太赫兹、脑科学与类脑智能、新型显示、动力电池、集成电路、精准医学、生物技术、核技术应用等领域前沿技术研究和关键核心技术攻关，推进各领域新兴技术跨界融合，推进新技术新产品示范应用。前瞻布局一批应用场景，加速前沿技术成熟和应用，形成以重大应用为牵引的技术集成标准和模式，积极抢占未来产业制高点，开辟发展新领域新赛道，打造一批新的增长引擎。

第三，打造科技创新体集群。科技创新体集群是"研学产"主体集聚形成的以研发和转化为核心功能的创新载体。与产业集群一样，科技创新也有明显的集群效益。创新资源越集聚，创新氛围越浓，创新效率越高。美国的硅谷、日本的筑波、我国的中关村、未来科技城、科学城和部分高新区，已经在集聚研发和转化主体，在培育高成长科技企业和高水平研发机构方面形成了示范。把增强工业的科技创新能力作为科技创新的主战场，以重大任务为牵引，规划打造一批科技创新体集群。围绕清洁能源装备、轨道交通设备、新型显示和集成电路、新能源汽车等具备较好基础的产业，对照工业和信息化部的集群标准，分别制定世界级制造业集群、国内先进制造业集群、特色制造业集群打造实施方案，通过"决战上游、壮大中游、主攻下游"等行动，争取有更多集群进入工业和信息化部先进制造业集群打造名单，打造具有竞争力、影响力的产业链和产业集群。持续推进《实施创新型企业培育"三强计划"打造科技创新体集群行动方案（2023—2024 年）》，切实落地落实相关政策措施。

3. 构建以企业为主体的技术创新体系

企业作为市场竞争的直接参与者和科技成果的最终应用者，更贴近生产一线，更了解市场需求，对新技术、新产品最敏感。长期以来，我国科研力量和科技资源主要集中在独立科研机构，以科研院所作为技术创新的主体，然后将成果转让给企业，导致一定程度上"产学研"相互脱离的现象。突出企业科技创新主体地位，有利于优化科技资源配置，在很大程度上克服科技与产业"两张皮"现象。刘延慧（2018）基于对东西部地区的高校、科研院所、企业的科技创新投入和工业结构变迁的研究显示，东部地区企业是科技创新的主体，而西部地区高校和科研机构 R&D 投入强度显著地促进了地区工业结构变迁，企业的作用很小，西部地区仍旧是以高校和科研机构作为科技创新的主体[①]。突出企业在科技创新的主导作用，着力构建以企业为主体、市场为导向、"产学研"深度融合的技术创新体系。要用好市场机制、项目机制，支持企业承担国家研究开发任务，推动高校、科研院所等与企业紧密联系、精准对接，切实增强科研项目的针对

---

① 刘延慧. 我国东西部产学研 R&D 投入强度对工业结构变迁的影响研究 [D]. 西安：西安石油大学，2018.

性、前瞻性、实用性。把技术创新能力作为国有企业考核的重要指标，把技术要素参与分配作为高新技术企业产权制度改革的重要内容。

4. 支持企业数字化智能化转型

鼓励企业应用人工智能、大数据、5G 等新一代信息技术，进行能源资源、污染物排放的实时动态监测和精准分析控制，提升工业企业能源和环境管理水平、决策科学化水平。推动具备良好条件的国有企业、大型民营企业数字化智能化转型，打造一批制造业数字化转型标杆项目。推进国产工业软件普及应用，支持传统产业数字化智能化改造升级。推进"工业互联网+绿色低碳"建设，鼓励企业开展内外网改造。

5. 加强科技成果转移转化

科技成果转化是在我国科技体制改革环境下形成并发展起来的科技经济结合范畴中的概念，在国际上又往往被称为技术转移、技术转让。科技成果转化最初是以创新的"线性范式"为理论基础，即认为科技成果是沿着"研究—开发—中试—产业化"这样的链条形成、熟化并导入经济系统中的。科技成果转化是科技经济结合的核心，不仅能够加速新旧产业、新旧就业、新旧动能的转换，创造出新产业、新岗位和新产品，还能激发新的创造，催生新的科技创新，实现科技创新与产业发展的良性互动。四川有一些好的科技创新成果没在省内而在省外转化，存在"墙内开花墙外香"的现象。2020 年，四川省技术净输出 369.0 亿元。与先进省份相比，四川省技术吸纳转化水平差距显著，技术吸纳交易额仅为广东的 1/5、江苏的 2/5、湖北的 3/5。[①] 2022 年，四川省技术市场成交额 1 643.53 亿元，仅占全国的 3.4%[②]。推动科技成果转化要从技术上、制度上、应用场景等方面创造良好条件、营造良好氛围。一方面要着力完善技术成果交易服务体系，解决"不能转"的问题。中试是科技成果熟化的重要环节，主要解决转化过程中技术稳定性、市场确定性、成本可控性。推动中试建设需要政府和市场的共同发力，既要更好发挥政府在搭建平台、制定政策等方面的作用；也要发挥无形的市场作用，通过市场化行为进行利益绑定，吸引更多市场主体参与。加快技术市场供需体系建设，全面构建线上线下融合、全省统一的技术市场体系。另一方面要加强科技成果转移转化基地和企业建设。加强成德绵国家科技成果转移转化示范区建设，加快布局省级

---

① 数据来源：四川省科学技术厅官网。
② 数据来源：国家统计局官网。

科技成果转移转化示范区，持续推进国家技术转移西南中心"1+4+N"技术转移服务体系建设。大力发展为企业服务的各类科技中介服务机构，促进企业之间、企业与高等院校和科研院所之间的知识流动和技术转移。持续推进科技成果转移转化企业培育行动，加强专业化技术转移机构建设。

6. 优化科技创新生态环境

深化科技体制改革攻坚，全面推进职务科技成果非资产化管理试点等改革完善创新资源配置方式，优化科技创新激励机制。深化科技计划管理改革，建立更为精准的重大科技任务攻坚机制，探索关键核心技术攻关新型举国体制四川路径，实施科研经费"包干制 2.0"改革试点，推行"揭榜挂帅"、赛马制、定向委托、科研经费"包干制"等制度，让有能力、有实力的科研团队参与科技研发和成果转化。推进科技成果评价改革，围绕构建"多层次差别化"特色评价指标体系、探索破解科技成果评价"四唯"问题的有效途径等工作，建立完善四川科技成果评价体系。加强科研诚信和学风作风建设，完善科技伦理治理体系，大力培育创新文化，弘扬科学家精神，持续营造风清气正的科研环境。

（三）促进工业企业绿色发展

1. 健全绿色低碳发展的制度体系

推动能耗"双控"逐步向碳排放"双控"转变，建立健全能耗"双控"向碳排放"双控"转变的制度体系。完善以环保、能耗、质量、安全、技术为主的综合标准体系，严格常态化执法和强制性标准实施。采取节能环保改造和投资补贴、税收优惠、绿色能源消费支持等方式，引导企业降低能耗强度和开展清洁能源替代，加快推进工业煤改电、煤改气。对入围省级及以上绿色制造名单的企业实行差别化电价、天然气价、水价、地价等。推动完善行业企业碳排放核算机制，探索建立企业"碳账户"并拓宽应用场景。

2. 推动低碳绿色技术创新与转化应用

定期向各市州、行业协会、重点企业征集共性技术难点和技术需求，立足四川省工业重点领域强化关键共性技术攻关。促进多主体协作，联合企业、高校、科研院所、中介机构、金融资本等打造绿色技术创新与应用平台。布局建设绿色技术交易平台，健全绿色交易技术交易平台管理制度，推动绿色技术交易服务水平提升。鼓励企业采购和使用首台（套）技术装备，进一步深入推进首台（套）重大技术装备保险补偿机制试点工作。完善绿色采购制度，推动政府采购按规定优先采购绿色产品。

3. 强化绿色低碳标杆引领

发挥重点领域国有企业特别是在川中央企业引领作用，在主要碳排放行业以及绿色氢能与可再生能源应用、新型储能、碳捕集利用与封存等领域，实施一批降碳效果突出、带动性强的重大工程。推动低碳工艺革新，实施降碳升级改造，支持取得突破的低碳零碳负碳关键技术开展产业化示范应用。支持有条件的企业创建碳中和示范企业，加快实施工业绿色低碳产品评价，选择应用范围广、碳排放量大的典型工业产品以及特色优势产业推广碳足迹认证。加快创建国家碳达峰试点园区。鼓励中小企业实施全员能效和环境管理，开展绿色制造评价，打造一批低污染、低排放、低碳的中小企业典型。聚焦产品全生命周期绿色管理，支持中小企业开展生态设计，使用绿色工艺、技术和装备，全面实现绿色制造。

4. 推进绿色低碳标准化建设

大力实施绿色低碳品牌发展战略，引导企业积极承担绿色低碳发展主体责任，自觉践行绿色低碳发展理念，打造以绿色为重要内核的企业品牌。持续推进绿色低碳产品认证体系建设，扩大绿色导向的质量管理体系、绿色产品认证及节能、低碳、有机等产品认证的覆盖面，支持企业积极参与国际标准、国家标准、行业标准、地方标准制（修）订。

5. 发挥绿色金融的引导作用

发挥"绿蓉融"绿色金融综合服务平台作用，鼓励符合条件的金融机构用好碳减排支持工具。支持符合条件的绿色低碳企业上市融资、挂牌融资和再融资。引导金融机构为全省绿色低碳项目提供长期限、低成本的融资支持，促进工业企业加快实施绿色低碳循环改造。

（四）扩大对外开放合作水平

新型工业化是"双循环"相互促进的工业化。在全球化加速发展、各地日益激烈竞争的环境下，四川新型工业化建设必须积极参与全球创新网络，利用好国内国际两种资源，围绕重点产业布局，以更加开放的态度加强交流合作。

1. 加大招商引资力度

项目招引是经济发展的源头活水，也是推动产业发展最有效、最直接的手段。好的项目牵动发展全局，决定发展地位，关系发展质量，代表发展形象。四川省六大优势产业中，除食品饮料产业领域本土化程度相对较高外，其他五大产业都是通过招商引资逐渐本土化形成的。抢抓国家战略大后方打造重要产业链供应链备份基地机遇，发挥清洁能源资源优势、科教人才优势、产业集群优势，瞄准世界 500 强企业、中国 500 强和知名跨国公司、国内行业领军企业、大型央企等知名企业和产业链"链主"企业，吸引一批企业在川建设区域总部、研发中心，布局核心产品生产基地。招引方式要从单一的引进外来企业投资，向"风投"、科技成果转化、产业链延伸等方式转变，将引进企业与当地企业捆绑形成利益共同体，形成"捆绑效应"。

2. 加强对外交流合作

深入实施"一带一路"科技创新合作，抢抓《区域全面经济伙伴关系协定》（RCEP）机遇，全方位推进国际和港澳台地区的合作领域围绕六大优势产业、战略性新兴产业和未来产业，组织国际科研项目和港澳台地区科技创新合作项目。利用长江经济带发展、新一轮西部大开发、西部陆海新通道等战略，加强与周边及沿线省份的交流合作。加强与长江沿线城市特别是长江三角洲城市群以及广西北部湾经济区、粤港澳大湾区等地区的合作，积极探索异地孵化、飞地经济、伙伴园区等多种合作机制，主动承接创新资源外溢和高端产业转移。抢抓成渝地区双城经济圈重大战略机遇，联合重庆共建带动全国高质量发展的重要增长极和新的动力源。聚焦电子信息、数字经济、航空航天、现代交通等成渝两地重点产业，加快布局基础研发平台，加快建设成渝中线科创走廊，打造川渝毗邻地区融合创新发展带，共建具有全国影响力的科技创新中心，打造全国重要的科技创新和协同创新示范区。

3. 打造良好营商环境

良好的营商环境就是生产力、竞争力，优化营商环境就是解放生产力、提升竞争力。不同地区之间的综合竞争常常也是营商环境的全面比拼。着力打造公平有序的市场环境，积极融入和服务全国统一大市场建设，持续深化要素市场化配置改革，全面提高土地、劳动力、资本、技术、数据等各类要素协同配置效率。完善重大项目服务机制，为重大项目提供全生命周期的优质服务。系统梳理地方招商引资土地、税费、融资、人才等系列政策措施，"一企一策"解决招商企业用地、用工、手续等急难愁盼问题，推动项目服务数字化智慧化，针对企业和项目需求提高政策和服务的精准度和有效性。着力打造高效便利的政务环境，深入推进"放管服"改革，巩固提升"一网通办""一件事"改革等成效。实行统一的市场准入制度，严格落实"全省一张清单"管理模式。维护统一的公平竞争制度，坚持对各类市场主体一视同仁、平等对待。着力打造公正透明的法治环境，把依法平等保护市场主体合法权益贯穿于立法、执法、司法和守法等各个环节。着力打造亲商安商的人文环境，着力维护和发展"亲""清"新型政商关系，建立制度化、常态化政企沟通渠道，强化对企业家的正向激励，依法依规保护好民营企业和民营企业家的合法权益，全面营造、激发和保护企业家精神的社会氛围，充分发挥企业内生动力和企业家积极性、能动性。推动企业家参与制定涉企政策，充分听取企业家意见建议，通过简政放权、加强知识产权保护等举措，为企业提供更加公平透明的营商环境。加强政务诚信建设，通过彰显政府公信力引导和带动整个社会诚实守信，推动企业诚信经营。

第六章　结构路径：优化产业结构和能源消费结构

一、工业结构、工业经济增长与绿色低碳发展

工业主要包括采矿业、制造业以及电力、热力、燃气、水的生产和供应三个国民经济行业门类。工业结构与产业结构内涵相似，是指生产要素在国家或地区工业经济系统中的不同部门、不同区域间配置的比例关系和相互联系[①]。工业结构是联系工业活动与生态环境的重要纽带，一方面，通过经济活动投入的"资源转换器"作用于生态环境；另一方面，区域环境的承载力反制约着产业结构和经济的发展路径。工业结构优化升级既可以适应需求结构的变化，也可以提高工业生产率，从而促进经济增长，还能改善生态环境和提升能源效率，从而促进绿色低碳发展。

（一）工业结构与工业经济增长的关系

工业结构优化升级内涵丰富，主体内容包括工业结构的优化和工业结构的升级两个方面[②]，可分别用合理化和高级化衡量。工业结构合理化是指工业行业间的耦合质量，用于衡量要素投入结构与产出结构协调程度，其反映了各工业细分行业之间的协调度以及资源有效利用率。工业结构高级化主要为各行业比例关系的改变和技术含量的提升，通常指从劳动密集型到资本密集型、再到知识技术密集型的转换，或由低附加值产业到高附

[①]　陈佳贵. 中国工业现代化问题研究 [M]. 北京：中国社会科学出版社，2004.

[②]　干春晖，郑若谷，余典范. 中国产业结构变迁对经济增长与波动的影响 [J]. 经济研究，2011（5）：4-17.

加值产业的转变，或由初级产品产值占优势向制造中间产品、最终产品产业占优势的转换等，体现了工业行业间优势地位的动态更替。工业结构的合理化与高级化是相互联系又有区别的两个方面。工业结构高级化是一种"长期"趋势，是为工业结构协调化的最终趋向；工业结构合理化则为一种相对"短期"状态，通过提高资源利用以及行业上下游之间的协调程度有助于工业结构高级化发展[1]。

总的来看，我国各地区工业结构升级水平整体表现出上升的变化趋势。杨智峰（2019）认为，1987—2015 年中国工业结构的变化可以划分为六个阶段，其中，2002—2007 年是中国工业化中期的工业结构升级时期，2012—2015 年为中国工业化后期的工业结构升级时期[2]。从全国整体来看，各地区工业结构水平呈现明显差异，东部地区工业结构合理化程度较高，而中西部地区和东北部地区工业结构的合理化程度和工业可持续发展能力较弱[3][4]。市场化程度高的工业结构的合理化水平也较高[5]。在不同工业化阶段，产业结构合理化和高级化对推动经济增长的促进作用有所差别。吕明元和尤萌萌（2013）对韩国工业化时期的产业进行研究，结果显示，在韩国工业化时期，产业结构合理化相对于产业结构高级化而言对经济增长的带动作用更为持续；而到工业化后期，产业结构高级化对经济增长的正面影响则更为稳定，并且这种促进作用越来越明显[6]。

Peneder 认为产业结构调整能通过促进投入要素由低生产率部门向高生产率部门流动来带来"结构红利"，从而促进经济增长[7]。刘楷（2015）认为，工业结构变动和工业增长之间相互影响，且结构变动对工业增长之间的影响相对较大[8]。他还指出，靠发展能源原材料工业来提升地区工业

① 朱东波. 中国工业结构转型研究：基于绿色经济的视角 [D]. 厦门：厦门大学，2018.

② 杨智峰. 分类行业、地区差异与中国工业结构升级 [J]. 郑州大学学报（哲学社会科学版），2019，52（3）：41-46.

③ 黄南. 中国工业结构调整的地区差异性研究 [J]. 南京社会科学，2011（11）：15-21.

④ 李国栋. 数字经济对中国工业结构升级的影响研究 [D]. 蚌埠：安徽财经大学，2023.

⑤ 李攀，高红贵. 中西部及东北地区工业结构升级研究 [J]. 经济问题，2019（6）：113-120.

⑥ 吕明元，尤萌萌. 韩国产业结构变迁对经济增长方式转型的影响：基于能耗碳排放的实证分析 [J]. 世界经济研究，2013（7）：73-80.

⑦ PENEDER M. Industrial structure and aggregate growth [J]. Structural Change and Economic Dynamics，2003，14（4）：427-448.

⑧ 刘楷. 我国地区工业结构变化和工业增长分析：兼论经济新常态下我国地区工业发展 [J]. 经济管理，2015，37（6）：32-42.

增长速度的做法，最终会降低工业增长速度。加快地区工业增长速度，最终要依托装备制造业和轻工业的发展。吴寿平（2012）的研究结果显示，工业结构变化对经济增长的贡献率存在时间和行业上的差异，工业结构的优化升级将对经济产生明显的结构影响，特别是对工业化中后期产业（第二、三类产业）的影响显著[1]。韩德超（2012）认为，产业间的联系效应决定了产业结构协调发展能够推动工业结构升级，工业化中期主要以第一产业、第二产业结构协调发展推动工业结构升级，而工业化后期主要以第二产业、第三产业结构协调发展促进工业结构升级[2]。金碚（2010）认为，工业转型升级不仅表现在工业结构和工业体系的总体特征的变化上，更深刻地发生和体现在所有工业企业的战略抉择和战略走势上[3]。

影响工业结构升级的因素很多，包括技术进步、环境规制、金融、国际直接投资（FDI）、信息化、人力资源、工业投资、工业用地市场化水平等。其中，科技创新、技术进步是影响结构的直接因素，能够促使工业结构由以资源密集型、劳动密集型和资本密集型产业为主导不断向以技术密集型产业为主导的方向演进，是推动工业结构高级化的重要动力。陈栋（2011）发现，自主创新对推动工业结构具有重要作用，自主创新活动与工业结构水平直接存在长期的正向协整关系[4]。杨智峰等（2016）通过模拟我国工业结构的动态变化，认为重工业技术进步是我国工业结构升级的主要原因[5]。

金融是促进产业发展的重要支撑要素，是工业发展的重要动力和源泉。一方面，良好的金融发展水平有助于促进金融资源、资金的优化配置，提高要素的配置效率，降低企业的融资成本、信息获取成本、交易摩擦成本等，从而促进科技创新和技术进步，推动产业转型升级。王良健和钟春平（2001）认为金融为协调经济结构与促进经济总量扩张提供了资金支持，缓解了资金与金融约束等问题，是优化产业结构、实现经济增长的

---

① 吴寿平. 广西工业结构变化及其影响因素 [D]. 桂林：广西师范大学，2012.

② 韩德超. 我国工业结构升级发展模式研究 [J]. 科技进步与对策，2012，29（13）：60-65.

③ 金碚. 中国工业的转型升级 [J]. 中国工业经济，2011（7）：5-14.

④ 林娜. 工业结构优化升级对中国工业绿色全要素生产率影响的实证研究 [D]. 大连：东北财经大学，2020.

⑤ 杨智峰，汪伟，吴化斌. 技术进步与中国工业结构升级 [J]. 财经研究，2016（11）：44-59.

重要推动性力量①。多位学者对这一观点进行了实证研究，曾国平和王燕飞（2007）采取格兰杰检验方法，考察了第三产业就业结构与金融发展二者之间存在显著的影响，即经济货币化有利于产业结构升级②。罗超平等（2016）的研究结果显示，金融产出率、金融规模等金融指标均与产业结构升级率存在长期均衡关系③。谢婷婷和赵莺（2017）采用贝叶斯分位数方法与国家层面时间序列数据，再次证实金融发展能够促进产业结构升级④。钱水土和周永涛（2011）的实证结果表明，金融发展对技术进步与产业升级均存在明显的正向促进作用⑤。易信和刘凤良（2015）利用经济增长模型的框架，结合数值模拟的定量分析方法，证实金融发展能够通过研发创新的渠道，正向促进产业的升级转型与经济增长⑥。史玉琪（2018）发现，银行业市场竞争程度越高、银行业国有资产占行业资产总额比重越低，越有利工业结构的改善和升级⑦。另一方面，金融对产业结构的作用也可能是抑制作用，过度的经济金融化将加速制造业的衰落（谢家智 等，2014）。廉龙等（2016）的结果显示，金融发展对产业结构升级的影响在不同的政府干预强度下表现出非线性特征。陶爱萍和徐君超（2016）的证实研究结果显示，金融发展对产业结构升级的影响，表现出先上升后下降的倒 U 形趋势；王朝明、朱睿博（2016）认为，只有当信贷规模（金融机构贷款余额与 GDP 的比值）高于门限值时，其对产业结构升级的促进作用才能显现出来。

此外，工业投资、用地市场、人力资本、城镇化、信息化、数字经济等都对工业结构有直接或间接的影响。昌忠泽等（2018）的研究结果显示，工业投资与工业结构偏离度 ISD 值显著正相关，即工业投资的增加将

① 王良健，钟春平. 产业结构调整中金融发展的作用与定位 [J]. 经济地理，2001 (6)：669-673.

② 曾国平，王燕飞. 中国金融发展与产业结构变迁 [J]. 财贸经济，2007 (8)：12-20.

③ 罗超平，张梓榆，王志章. 金融发展与产业结构升级：长期均衡与短期动态关系 [J]. 中国软科学，2016 (5)：21-29.

④ 谢婷婷，赵莺. 科技创新、金融发展与产业结构升级：基于贝叶斯分位数回归的分析 [J]. 科技管理研究，2017，37 (5)：1-8.

⑤ 钱水土，周永涛. 金融发展、技术进步与产业升级 [J]. 统计研究，2011，28 (1)：68-74.

⑥ 易信，刘凤良. 金融发展、技术创新与产业结构转型 [J]. 管理世界，2015 (10)：24-40.

⑦ 史玉琪. 我国银行业结构对工业结构的影响研究 [D]. 北京：北京理工大学，2018.

会引起工业结构不合理程度加剧；与东部地区相比，同样的工业投资会导致西部地区工业结构不合理程度更严重[1]。工业用地市场化水平与工业结构优化度总体存在正相关关系，土地市场发展越完善，产业结构越高[2]。人力资本的结构、存量与工业结构的匹配度是决定工业结构优化效率的重要因素，邹璇和许珊珊（2016）发现，人力资本结构和人力资本存量具有促进工业结构调整的作用，但作用程度存在明显的地区差异[3]。李敬和王朋朋（2016）基于1997—2012年中国省际面板数据研究发现，人口城镇化对工业结构升级的作用服从边际递减规律，随着人口城镇化水平的上升，人口城镇化的正向促进效应逐渐减弱[4]。傅智宏和杨先明（2015）通过回归分析得出，云南省工业增加值增长率与能源视角下的工业结构变化速度，结构偏离度和结构高级化程度呈负相关，其中结构高级化、结构偏离度与云南工业增加值增长率之间的相关性显著[5]。刘飞（2015）的研究结果显示，信息化对我国省域工业结构的升级具有促进作用，2003—2012年，通信技术比信息技术对省域工业结构升级的影响更显著[6]。数字经济对工业结构升级的作用机理是通过拉动需求端消费升级和驱动供给端技术创新，进而推动工业结构升级[7]。还有学者发现，房价上涨，从短期看对劳动密集型行业有促进作用，对资本密集型行业有抑制作用；从长期看，这两种效应则相反[8]。

（二）工业结构与绿色低碳发展的关系

工业结构与生态环境之间存在密切关系。环境规制是促进工业结构低碳化的重要因素。朱东波（2020）对环境规制、技术创新与中国工业结构

① 昌忠泽，毛培，张杰.中国工业投资与工业结构优化实证研究 [J].河北经贸大学学报，2018，39（6）：31-44.

② 张琳，黎小明，刘冰洁，等.土地要素市场化配置能否促进工业结构优化：基于微观土地交易数据的分析 [J].中国土地科学，2018，32（6）：23-31.

③ 邹璇，许珊珊.人力资本对工业结构调整影响的地区差异研究：基于中国高技术行业数据的经验分析 [J].广西社会科学，2016（12）：82-88.

④ 李敬，王朋朋.人口城镇化与工业结构升级 [J].产业经济研究，2016（4）：29-38.

⑤ 毛丰付，王建生，毛璐琪.房价水平对区域工业结构调整的影响：促进还是抑制：全国36个大中城市样本的实证检验 [J].经济问题研究，2016，36（6）：89-102.

⑥ 刘飞.信息化对省域工业结构升级的促进作用 [J].商业研究，2015（7）：32-36.

⑦ 李国栋.数字经济对中国工业结构升级的影响研究 [D].蚌埠：安徽财经大学，2023.

⑧ 傅智宏，杨先明.能源视角下的云南省工业结构与增长分析 [J].资源开发与市场，2015，（31）12：1423-1428.

绿色转型进行了研究，结果显示当前我国投资型、费用型等环境规制均表现出抑制工业结构绿色转型的特征，技术创新也抑制工业结构绿色转型，但其和环境规制的协同效应促进工业结构绿色转型[1]。徐圆等（2021）的研究结果显示，强制性减排政策对工业结构升级具有显著正向促进作用，并且这种促进作用会随着环境绩效考核政策的实施得以强化[2]。李锴和齐绍洲（2020）对碳减排政策与工业结构低碳升级之间的关系的实证检验结果显示，不同类型碳减排政策的影响效应呈现出一定的差异性，节能目标政策更能显著推动工业结构低碳化升级，新能源补贴效果存在区域性和滞后性，而碳市场表现不显著[3]。任建兰、程钰和徐成龙等人分别对山东省工业结构演变的大气环境效应[4]、水环境效应[5]和碳排放效率[6]进行研究，结果显示工业结构调整对污染物和碳的减排作用潜力很大。蔡惠光和李怀政（2009）将工业增加值占 GDP 比重作为产业结构的指标，结果显示占比增加导致工业废水、工业废气、工业固体废弃物等污染排放增加[7]。李姝（2011）以第三产业产值在国民经济中的比重作为产业结构的指标，结果显示第三产业占比提高有助于减少废水排放，但废气污染物排放增加[8]。张琳杰和海洋（2018）认为产业结构合理化伴随着资源要素的合理分配与充分利用，产业结构高级化伴随着低碳技术的运用和新兴产业的出现，两者均可促进经济增长、减少能源消耗[9]。马明和唐乐（2018）的研究发现，高利润率轻工业及技术密集型制造业生态效率较高，而劳动密集型加工制

① 朱东波. 环境规制、技术创新与中国工业结构绿色转型［J］. 工业技术经济，2020，39（10）：57-64.

② 徐圆，陈曦，郭欣. 强制性减排政策与工业结构升级：来自民营企业的经验证据［J］. 财经问题研究，2021（2）：42-52.

③ 陈栋. 自主创新与中国工业结构升级研究［D］. 武汉：华中科技大学，2011.

④ 程钰，徐成龙，任建兰，等. 山东省工业结构演变的大气环境效应研究［J］. 中国人口·资源与环境，2014，24（1）：157-162.

⑤ 徐成龙，程钰，任建兰. 山东省工业结构演变的水环境效应研究［J］. 华东经济管理，2014，28（4）：18-22.

⑥ 任建兰，徐成龙，陈延斌，等. 黄河三角洲高效生态经济区工业结构调整与碳减排对策研究［J］. 中国人口·资源与环境，2015，25（4）：35-42.

⑦ 蔡惠光、李怀政. 人均收入、产业结构与环境质量：基于 EKC 曲线的分析［J］. 经济与管理，2009，23（1）：15-18.

⑧ 李姝. 城市化、产业结构调整与环境污染［J］. 财经问题研究，2011（6）：38-43.

⑨ 张琳杰，崔海洋. 长江中游城市群产业结构优化对碳排放的影响［J］. 改革，2018（11）：130-138.

造业、重化工业及设备制造业等生态效率较低①。吴雪萍基于对福州市工业结构与大气污染关系的研究，发现轻工业、中小型工业企业、内资工业企业对大气污染排放具有较强效应②。李苒等关于西安市工业13类行业与环境效应的关联度研究结果显示，造纸与印刷业对废气、废水、固体废弃物"三废"的影响最大，文体、工业品及其他制造业的影响最小③。奥蒂（1997）的结果发现，产业间产值结构变动是决定废水、废气与固体废弃物排放的重要因素，制造业中资源密集型行业向资本密集型行业、技术密集型行业转型时，单位GDP污染排放量将先上升后下降④。王勇和刘厚莲（2015）认为工业结构绿色转型对减少废气排放作用明显⑤。林志炳和陈志注（2021）的研究显示，工业结构绿色化对绿色经济效率的直接效应与间接效应均显著⑥。

伴随生产要素流动、省际贸易深化以及中国产业承接转移战略推进，产业结构变动与环境之间关系表现出一定的空间互动特征⑦。韩永辉（2016）的研究结果显示，产业结构高级化既能提高本省份也能提高其他省份的生态效率，即存在本地和外部双重正面效应；而产业结构合理化对生态效率则更多体现为正外部效应⑧。阎晓等（2020）的研究结果显示，工业结构高级化、合理化和多样化均有利于生态效率提升；相对而言，合理化对生态效率的影响更加长远；高级化对中部地区、合理化对西部地

① 马明，唐乐. 生产诱发作用下吉林省工业产业链生态效率评价：基于投入产出法与DEA法的结合 [J]. 税务与经济，2018（1）：103-108.

② 吴雪萍，高明. 基于灰色投影关联模型的工业结构、环境管制与大气污染关系研究：以福州市为例 [J]. 2019，21（6）：1-9.

③ 李苒，仇立慧，胡胜，等. 西安市工业结构演变与环境影响的灰色关联分析 [J]. 西北大学学报（自然科学版），2014，44（5）：817-820.

④ AUTY R M. Pollution patterns during the industrial transition [J]. Geographical Journal, 1997: 206-215.

⑤ 王勇，刘厚莲. 中国工业绿色转型的减排效应及污染治理投入的影响 [J]. 经济评论，2015（4）：17-30.

⑥ 林志炳，陈志注. 工业结构绿色化对绿色经济效率的影响研究 [J]. 电子科技大学学报（社科版），2021，23（1）：19-26.

⑦ 韩永辉，黄亮雄，王贤彬. 产业结构升级改善生态文明了吗：本地效应与区际影响 [J]. 财贸经济，2015（12）：129-146.

⑧ 韩永辉，黄亮雄，王贤彬. 产业结构优化升级改进生态效率了吗？[J]. 数量经济技术经济研究，2016（4）：40-59.

区、多样化对东部和中部地区生态效率的影响显著为正[①]。林娜（2020）分别采用泰尔指数的倒数和夹角余弦法的 Moore 值测度工业结构合理化水平和工业结构高级化水平，发现工业结构合理化及高级化水平对工业绿色全要素生产率均具有促进作用，工业结构高级化水平对中部地区工业绿色全要素生产率的促进效应高于东部、西部地区，还发现工业结构高级化对工业技术进步的增长存在正向效应，工业结构合理化对工业技术效率的增长存在正向效应。

二、四川工业的结构现状

据国民经济行业分类，工业分为采矿业、制造业、以及电力、热力、燃气和水的生产和供应业三部分。电力、热力、燃气及水生产和供应业主要服务于公共服务，本书用公共事业进行指代。本节首先阐明分析的基本方法，其次从营业收入、资产、就业等方面分析这三大门类的结构，最后由于制造业既是工业发展的主体，也是四川省的重点发展方向，因此通过合理化程度指标计算定量分析制造业结构。

（一）评价方法

工业结构内涵较为丰富，学界针对不同的数据类型设计了不同的度量方法和相应的度量指标，并进一步细分成几套系列，从投入结构、技术效率、需求等多角度对工业结构变化的原因进行解释。根据工业结构测量视角的差异，主要有测量工业部门的投入—产出结构、测量各部门之间的关联性、测量工业部门的区域聚合结构等三类测量方法。定量衡量工业结构变化或优化升级的主要指标有产业结构变动系数、偏离-份额分析、区位熵产业结构的多样化、合理度和高级化模型、SSM 模型、综合集成的评价模型等方法。

1. 工业结构变化指数

工业结构变化指数包括同比结构变化指数和累计结构变化指数两个指

---

① 阎晓，田钰，李子鑫. 工业结构变动对生态效率影响的时间滞后效应和空间异质特征 [J]. 忻州师范学院学报，2020，36（2）：65-71.

数，结构变化的计算公式为

$$\Delta s^{m,n} = \frac{1}{2}\sum_j |S_j^m - S_j^n| \times 100\% \tag{6.1}$$

式（6.1）中 $\Delta s^{m,n}$ 表示 m 时期与 n 时期的工业结构变化幅度，S_j^m 和 s_j^n 分别表示 m 时期和 n 时期 j 行业占工业总产值（或增加值）的份额。$m=n+1$ 时的结构变化指数即为同比结构变化指数，反映与上年相比工业结构的变化幅度。当 $n=0$ 时，结构变化指数则为累计结构变化指数，反映与基年相比的累计变化幅度。

2. 偏离—份额法

偏离—份额法（shift-share analysis）最初由美国经济学家丹尼尔和克里默相继提出，后经邓恩、兰帕德、穆思等学者总结并逐步完善，20 世纪 80 年代初由邓恩总结成现在普遍采用的形式。偏离—份额法将一个特定区域在某一时期经济总量的变动分为份额分量（the national growth effect）、结构偏离分量（the industrial mix effect）和竞争力偏离分量（the competitive effect）三个分量，以此说明区域经济发展和衰退的原因，评价区域经济结构优劣和自身竞争力的强弱，找出区域具有相对竞争优势的产业部门，进而确定区域未来经济发展的合理方向和产业结构调整的原则。

初始期（基年）区域 i 经济总规模为 $b_{i,0}$，可以用总产值、增加值或营业收入等相关指标表示。相应地，t 期的经济总规模可以用 $b_{i,t}$ 表示。将工业经济划分为 n 个产业部门，那么可以用 $b_{ij,0}$ 和 $b_{ij,t}$（$j=1,2,\cdots,n$）分别表示区域 i 第 j 个产业部门在初始期和末期的规模；$B_{j,0}$ 和 $B_{j,t}$ 分别表示考察区域在相应时段的初始期和末期的经济规模；$B_{j,0}$ 和 $B_{j,t}$ 分别表示考察区域初始期和末期第 j 个产业部门的经济规模。那么，区域 i 第 j 个产业部门在 $[0,t]$ 时间的变化率可由计算公式得到：

$$r_{ij} = (b_{ij,t} - b_{ij,0})/b_{ij,0}(j=1,2,\cdots,n) \tag{6.2}$$

考察区域第 j 个产业部门在 $[0,t]$ 时间的变化率 R_j 为：

$$R_j = (B_{j,t} - B_{j,0})/B_{j,0}(j=1,2,\cdots,n)$$

以参考区域各产业部门所占的份额按下式将区域各产业部门规模标准化得到：

$$b_{ij}' = b_{i,0} \times B_{j,0}/B_0(j=1,2,\cdots,n)$$

在 $[0,t]$ 时间段内，区域 i 第 j 产业部门的增长量 G_{ij} 可以分解为 N_{ij}、P_{ij} 和 D_{ij} 三个分量。

$$G_{ij} = N_{ij} + P_{ij} + D_{ij}$$

$$N_{ij} = b'_{ij} \times + R_j$$

$$P_{ij} = (b_{ij,\,0} - b'_{ij}) \times R_j$$

$$D_{ij} = b_{ij,\,0} \times (r_{ij} - R_j)$$

N_{ij} 即份额分量，是指区域 i 的 j 产业规模如果按照考察区域总量 j 产业所占比率，应当产生的变化也就是区域标准化产业部门如按照考察区域的平均增长率所产生的变化量。若 $N_{ij} > 0$，表明该产业为增长性产业；若 $N_{ij} < 0$，则意味着该产业为衰退性产业。

P_{ij} 即为产业结构偏离分量（或产业结构效应），是指区域部门比重与考察区域相应部门比重的差异引起的区域 i 第 j 部门增长相对于考察区域标准所产生的偏差。它排除了区域增长速度与考察区域的平均速度差异，假定两者等同，而单独分析部门结构对增长的影响和贡献。因此，P_{ij} 越大，表明部门结构对经济总量增长的贡献越大。

D_{ij} 为区域竞争力偏离分量（或区域份额效应），是指区域 i 第 j 部门增长速度与考察区域相应部门增长速度差别引起的偏差，反映区域 i 第 j 部门的相对竞争力。D_{ij} 越大，表明区域 i 第 j 部门竞争力对经济增长的作用越大。

3. 产业结构合理化

产业结构合理化主要反应要素投入结构与产出结构之间的协调程度，一般采用结构偏离度对进行衡量，计算公式为

$$\mathrm{TL}_i = \gamma^i \ln \left(\frac{Y_i / L_i}{Y / L} \right) = \gamma^i \ln \left(\frac{Y_i / Y}{L_i / L} \right) \qquad (6.3)$$

TL_i 为某个细分领域的结构合理化水平，Y 为产值或增加值或营业收入，L 为劳动力数量，Y/L 为平均劳动生产率，$\gamma^i = Y_i / Y$ 表示某个细分领域的产出份额。当经济均衡时，$Y_i / L_i = Y / L$，从而 $E = 0$。Y_i / Y 表示产业结构，L_i / L 表示就业结构，因此，TL_i 同时反映产业结构和就业结构的协调程度。E 越大，表示经济越偏离均衡状态，产业结构越不合理。

此外，泰尔指数（theil index）也常被用来测量工业结构的合理化程度。

4. 产业结构高级化

产业结构高级化，一般情况下是根据配第—克拉克定律，以非农业产值来度量产业结构，也有将第三产业占第二产业比重作为衡量指标，还有

将全要素生产率作为工业结构高级化的衡量指标。钱纳里和库涅茨等人提出了"标准模式"，就是将某一国家的工业结构与其他国家工业结构的平均高度进行比较，以确定本国工业结构的高级化程度。假设 A 是被比较的工业结构系统，B 为参照系，X_{Ai}、X_{Bi} 分别是产业 i 的总产值（或增加值）在 A 和 B 系统重的比重，那么 A 系统与 B 系统之间的相似系数 r_{AB} 可以由以下公式计算得到：

$$r_{AB} = \left(\sum_{k=1}^{n} X_{Ai} X_{Bi} \right) / \sqrt{\sum_{k=1}^{n} X_{Ai}^2 \sum_{k=1}^{n} X_{Bi}^2} \tag{6.4}$$

r_{AB} 的值介于 0 和 1 之间，值越大表明相似度越高。

付凌晖（2010）[①] 提出另一种计算方法，将 GDP 按三次产业划分为三个部分，每一部分的增加值占 GDP 的比重作为空间向量中的一个分量，从而构成一组三维向量 $X_0 = (x_{1,0}, x_{2,0}, x_{3,0})$。然后分别计算 X_0 与产业由低层次到高层次排列的向量 $X_1 = (1, 0, 0)$，$X_2 = (0, 1, 0)$ 和 $X_3 = (0, 0, 1)$，的夹角 θ_1，θ_2 和 θ_3。

$$\theta_j = arccos \left[\frac{\sum_{i=1}^{3} (x_{i,j} ? x_{i,0})}{\sum_{i=1}^{3} (x_{i,j}^2)^{1/2} \cdot \sum_{i=1}^{3} (x_{i,0}^2)^{1/2}} \right] (j = 1, 2, 3)$$

产业结构的高级化值 W 的计算公式如下：

$$W = \sum_{k=1}^{3} \sum_{j=1}^{k} \theta_j \tag{6.5}$$

W 越大，表明产业结构高级化水平越高。

此外，还有一些学者构建了产业结构高级化程度的指标体系。这些指标包括了霍夫曼系数、产业高加工度系数、智力密集型产业产值比重等。何天祥等（2012）利用国内外的产业结构演化理论，构建了包括产值结构、就业结构、人力资源、技术、生态化和国际化六个方面的 38 个指标的产业结构高度的评价指标体系[②]。伦蕊（2015）从产业间结构高度、产业链结构高度、产业结构升级转换能力三个方面选取了 16 个指标，并对每个

① 付凌晖. 我国产业结构高级化与经济增长关系的实证研究 [J]. 统计研究，2010，27（8）：79-81.

② 何天祥，朱翔，王月红. 中部城市群产业结构高度化的比较 [J]. 经济地理，2012（5）：54-58.

指标确定权重①。

（二）工业三大门类结构分析

基于数据的可得性和同比性，本书选取营业收入、资产总额、就业人数等指标分析四川省的工业结构，并与其他经济大省进行横向对比分析。同时本书采用偏离-份额分析方法对四川省工业三大门类的结构进行分析，并采用结构偏离度对四川省工业三大门类结构合理化水平进行测度。

1. 营业收入结构

2006—2021 年，四川省制造业营业收入占工业营业总收入的比重呈上升趋势，由 82.65% 上升至 88.41%，在三大门类中占绝对主导地位。采矿业呈先升高后降低的趋势，2006—2012 年，采矿业营业收入占工业营业总收入的比重由 8% 上升至 10.22%；2012 年开始逐渐下降，2021 年已降至 4.82%。主要原因是党的十八大以后，生态文明建设更加突出，四川省煤炭开采和洗选等企业逐渐减少并关停。2006—2021 年，四川省公共事业的营业收入占工业总营业收入的比重由 9.35% 下降至 6.27%；2007 年开始逐渐上升，2015 年达到 8.24%；2016 年又波动下降，2021 年为 6.76%（详见表 6-1）。

表 6-1 2006—2021 年四川省工业三大门类的营业收入及占比

单位：亿元

年份	采矿业		制造业		公共事业	
	营业收入	占比/%	营业收入	占比/%	营业收入	占比/%
2006	617	8.00	6 374	82.65	721	9.35
2007	880	8.29	8 758	82.53	973	9.17
2008	1 393	9.75	11 884	83.18	1 010	7.07
2009	1 677	9.59	14 612	83.56	1 197	6.85
2010	2 295	9.95	19 216	83.32	1 551	6.73
2011	3 040	10.17	24 973	83.56	1 875	6.27
2012	3 211	10.22	26 160	83.24	2 056	6.54
2013	3 032	8.50	30 343	85.03	2 311	6.48

---

① 伦蕊. 工业产业结构高度化水平的基本测评 [J]. 经济学研究，2015 (2)：69-74.

表6-1(续)

年份	采矿业		制造业		公共事业	
	营业收入	占比/%	营业收入	占比/%	营业收入	占比/%
2014	3 043	7.99	32 488	85.35	2 532	6.65
2015	2 692	6.97	32 771	84.80	3 183	8.24
2016	2 644	6.37	36 298	87.40	2 587	6.23
2017	2 373	5.70	36 764	88.31	2 494	5.99
2018	2 203	5.27	36 846	88.08	2 784	6.66
2019	2 427	5.50	38 568	87.40	3 131	7.10
2020	2 370	5.09	41 038	88.13	3 158	6.78
2021	2 615	4.82	47 934	88.41	3 666	6.76

数据来源：《四川统计年鉴》（2007—2022），其中，2006—2008年数据为全部国有及规模以上非国有工业企业；2009—2021年为规模以上工业及企业数据。

虽然制造业在四川省工业中的主导地位突出，但与其他经济大省相比仍然存在明显差距（详见表6-2）。2021年，四川省制造业营业收入占全省工业营业收入的比重居GDP前十省份的末位。GDP前十省份中，除河南省外的其余9个省份的制造业营业收入占全省工业营业收入均超过90%，江苏省、福建省的占比更是超过94%。除四川省外，其余9个省份的制造业营业收入占工业营业收入的比重平均值达到92.26%。

2021年，四川省采矿业的营业收入为2 615亿元，仅次于山东省居GDP前十省份第2位，其主要原因是经济大省大多在东部沿海地区，矿产资源相对较少。2021年，四川省公共事业的营业收入为3 667亿元，居GDP前十省份第5位；占工业营业收入的比重为6.76%，居GDP前十省份第5位。其主要原因是四川省肩负着"西气东输""西电东送"的任务，因此公共事业的占比较高。

表 6-2　2021 年十个经济大省的工业三大门类营业收入及占比

单位：亿元

省份	采矿业		制造业		公共事业	
	营业收入	占比/%	营业收入	占比/%	营业收入	占比/%
江苏	413	0.27	145 626	94.63	7 849	5.10
浙江	220	0.22	93 135	92.86	6 946	6.93
安徽	1 641	3.60	41 018	90.11	2 861	6.28
福建	749	1.14	62 035	94.32	2 984	4.54
山东	2 865	2.76	93 422	90.00	7 518	7.24
河南	2 069	3.61	51 257	89.51	3 938	6.88
湖北	881	1.72	47 657	93.03	2 690	5.25
湖南	782	1.80	40 329	92.90	2 298	5.29
广东	1 144	0.66	161 397	92.94	11 108	6.40
四川	2 615	4.82	47 934	88.41	3 667	6.76

数据来源：《中国工业统计年鉴》（2022）。

2. 资产结构

我们还可以从资产结构中看出四川省制造业与其他经济大省相比具有较大差距，表 6-3 给出了 2021 年 GDP 前十省份三大工业门类的资产情况。我们可以看出，2021 年，四川省规模以上制造业企业资产总计 43 194 亿元，居 GDP 前十省份第 6 位，但与广东省、江苏省差距较大，仅分别占广东省、江苏省的 29% 和 31%。2021 年，四川省制造业资产总计占工业总资产的比重为 70.1%，居 GDP 前十省份的末位，甚至低于全国水平 5.2 个百分点。制造业发展水平较高的江苏省、浙江省，制造业资产总计占工业总资产的比重高达 90%。四川省制造业资产总计和营业收入总量不高、占比最低的结果，表明应加快制造业发展速度，进一步提升制造业在工业中的占比。2021 年，四川省公共事业的企业资产占比达到 22.2%，居 GDP 前十省份首位，高于全国平均 5.7 个百分点。这进一步表明四川省在全国的基础保障地位突出。

表 6-3　2021 年 GDP 前十省份的三大工业门类资产总计及占比

单位：亿元

	采矿业		制造业		公共事业	
	资产总计	占比/%	资产总计	占比/%	资产总计	占比/%
全国	120 845	8.2	1 103 778	75.3	242 094	16.5
江苏	635	0.4	139 197	90.5	13 936	9.1
浙江	656	0.6	100 981	89.7	10 907	9.7
安徽	3 830	7.7	41 049	82.0	5 174	10.3
福建	454	1.0	40 925	86.7	5 832	12.4
山东	7 679	6.9	86 613	77.7	17 210	15.4
河南	4 802	8.3	44 499	76.6	8 779	15.1
湖北	1 029	2.1	41 327	83.5	7 162	14.5
湖南	710	2.1	28 525	82.5	5 328	15.4
广东	1 822	1.0	148 971	84.8	24 953	14.2
四川	4 795	7.8	43 194	70.1	13 655	22.2

数据来源：《中国工业统计年鉴》（2022）。

3. 就业结构

从就业结构看，四川省制造业在三大工业门类中的主导地位也很明显。2006—2021 年，制造业平均用工人数占四川省工业平均用工总人数的比例在 77%~87%。从就业结构看，采矿业的平均用工人数占比呈下降趋势，由 2006 年的 16.42% 逐渐下降到 2021 年的 6.35%；而从绝对数量看，采矿业的平均用工人数平均呈先上升后下降的趋势，2006—2011 年，由 38.4 万人增长到 54.0 万人，2012 年开始逐渐下降到 2021 年的 19.7 万人，其主要原因是生态文明建设促使四川省的煤矿等开采和洗选企业逐渐减少并关停。2006—2021 年，四川省制造业的平均用工人数占比逐渐上升，由 77.0% 上升至 86.99%。四川省制造业的平均用工人数呈波动式变化，2006—2012 年呈增长趋势，2012—2018 年呈下降趋势，2018—2021 年又逐年增加。2006—2021 年，四川省公共事业的平均用工人数绝对值和占比，均保持较稳定，大部分年份用工人数保持在 20 万人左右，平均用工人数占比在 4.1%~7.1% 波动（详见表 6-4）。

表 6-4 2006—2021 年四川省工业三大门类就业人数及占比

单位：万人

年份	采矿业		制造业		公共事业	
	平均用工人数	占比/%	平均用工人数	占比/%	平均用工人数	占比/%
2006	38.4	16.42	179.8	77.00	15.4	6.59
2007	40.4	15.67	198.8	77.22	18.3	7.11
2008	48.7	16.36	231.9	77.94	17.0	5.70
2009	49.3	15.83	245.4	78.81	16.7	5.37
2010	52.6	14.96	282.5	80.33	16.6	4.71
2011	54.0	14.20	309.4	81.32	17.0	4.48
2012	46.7	11.94	319.4	81.60	25.3	6.47
2013	44.6	11.59	315.6	81.97	24.8	6.44
2014	43.8	11.66	316.6	84.23	15.5	4.11
2015	38.5	10.84	297.7	83.79	19.1	5.37
2016	34.4	10.18	286.8	84.83	16.9	4.99
2018	24.8	8.28	253.9	84.86	20.5	6.86
2019	23.1	7.74	255.2	85.40	20.5	6.87
2020	21.0	6.96	260.7	86.29	20.4	6.75
2021	19.7	6.35	269.8	86.99	20.7	6.66

数据来源：《四川统计年鉴》（2007—2022），其中，2006—2008 年数据为全部国有及规模以上非国有工业企业；2009—2021 年为规模以上工业及企业数据。2017 年数据缺失。

4. 工业偏离-份额分析

以全国为参考体系，按照采矿业、制造业以及公共事业的分类对四川省工业的结构合理化进行分析，结果见表 6-5。我们可以看出，从全国角度，2012—2021 年，四川省制造业和公共事业呈增长态势，而采矿业呈下降趋势。

表 6-5　2012—2021 年四川省工业各产业偏离-份额分析

单位：亿元

	总增长量	份额分量		产业结构转移份额		区域竞争力偏离分量		总偏离分量	
		增量	贡献率/%	增量	贡献率/%	增量	贡献率/%	增量	贡献率/%
采矿业	-596	-23	3.9	-274	46.0	-298	50.0	-573	96.8
制造业	21 774	14 732	67.7	2 569	11.8	4 472	20.5	7 042	32.3
电力、热力、燃气和水的生产和供应业	1 610	97	6.0	1 295	80.4	218	13.5	1 513	94.0

数据来源：根据偏离—份额公式计算得到，基础数据来自《中国工业统计年鉴（2013）》和《中国工业经济年鉴（2022）》。

（1）2012—2021 年，四川省采矿业、制造业以及公共事业的份额分量分别为-23 亿元、14 732 亿元和 97 亿元，总偏离分量分别为-573 亿元、7 042亿元和 1 513 亿元，表明制造业和公共事业为增长性产业，而采矿业呈衰退性变化；而且从全国角度看，四川省制造业和公共事业发展增速高于全国平均水平，而采矿业的下降速度快于全国平均水平。

（2）2012—2021 年，四川省采矿业、制造业和公共事业的区域竞争力偏离分量分别为-298 亿元、4 472 亿元和 218 亿元。结果表明，从全国角度看，制造业和公共事业的区域竞争力对四川省工业经济增长呈正向贡献，且制造业的结构变化贡献远远大于公共事业的贡献；而采矿业呈负贡献。

（3）2012—2021 年，四川省采矿业、制造业和公共事业的产业结构转移份额分别为-274 亿元、2 569 亿元和 1 295 亿元。结果表明制造业和公共事业的结构变化对四川省工业经济增长呈正向贡献，且制造业的贡献大于公共事业的贡献；而采矿业呈负贡献。

5. 工业结构合理化水平

图 6-1 给出了十个经济大省的工业平均劳动生产率，基于数据的可得性，工业产值由工业营业收入代替，数据来自《中国工业统计年鉴》(2022)。我们可以看出，2021 年，四川省工业平均劳动生产率为 174.80 万元/人·年，居 GDP 前十省份第三位。GDP 前十省份中，山东省的工业平均劳动生产率最高，达到 184.51 万元/人·年，最低是广东省，为

128.23 万元/人·年。2021 年，全国工业平均劳动生产率为 165.33 万元/人·年。

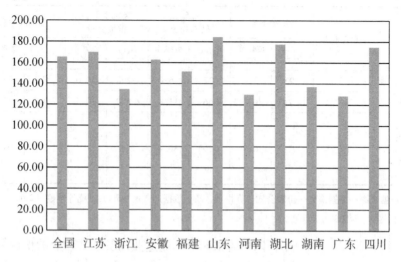

图 6-1　十个经济大省的工业平均劳动生产率

四川省工业结构合理化水平计算结果如表 6-6 所示。我们可以看出，浙江、福建、广东三个省份的采矿业的工业结构合理化水平数值 TL 为正数，表明采矿业的平均劳动生产率高于总体的工业劳动生产率。而江苏、安徽、山东、河南、湖北、湖南、四川 7 个省份的采矿业的工业结构合理化水平指数 TL 为负数，说明采矿业的平均劳动生产率低于总体的工业劳动生产率。2021 年，四川省采矿业的工业结构合理化水平指数 TL 为 −0.013 3，低于全国平均水平。

从制造业看，四川、山东、河南、湖南四个省份的工业结构合理化水平数值 TL 为正，表明制造业的平均劳动生产率高于总体的工业劳动生产率。从数值大小看，四川省居 GDP 前十省份第二位，略低于河南。GDP前十省份和全国的公共事业的工业结构合理化水平数值均为正，表明公共事业平均劳动生产率高于总体的工业劳动生产率。

从 TL 标准差看，广东和浙江超过 0.05，表明工业结构合理化水平较高。其余省份的 TL 标准差均小于 0.04，表明工业结构合理化水平相对较低。四川省的 TL 标准差为 0.011 3，居 GDP 前十省份倒数第二位，仅高于湖南。

表6-6 十个经济大省的工业结构合理化水平测度

	采矿业 TL 值	制造业 TL 值	公共事业 TL 值	TL 值标准差
全国	-0.008 9	-0.018 2	0.035 6	0.023 4
江苏	-0.001 2	-0.031 7	0.055 4	0.036 1
浙江	0.001 1	-0.050 8	0.093 9	0.059 9
安徽	-0.017 3	-0.005 8	0.037 0	0.023 4
福建	0.000 3	-0.027 3	0.042 0	0.028 5
山东	-0.020 3	0.012 3	0.020 5	0.017 6
河南	-0.026 2	0.018 1	0.024 3	0.022 5
湖北	-0.001 7	-0.012 1	0.016 3	0.011 7
湖南	-0.008 3	0.004 8	0.006 1	0.006 5
广东	0.007 5	-0.047 8	0.076 3	0.050 8
四川	-0.013 3	0.014 4	0.001 0	0.011 3

（三）制造业结构分析

制造业处于工业中心地位，是新型工业化、新型城镇化和现代化建设的发动机，是国民经济的核心主体，也是技术创新与国际竞争力的基础，实现制造业大突破是实现工业高质量发展的强力支撑。进一步地，本节首先采用偏离-份额分析法对四川省制造业结构进行研究；其次对四川省制造业结构合理化 TL 值进行测算，并与其他经济大省进行横向比较。

1. 偏离-份额分析

以全国为参考体系，对四川省制造业各产业进行偏离-份额分析，结果见表6-7。我们可以看出：

（1）2012—2021 年，四川省制造业门类中的大部分产业的份额分量为大于零，表明为增长性产业；而纺织业，纺织服装、服饰业，木材加工和木、竹、藤、棕、草制品业三个行业的份额分量为小于零，为衰退性产业。增长性产业中，计算机、通信和其他电子设备制造业增长最多，份额分量达到 373.63 亿元；其次为汽车制造业，份额分量为 71.72 亿元。

（2）2012—2021 年，与份额分量相同，四川省制造业门类中的产业结构转移份额大部分为正值，仅有纺织业，纺织服装、服饰业，木材加工和木、竹、藤、棕、草制品业三个行业的份额分量小于零。产业结构转移份额最大的产业也是计算机、通信和其他电子设备制造业，达到 2 573.42 亿元，表明计算机、通信和其他电子设备制造业对工业经济总量的贡献最大；第二为非金属矿物制品业，产业结构转移份额为 1 056.74 亿元；第三为汽车制造业，产业结构转移份额为 876.57 亿元。

（3）2012—2021 年，四川制造业门类中的区域竞争力偏离分量大部分为正值，表明这些产业的区域竞争力在全国范围内具有较强竞争力。皮革、毛皮、羽毛及其制品和制鞋业，家具制造业，黑色金属冶炼和压延加工业，通用设备制造业，专用设备制造业，废弃资源综合利用业等行业的区域竞争力偏离分量小于零，表明这些行业在全国范围内竞争力较弱。四川省最具竞争力的行业是计算机、通信和其他电子设备制造业，非金属矿物制品业，酒、饮料和精制茶制造业，区域竞争力偏离分量分别为 2 661.51 亿元、1 791.88 亿元和 1 543.88 亿元。

表 6-7　2012—2021 年四川省制造业各产业偏离-份额分析　单位：亿元

	总增长量	份额分量		产业结构转移份额		区域竞争力偏离分量		总偏离分量	
		增量	占比/%	增量	占比/%	增量	占比/%	增量	占比/%
农副食品加工业	580.95	2.13	0.37	42.67	7.34	536.15	92.29	578.82	99.63
食品制造业	598.09	4.45	0.74	234.41	39.19	359.23	60.06	593.64	99.26
酒、饮料和精制茶制造业	1 964.55	5.88	0.30	414.79	21.11	1 543.88	78.59	1 958.67	99.70
烟草制品业	147.14	1.50	1.02	141.85	96.41	3.79	2.57	145.64	98.98
纺织业	−80.72	−3.02	3.74	−128.89	159.67	51.19	−63.41	−77.70	96.26
纺织服装、服饰业	122.90	−0.25	−0.20	−18.37	−14.95	141.51	115.15	123.15	100.20
皮革、毛皮、羽毛及其制品和制鞋业	−72.85	0.04	−0.05	3.91	−5.36	−76.79	105.41	−72.89	100.05
木材加工和木、竹、藤、棕、草制品业	34.16	−0.01	−0.02	−0.70	−2.05	34.87	102.07	34.17	100.02
家具制造业	112.21	1.13	1.01	157.31	140.19	−46.23	−41.20	111.08	98.99
造纸和纸制品业	196.37	1.15	0.59	87.25	44.43	107.97	54.98	195.22	99.41
印刷和记录媒介复制业	209.30	0.98	0.47	146.08	69.79	62.24	29.74	208.32	99.53

表6-7(续)

	总增长量	份额分量		产业结构转移份额		区域竞争力偏离分量		总偏离分量	
		增量	占比/%	增量	占比/%	增量	占比/%	增量	占比/%
文教、工美、体育和娱乐用品	89.60	0.36	0.40	27.54	30.73	61.71	68.87	89.24	99.60
石油、煤炭及其他燃料加工业	579.75	10.21	1.76	200.96	34.66	368.58	63.58	569.54	98.24
化学原料和化学制品制造业	1 033.63	35.63	3.45	459.12	44.42	538.88	52.13	998.00	96.55
医药制造业	708.13	15.32	2.16	585.28	82.65	107.53	15.18	692.81	97.84
化学纤维制造业	219.06	0.86	0.39	95.77	43.72	122.43	55.89	218.20	99.61
橡胶和塑料制品业	348.14	4.44	1.28	165.55	47.55	178.15	51.17	343.70	98.72
非金属矿物制品业	2 914.96	66.34	2.28	1 056.74	36.25	1 791.88	61.47	2 848.62	97.72
黑色金属冶炼和压延加工业	736.16	66.31	9.01	729.17	99.05	-59.33	-8.06	669.85	90.99
有色金属冶炼和压延加工业	615.33	32.64	5.30	506.25	82.27	76.44	12.42	582.69	94.70
金属制品业	1 179.40	24.79	2.10	554.07	46.98	600.54	50.92	1 154.61	97.90
通用设备制造业	200.41	19.34	9.65	434.91	217.01	-253.84	-126.66	181.07	90.35
专用设备制造业	207.87	10.00	4.81	300.47	144.55	-102.60	-49.36	197.87	95.19
汽车制造业	1 120.59	71.72	6.40	876.57	78.22	172.30	15.38	1 048.87	93.60
铁路、船舶、航空航天和其他运输设备制造业	748.68	1.22	0.16	75.31	10.06	672.15	89.78	747.46	99.84
电气机械和器材制造业	1 213.25	40.73	3.36	505.20	41.64	667.32	55.00	1 172.52	96.64
计算机、通信和其他电子设备制造业	5 608.56	373.63	6.66	2 573.42	45.88	2 661.51	47.45	5 234.93	93.34
仪器仪表制造业	162.14	0.50	0.31	58.43	36.04	103.22	63.66	161.64	99.69
其他制造业	32.77	0.04	0.13	17.19	52.46	15.54	47.42	32.73	99.87
废弃资源综合利用业	135.97	1.43	1.05	173.05	127.27	-38.51	-28.32	134.54	98.95

表6-7(续)

	总增长量	份额分量		产业结构转移份额		区域竞争力偏离分量		总偏离分量	
		增量	占比/%	增量	占比/%	增量	占比/%	增量	占比/%
金属制品、机械和设备修理业	41.82	0.03	0.06	19.44	46.47	22.36	53.46	41.79	99.94

根据偏离-份额分析方法的原理,偏离分量表示某一产业与参考体系的份额分量的差别,数量越大表示该产业在研究区域的发展优势越突出。其中,产业结构转移份额(P_i)表明在发展初期,超过参考体系平均的部分所带来的平均增长,体现了某产业的先天发展基础。区域竞争力偏离分量(D_i)表明在发展过程中超过参考体系平均速度所带来的竞争力优势,体现了某产业在本区域后天发展态势与增长趋势。借鉴李蒙(2021)[①]的划分方法,可以分为四类:(1)当P_i、D_i均为正时,表明产业基础、结构好,竞争力强,该产业为优势重点产业;(2)当P_i为正、D_i为负时,产业基础、结构好,竞争力一般,该产业为稳定发展产业;(3)当P_i为负、D_i为正时,产业基础、结构一般,但竞争力较强,该产业为潜力发展产业;(4)当P_i、D_i均为负时,产业基础、结构一般,竞争力也一般,该产业为无优势产业。

2012—2021年,四川省制造业优势重点产业包括:农副食品加工业;食品制造业;酒、饮料和精制茶制造业;烟草制品业;造纸和纸制品业;印刷和记录媒介复制业;文教、工美、体育和娱乐用品;石油、煤炭及其他燃料加工业;化学原料和化学制品制造业;医药制造业;化学纤维制造业;橡胶和塑料制品业;非金属矿物制品业;有色金属冶炼和压延加工业;金属制品业;汽车制造业;铁路、船舶、航空航天和其他运输设备制造业;电气机械和器材制造业;计算机、通信和其他电子设备制造业;仪器仪表制造业;其他制造业;金属制品、机械和设备修理业。

2012—2021年,四川省制造业稳定发展产业包括:皮革、毛皮、羽毛及其制品和制鞋业;家具制造业;黑色金属冶炼和压延加工业;废弃资源综合利用业。这些行业的产业结构对四川省制造业增长具有一定贡献作用,但区域竞争力偏离分量均为负,说明基本没有竞争优势,可持续性发展态势不强。

---

① 李蒙. 城市工业结构竞争力和工业发展影响因素研究 [D]. 成都:西南财经大学,2021.

2012—2021年，四川省制造业潜力发展产业包括：纺织服装、服饰业；木材加工和木、竹、藤、棕、草制品业；通用设备制造业；专用设备制造业。尽管这些行业产业结构对当期经济增长贡献较弱，但区域竞争力偏离分量较高，表明值得关注发展，利用竞争力优势进行转型提升。

2012—2021年，四川省制造业潜力无优势产业：纺织业。这表明四川纺织业不仅在产业结构方面对经济增长贡献不大，相对竞争力也弱化，必须尽快转型升级和技术创新，才能持续发展。

2. 结构合理化分析

四川省的制造业结构合理化指数与其他经济大省的对比分析见表6-8。我们可以看出，四川省农副食品加工业，酒、饮料和精制茶制造业，烟草制品业，石油、煤炭及其他燃料加工业，化学原料和化学制品制造业，化学纤维制造业，黑色金属冶炼和压延加工业，有色金属冶炼和压延加工业，汽车制造业，计算机、通信和其他电子设备制造业，废弃资源综合利用业，金属制品、机械和设备修理业等12个细分行业的制造业结构合理化水平值为正数，表明这些行业的平均劳动生产率高于总体的制造业劳动生产率。

2021年，四川制造业结构合理度标准差在GDP前十省份中最小，表明制造业结构合理水平最低。四川省制造业合理度标准差仅为全国水平的一半左右，表明结构落后于全国平均水平。在GDP前十省份中，制造业结构合理水平最高的是山东省，结构合理度标准差；处于制造业结构合理第二梯队的有江苏、浙江、安徽、福建、河南；广东、湖北、湖南处于第三梯队，结构合理度标准差达到0.049 0，分别为0.019 0、0.017 7和0.019 2。

从制造业结构合理化数值可以看出优势产业，2021年，四川省的酒、饮料和精制茶制造业的结构合理化数值为0.018 9，居GDP前十省份首位。这主要是由于四川省为白酒大省，产量和营业收入长期均居全国第一，五粮液、泸州老窖、酿酒等品牌享誉全国。此外，2021年，四川省的计算机、通信和其他电子设备制造业的结构合理化数值位居GDP前十省份第三位，表明优势较为明显。电子信息产业是四川省第一个突破万亿的产业，已经建成全球最大的计算机整机生产基地、最大的有机发光二级管（organic light-emitting diode，OLED）生产基地、重要的智能手机生产基地以及中国柔性显示产业最大集聚地。纺织服装、服饰业和金属制品、机械和设备修理业两个产业虽居GDP前十省份首位，但结构合理化指数较低甚至为负数。

表 6-8   2021 年十个经济大省制造业结构合理化数值

TL	农副食品加工业	食品制造业	酒、饮料和精制茶制造业	烟草制品业	纺织业	纺织服装、服饰业	皮革、毛皮、羽毛及其制品和制鞋业
全国	0.010 3	−0.005 3	−0.001 7	0.016 3	−0.012 3	−0.013 2	−0.009 2
江苏	0.012 7	−0.002 8	0.000 1	0.013 9	−0.018 2	−0.013 5	−0.002 0
浙江	0.002 8	−0.001 8	0.001 0	0.031 1	−0.022 6	−0.018 5	−0.010 6
安徽	0.008 4	−0.006 1	−0.005 1	0.013 7	−0.010 6	−0.016 5	−0.004 3
福建	0.011 5	−0.004 7	−0.004 3	0.008 2	0.007 2	−0.023 9	−0.044 1
山东	−0.002 2	−0.008 7	−0.003 2	0.004 0	−0.024 1	−0.011 4	−0.003 0
河南	0.003 2	−0.014 0	−0.002 7	0.012 3	−0.014 4	−0.016 9	−0.010 4
湖北	0.023 6	−0.004 2	−0.002 2	0.033 5	−0.021 4	−0.013 9	−0.002 6
湖南	0.012 2	−0.011 4	−0.002 7	0.047 2	−0.002 9	−0.007 3	−0.013 2
广东	0.024 0	0.000 5	0.002 3	0.004 6	−0.004 0	−0.013 7	−0.008 8
四川	0.006 3	−0.009 8	0.018 9	0.012 1	−0.006 2	−0.003 8	−0.004 5

TL	木材加工和木、竹、藤、棕、草制品业	家具制造业	造纸和纸制品业	印刷和记录媒介复制业	文教、工美、体育和娱乐用品	石油、煤炭及其他燃料加工业	化学原料和化学制品制造业
全国	−0.003 7	−0.005 6	−0.000 9	−0.004 1	−0.008 4	0.071 7	0.029 0
江苏	−0.002 2	−0.002 9	0.001 7	−0.004 1	−0.008 3	0.023 4	0.055 4
浙江	−0.002 7	−0.009 8	0.002 8	−0.003 5	−0.010 7	0.073 4	0.082 0
安徽	−0.003 5	−0.003 4	0.000 0	−0.004 1	−0.008 0	0.032 3	0.020 6
福建	−0.001 4	−0.005 7	−0.000 4	−0.001 9	−0.014 3	0.065 5	0.040 9
山东	−0.007 4	−0.002 9	0.000 2	−0.002 7	−0.006 1	0.235 0	0.065 7
河南	−0.005 4	−0.004 4	−0.003 9	−0.002 3	−0.008 3	0.031 8	0.019 2
湖北	−0.002 5	−0.002 5	0.000 9	−0.006 7	−0.001 5	0.032 0	0.026 4
湖南	−0.002 8	−0.001 5	0.000 1	−0.002 1	−0.003 8	0.023 8	−0.016 5
广东	−0.000 8	−0.008 3	0.001 9	−0.005 1	−0.013 0	0.068 2	0.025 4
四川	−0.002 9	−0.009 9	−0.004 0	−0.005 1	−0.000 8	0.029 6	0.008 7

表6-8(续)

TL	医药制造业	化学纤维制造业	橡胶和塑料制品业	非金属矿物制品业	黑色金属冶炼和压延加工业	有色金属冶炼和压延加工业
全国	-0.003 8	0.003 4	-0.012 1	-0.007 1	0.086 4	0.059 5
江苏	-0.001 9	0.002 2	-0.011 2	0.000 0	0.115 9	0.040 7
浙江	0.001 1	0.036 8	-0.011 4	0.018 8	0.033 0	0.055 3
安徽	-0.004 0	0.000 0	-0.013 3	-0.001 2	0.077 0	0.102 7
福建	0.001 4	0.025 6	-0.010 1	-0.004 0	0.040 5	0.082 2
山东	-0.012 2	-0.000 7	-0.017 0	-0.012 8	0.094 5	0.078 1
河南	-0.007 1	0.001 7	-0.006 9	-0.015 2	0.071 0	0.114 1
湖北	-0.013 5	-0.000 6	-0.004 1	0.000 0	0.065 2	0.017 4
湖南	-0.001 8	0.000 3	0.001 9	-0.023 5	0.071 2	0.032 7
广东	-0.000 2	0.000 6	-0.018 2	0.002 8	0.032 0	0.029 6
四川	-0.010 7	0.003 0	-0.005 6	-0.002 5	0.044 3	0.014 7

TL	金属制品业	通用设备制造业	专用设备制造业	汽车制造业	铁路、船舶、航空航天和其他运输设备制造业	电气机械和器材制造业
全国	-0.009 6	-0.014 2	-0.012 2	0.017 6	-0.005 2	-0.006 8
江苏	-0.000 8	-0.018 7	-0.015 3	0.000 0	-0.005 9	0.017 7
浙江	-0.014 0	-0.024 0	-0.011 7	0.003 0	-0.003 6	-0.001 3
安徽	-0.003 5	-0.015 3	-0.013 6	-0.006 0	-0.002 8	0.003 7
福建	-0.001 3	-0.007 4	-0.004 1	-0.001 3	-0.002 3	0.001 7
山东	-0.009 4	-0.021 1	-0.017 4	-0.008 7	-0.004 9	-0.006 1
河南	-0.005 2	-0.011 5	-0.009 5	0.003 4	-0.004 1	-0.000 6
湖北	-0.005 5	-0.009 2	-0.008 6	0.025 7	-0.012 1	0.001 3
湖南	0.002 1	0.019 3	0.008 4	0.009 8	0.000 2	0.001 4
广东	-0.014 6	-0.006 9	-0.013 2	0.037 3	0.000 4	-0.014 4
四川	-0.004 4	-0.007 8	-0.009 5	0.002 4	-0.002 0	-0.003 2

表6-8(续)

TL	计算机、通信和其他电子设备制造业	仪器仪表制造业	其他制造业	废弃资源综合利用业	金属制品、机械和设备修理业	TL标准差
全国	-0.008 0	-0.004 0	-0.001 8	0.007 7	-0.001 1	0.024 4
江苏	-0.026 2	-0.003 6	-0.000 7	0.002 6	-0.000 1	0.025 9
浙江	0.009 2	-0.004 6	-0.002 7	0.006 0	-0.000 7	0.025 4
安徽	-0.000 8	-0.002 1	-0.000 9	0.032 6	-0.000 8	0.025 2
福建	0.002 4	-0.002 1	-0.002 5	0.008 0	-0.000 7	0.023 8
山东	-0.007 6	-0.003 1	-0.000 5	0.000 4	-0.000 6	0.049 0
河南	0.025 0	-0.003 8	-0.002 3	0.006 3	-0.000 5	0.026 2
湖北	-0.006 0	-0.003 5	-0.000 7	0.013 7	-0.002 7	0.017 7
湖南	-0.030 2	-0.000 9	-0.005 4	0.008 0	-0.000 3	0.019 2
广东	0.031 1	-0.004 8	-0.002 0	0.003 7	-0.000 4	0.019 0
四川	0.019 0	-0.001 5	-0.000 9	0.001 0	0.000 7	0.012 1

（四）工业主导产业结构

主导产业不仅对区域经济发展有显著的支撑作用，而且对产业发展具有很强的导向性。本书根据《四川统计年鉴》（2007—2022）中的 41 个工业行业的营业收入，选取排名靠前的 10 个行业作为主导产业进行分析。2006—2021 年，四川省营业收入排名前十位的工业领域及占规模以上工业总营业收入的比例见表 6-9。我们可以看出，四川省营业收入排名前十位的工业行业总体变化不大，农产品加工业；电力、热力生产和供应业；酒、饮料和精制茶制造业；化学原料和化学制品制造业；非金属矿物制品业；计算机、通信和其他电子设备制造业；非金属矿物制品业等在这期间都在前十行列。但是计算机、通信和其他电子设备制造业，非金属矿物制品业，酒、饮料和精制茶制造业三大行业的规模从 2016 年开始稳居前三位，这与四川省大力构建"5+1"产业体系密切相关，将电子信息、装备制造、食品饮料、先进材料、能源化工作为万亿级产业培育。电力、热力生产和供应业的排位后移趋势明显，2012—2015 年排在前两位，但 2016 年开始大多排在十大产业的后三位。值得注意的是，汽车制造业在十大行业中的位次有所下降，2019 年和 2021

年居十大行业的第八位，2020年居十大行业的第七位。

2006—2021年，四川省工业领域前十行业的营业收入占规上工业总营业收入的比重总体上呈"先降后升"的变化趋势，表明四川省工业的行业集中度在2006—2008年期间有所降低，2011年开始逐年提升，这与产业集聚和集群发展的趋势有关。越发达的产业越容易形成比较优势，从而形成集聚集群效应，集聚集群反过来又促进物流、信息等优势更大，形成产业发展的良性循环。

表6-9　2006—2021年四川省营业收入居
前十位的工业行业及占规模以上工业总营业收入的比例

年份	营业收入排名前十的工业行业	营业收入占规模以上工业总营业收入比重/%
2006	黑色金属冶炼和压延加工业；电力、热力生产和供应业；化学原料及化学制品制造业；农副食品加工业；交通运输设备制造业；饮料制造业；通用设备制造业；通信设备、计算机及其他电子设备制造业；非金属矿物制品业；有色金属冶炼及压延加工业；煤炭开采和洗选	66.14
2007	黑色金属冶炼和压延加工业；电力、热力生产和供应业；农副食品加工业；化学原料及化学制品制造业；饮料制造业；交通运输设备制造业；通用设备制造业；通信设备、计算机及其他电子设备制造业；非金属矿物制品业；有色金属冶炼及压延加工业煤炭开采和洗选	65.00
2008	黑色金属冶炼和压延加工业；农副食品加工业；化学原料及化学制品制造业；电力、热力生产和供应业；通用设备制造业；饮料制造业；交通运输设备制造业；非金属矿物制品业；通信设备、计算机及其他电子设备制造业；煤炭开采和洗选	61.34
2009	农副食品加工业；黑色金属冶炼和压延加工业；化学原料及化学制品制造业；非金属矿物制品业；饮料制造业；通用设备制造业；电力、热力生产和供应业；交通运输设备制造业；通信设备、计算机及其他电子设备制造业；煤炭开采和洗选	62.49
2010	农副食品加工业；黑色金属冶炼和压延加工业；非金属矿物制品业；化学原料及化学制品制造业；通用设备制造业；饮料制造业；电力、热力生产和供应业；通信设备、计算机及其他电子设备制造业；交通运输设备制造业；煤炭开采和洗选	63.37

表6-9(续)

年份	营业收入排名前十的工业行业	营业收入占规模以上工业总营业收入比重/%
2011	农副食品加工业；黑色金属冶炼和压延加工业；非金属矿物制品业；计算机、通信和其他电子设备制造业；酒、饮料和精制茶制造业；电力、热力生产和供应业；通用设备制造业；煤炭开采和洗选业；汽车制造业；专用设备制造业	61.49
2012	电力、热力生产和供应业；酒、饮料和精制茶制造业；化学原料和化学制品制造业；非金属矿物制品业；计算机、通信和其他电子设备制造业；石油和天然气开采业；黑色金属冶炼和压延加工业；汽车制造业；通用设备制造业；医药制造业	61.58
2013	计算机、通信和其他电子设备制造业；电力、热力生产和供应业；酒、饮料和精制茶制造业；化学原料和化学制品制造业；石油和天然气开采业；非金属矿物制品业；黑色金属冶炼和压延加工业；汽车制造业；通用设备制造业；医药制造业	63.72
2014	电力、热力生产和供应业；酒、饮料和精制茶制造业；化学原料和化学制品制造业；非金属矿物制品业；石油和天然气开采业；计算机、通信和其他电子设备制造业；黑色金属冶炼和压延加工业；汽车制造业；通用设备制造业；医药制造业	62.62
2015	电力、热力生产和供应业；酒、饮料和精制茶制造业；石油和天然气开采业；计算机、通信和其他电子设备制造业；化学原料和化学制品制造业；非金属矿物制品业；汽车制造业；通用设备制造业；医药制造业；农副食品加工业	62.03
2016	计算机、通信和其他电子设备制造业；非金属矿物制品业；酒、饮料和精制茶制造业；农副食品加工业；汽车制造业；化学原料和化学制品制造业；黑色金属冶炼和压延加工业；通用设备制造业；电力、热力生产和供应业；电气机械和器材制造业	62.44
2017	计算机、通信和其他电子设备制造业；非金属矿物制品业；酒、饮料和精制茶制造业；汽车制造业；农副食品加工业；化学原料和化学制品制造业；黑色金属冶炼和压延加工业；电力、热力生产和供应业；通用设备制造业；电气机械和器材制造业	62.57

表6-9（续）

年份	营业收入排名前十的工业行业	营业收入占规模以上工业总营业收入比重/%
2018	计算机、通信和其他电子设备制造业；非金属矿物制品业；酒、饮料和精制茶制造业；汽车制造业；农副食品加工业；化学原料和化学制品制造业；黑色金属冶炼和压延加工业；电力、热力生产和供应业；通用设备制造业；金属制品业	63.61
2019	计算机、通信和其他电子设备制造业；非金属矿物制品业；酒、饮料和精制茶制造业；化学原料和化学制品制造业；黑色金属冶炼和压延加工业；农副食品加工业；电力、热力生产和供应业；汽车制造业；金属制品业；通用设备制造业	63.44
2020	计算机、通信和其他电子设备制造业；非金属矿物制品业；酒、饮料和精制茶制造业；农副食品加工业；黑色金属冶炼和压延加工业；化学原料和化学制品制造业；汽车制造业；电力、热力生产和供应业；金属制品业；电气机械和器材制造业	64.85
2021	计算机、通信和其他电子设备制造业；非金属矿物制品业；酒、饮料和精制茶制造业；化学原料和化学制品制造业；黑色金属冶炼和压延加工业；农副食品加工业；电力、热力生产和供应业；汽车制造业；电气机械和器材制造业；金属制品业	65.78

数据来源：《四川统计年鉴》（2007—2022）。2006—2008 年数据为全部国有及规模以上非国有工业企业；2009—2021 年为规模以上工业企业数据。

三、四川工业能源消费情况

（一）消费总量

1997—2021 年，四川省工业能源消费经历了小幅下降、快速增长、小幅回落、回升增长四个阶段，见图 6-2，数据根据《中国能源统计年鉴》能源实物消耗量计算而得。（1）小幅下降阶段：1997—2001 年，四川省工业能源消费从 3 273.8 万吨标准煤下降至 2 715.6 万吨标准煤，与全国1997—2001 年能源消耗总量降低的总体趋势基本一致，主要原因是标准煤的碳排放系数发生小幅度降低。（2）快速增长阶段：2002—2013 年，四川省工业能源消费以年均 12.3% 的增速快速增长，于 2013 年达到能源消费最大值，约为 2002 年的 3.4 倍。（3）小幅回落阶段：2014—2018 年，四川省工业能源消费呈逐步回落的发展态势，2018 年较 2013 年的峰值下降了近 18%。（4）回升增长阶段：2019 年开始，四川省工业能源消费呈增长态势，2021 年达到 9 294.88 万吨标准煤。

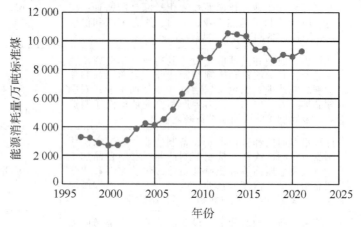

图 6-2　1997—2021 年四川省工业领域能源消耗量

（二）消费结构

1997—2021 年，四川省工业能源消费结构变化较大，总体来看，煤炭类能源在四川省工业中始终占据首位，大多数年份占比超过 50%。天然气类能源长期处于第二大类消耗能源，占比逐渐上升。电力类能源占比上升幅度最大。

1. 煤炭类能源消耗量

1997—2021 年，四川省煤炭类能源消耗趋势与能源消费总量的变化趋势相似。1997—2001 年，四川省工业消耗的煤炭类能源小幅下降，由 2 196 万吨标准煤降低到 1 550 万吨标准煤，年均降幅为 8.3%。2001—2012 年，煤炭类能源消耗量由 1 550 万吨标准煤上升到 6 749 万吨标准煤，增加了 3.35 倍，年均增速达到 14.3%。2013 年开始，煤炭类能源消耗量逐渐降低，2021 年相比 2012 年下降了 35%。从占比看，1997—2012 年，四川省煤炭类能源消耗占四川省工业能源消耗量的比例在 57%~70% 区间波动，2013 年开始保持稳定下降，2021 年为 45%（详见图 6-3）。

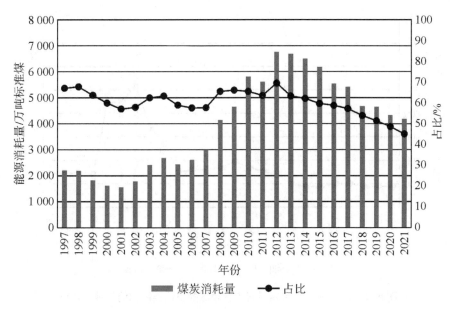

图 6-3 1997—2021 年四川省工业领域的煤炭类能源消耗量及占比

2. 石油类能源消耗量

1997—2012 年,四川省工业消耗的石油类能源呈小幅上升,由 72.4 万吨标准煤增长到 362.6 万吨标准煤,年均增速 11.3%。2012—2015 年,四川省工业石油类能源的消耗量陡增,增长了 2.7 倍,年均增速超过 50%。2015—2018 年,石油类能源的消耗量快速下降,基本回到 2012 年的消耗量。2018—2021 年,石油类能源消耗量基本保持稳定。总体来看,四川省工业石油类能源消耗量占工业能源消耗总量的比例与总量的变化趋势相似,1997—2012 年保持小幅上升,2012—2015 年由 4% 快速增加至 12%,2015—2018 年回落至 2012 年的水平,之后稳定在 4% 左右(详见图 6-4)。

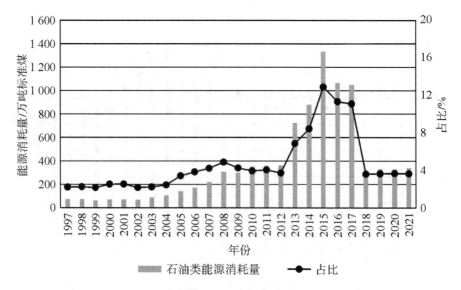

图 6-4　1997—2021 年四川省工业领域的石油类能源消耗量及占比

3. 天然气类能源消耗量

1997—2021 年，四川省工业消费的天然气类能源总体呈上升趋势，由564 万吨标准煤增长至近 2 000 万吨标准煤，增长了 2.54 倍，年均增速5.6%。这是由于四川省天然气富集，天然气资源量居全国之首，正加快建设中国第一大气区。建设天然气千亿立方米产能基地，打造中国"气大庆"，被写入《成渝地区双城经济圈建设规划纲要》。2021 年，四川省天然气开采量为 522 亿立方米，是 1997 年开采量的 6.5 倍。尽管四川省工业天然气消耗量呈上升趋势，但占比却呈 V 字型趋势，这是由于 2001—2012年虽然天然气消耗量的增长速度小于工业能源消耗总量的增速。2012—2021 年，天然气消耗量由 880 万吨标准煤增长到 2 210 万吨标准煤，年均增长 8.7%；天然气占比呈上升趋势，由 2012 年的 9% 上升至 2021 年的24%（详见图 6-5）。

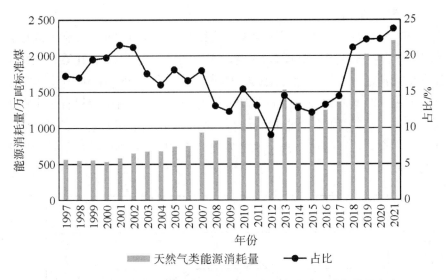

图 6-5 1997—2021 年四川省工业领域的天然气类能源消耗量及占比

4. 热力消耗量

1997—2021 年，四川省工业的热力消耗量呈波动式上升趋势，由不到
50 万吨标准煤增长至 340 万吨标准煤，增长了 6.8 倍，年均增速 8.3%。
但热力占四川省工业能源消耗比例很小且波动范围不大，仅在 1%~4%上
下浮动（详见图 6-6）。

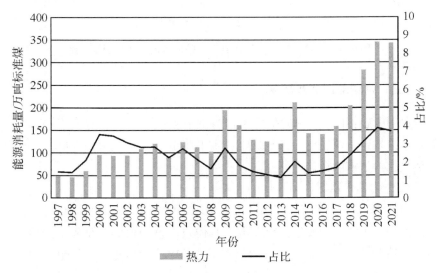

图 6-6 1997—2021 年四川省工业领域的热力消耗量及占比

5. 电力消耗量

1997—2021 年, 四川省工业领域消耗的电力量由 400 万吨标准煤增长到 2 218 万吨标准煤, 增长 5.55 倍, 年均增速 7.4%。从占比看, 四川省工业电力消耗占能源消耗总量的比例波动式上升, 1997 年到 2021 年翻了一番, 由 12% 增长到 24%（详见图 6-7）。这主要是由于四川省是水电大省, 水电装机容量和年发电量均居全国第一, 水电装机总容量约 9 000 万千瓦, 占全国比例超过 20%。水力发电量 2021 年占全省总发电量的比例超过 80%。

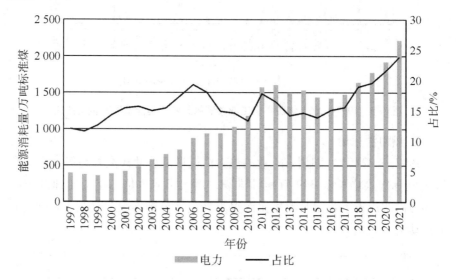

图 6-7　1997—2021 年四川省工业领域的电力消耗量及占比

（三）清洁能源消费情况

《四川统计年鉴》中的电力生产方式有两类, 一类是火力发电；另一类是水力发电、核发电、其他发电。本书将电力（除去火力发电）部分和天然气作为清洁能源进行研究。

1. 电力消费情况

（1）2011—2021 年, 四川省工业领域的电力消费量占全省电力生产量的比例和占全省水力发电、核发电、其他发电量的比例均呈先下降后上升的变化趋势。2011—2017 年, 四川省工业的电力消费量占全省电力生产量的比例由 69.33% 下降到 38.58%, 2018 年开始逐年上升, 2021 年达到 44.85%。四川省工业的电力消费量占全省水力发电、核发电、其他发电量的比例从 2011 年的 97.66% 下降到 2017 年的 42.83%，2018 年开始逐年上升，2021 年达到 52.59%。这表明四川省工业生产还有提升水力发电、核发电、其他发电量的消费比例的空间（详见表 6-10）。

（2）四川省工业电力消费量占全省电力生产量的比例，低于四川省工业能源消费量占全省一次性能源生产量的比例，也低于工业能源消费量占全省能源消费量的比例。这意味着四川省工业消费能源中，电力部分还有较大提升空间。2011—2021 年，四川省工业电力消费量占全省电力生产量的比例，比工业能源消费量占全省一次性能源生产量的比例低 18 至 38 个百分点，这意味着四川省工业消费能源中电力部分还有较大提升空间。2011—2021 年，四川省工业能源消费量占全省能源消费量的比例，高于工业电力消费量占全省电力生产量的比例，同样表明四川省工业消费能源中电力部分还有较大提升空间。

（3）四川省工业电力消费量占全省水力发电、核发电、其他发电量的比例，低于四川省工业能源消费量占全省一次性能源生产量的比例，也低于四川省工业能源消费量占全省能源消费量的比例，这进一步表明四川省工业清洁能源电力消费还有较大提升空间。2021 年，四川省工业电力消费量占全省水力发电、核发电、其他发电量的比例仅 52.59%，而四川省工业能源消费量占全省一次性能源生产量的比例为 63.72%，二者之间相差 11 个百分点。2021 年，四川省工业能源消费量占全省能源消费量的比例为 60.88%，比工业电力消费量占全省水力发电、核发电、其他发电量的比例高 8.29 个百分点（详见表 6-11）。

表 6-10　2011—2021 年四川省工业领域的电力消费情况

单位：亿千瓦小时

年份	工业电力消费量	全省电力生产量	水力发电、核发电、其他发电量	工业电力消费占全省电力生产量的比例/%	工业电力消费占全省水力发电、核发电、其他发电比例/%
2011	1 433.9	2 068.1	1 468.3	69.33	97.66
2012	1 465.8	2 130.2	1 545.6	68.81	94.84
2013	1 491.3	2 640.2	2 024.2	56.48	73.67
2014	1 422.7	3 079.5	2 493.3	46.20	57.06

表6-10(续)

年份	工业电力消费量	全省电力生产量	水力发电、核发电、其他发电量	工业电力消费占全省电力生产量的比例/%	工业电力消费占全省水力发电、核发电、其他发电比例/%
2015	1 342.5	3 229.6	2 779.2	41.57	48.31
2016	1 337.7	3 369.8	3 020.6	39.70	44.29
2017	1 377.1	3 569.1	3 215.6	38.58	42.83
2018	1 527.4	3 760.8	3 326.2	40.61	45.92
2019	1 635.8	3 902.9	3 415.4	41.91	47.89
2020	1 776.9	4 182.3	3 654.6	42.49	48.62
2021	2 032.0	4 530.3	3 863.5	44.85	52.59

表 6-11　2011—2021 年四川省工业领域的能源消费情况

年份	工业能源消费量/万吨标准煤	一次性能源生产量/万吨标准煤	能源消费量/万吨标准煤	占全省一次能源生产量的比例/%	占全省能源消费量的比例/%
2011	14 096.4	16 296.0	19 696.2	86.50	71.57
2012	14 575.0	16 658.8	20 574.6	87.49	70.84
2013	15 122.7	17 107.4	21 512.3	88.40	70.30
2014	14 089.3	16 555.2	19 878.7	85.10	70.88
2015	13 681.4	16 995.7	19 888.1	80.50	68.79
2016	13 434.9	17 871.6	20 362.1	75.17	65.98
2017	11 924.5	19 294.0	19 229.0	61.80	62.01
2018	12 053.0	19 172.0	19 916.2	62.87	60.52
2019	12 614.4	20 143.9	20 790.6	62.62	60.67
2020	12 892.7	20 433.1	21 185.9	63.10	60.86
2021	13 740.4	21 565.0	22 569.4	63.72	60.88

2. 天然气消费情况

2011—2021 年，四川省工业领域的天然气消费量翻番，由 95 亿立方米增长到 189.5 亿立方米，年均增长 7.2%；天然气生产量由 242 亿立方米

增加到 522.2 亿立方米，增加 1.16 倍，年均增速 8%；天然气消费量由
156.1 亿立方米增加到 285.4 亿立方米，年均增速 6.2%。我们可以看出，
四川天然气消费量增速比生产量增速低 1.8 个百分点，表明向省外输送的
天然气量增幅更大；工业领域的天然气消费量增速比生产量增速低 0.8 个
百分点，预示着还有较大增长空间。

　　与全省能源结构相比，四川省工业领域的天然气消费比例较低。
2011—2021 年，天然气消费量占生产量的比例在 35%～47% 波动，明显低
于工业能源消耗量占全省一次能源生产量的比例。四川省工业领域的天然
气消费量占全省天然气消费比例呈波动式变化，2016 年开始逐渐提升，
2021 年达到 66.40%。这表明相对于其他行业，工业领域的天然气消耗速
度增长较快（详见表 6-12）。

表 6-12　2011—2021 年四川省工业领域的天然气消费情况

年份	工业 消费量 /亿立方米	天然气 生产量 /亿立方米	天然气 消费量 /亿立方米	占全省 一次能源 生产量的 比例/%	占全省 天然气 消费比例/%
2011	95.0	242	156.1	39.26	60.86
2012	71.6	236.8	153.0	30.24	46.80
2013	124.5	265	148.3	46.98	83.95
2014	108.1	253.5	165.2	42.64	65.44
2015	103.4	267.2	171.0	38.70	60.47
2016	102.5	285.5	181.6	35.85	56.44
2017	133.9	344.5	216.3	38.87	61.90
2018	146.3	369.8	237.0	39.56	61.73
2019	162.6	441.4	254.4	36.84	63.92
2020	169.2	463.3	261.8	36.52	64.63
2021	189.5	522.2	285.4	36.29	66.40

四、"双碳"目标下四川新型工业化的结构路径

基于四川省工业面临总量不足的现实情况，推动结构优化升级在稳定整体增速的前提下，既要"锻长板"，也要"补短板"；既要实施优势产业倍增计划，推动传统产业转型升级，又要抢抓产业发展风口，加快培育战略性新兴产业和未来产业。当然，要坚持速度规模与质量效应并重，产业选择上要有所侧重，对高能耗、高污染的产业要适度控制，对科技含量高、经济效益好、资源消耗低、环境污染少的产业要大力支持。此外，要充分发挥清洁能源资源优势，优化工业能源消费结构。

（一）加快推动传统产业转型升级

没有落后的产业，只有落后的技术。传统制造业是工业发展的基本力量，发达省市的传统制造业占比普遍还保持在60%左右。我们不能把产业转型当成"低端产业"的简单退出，而是要加快推动传统产业技术改造、经营模式和业态创新，实现综合生产成本下降、产业链价值提升、产品结构优化、产品生命周期延长。当前，科技革命尤其是信息技术革命，为传统制造业技术改造、经营模式和业态创新、综合生产成本下降、产业链价值提升、产品结构优化、产品生命周期延长等，创造了有利条件。

1. 加快新技术、新工艺的推广应用

以白酒、调味品、肉制品、茶叶、中成药等为代表的农副产品加工业；以家具、服装、鞋帽为代表的轻工业；以通用机械、冶金、化工、建材为代表的传统制造业，既有较好发展基础，也与四川省的比较优势契合，应分类推进技术改造，推广新技术、新工艺、新装备、新材料的应用，分类推进轻工业、重化工业技术改造，注入新的发展基因和活力，注重借助智能制造、大数据、工业互联网等新技术，抓紧时间补短板、强弱项，迅速推动这类产业朝着高端化、集群化、品牌化、国际化方向发展，积极为产业发展注入新的基因和活力。

2. 推动传统产业数字化、智能化

坚持"分业施策、一业一策"，研究制定重点行业数字化转型实施方案、路线图、评估评价体系，推动传统产业全方位、全链条数字化转型。

深入推进新一代信息技术与制造业融合，注重借助大数据、工业互联网、人工智能等新技术，利用新一代信息技术赋能产业数字化转型。培育国家级跨行业、跨领域工业互联网平台，打造一批制造业数字化转型促进中心。支持在产业集群、园区、企业等建立数字化转型促进中心，重点面向中小企业提供数字化转型诊断和低成本、轻量化、模块化的数字化解决方案。支持制造业企业与信息与通信技术（information and communications technology，ICT）企业联合攻关，加快数字化低碳解决方案应用推广，推动大数据、人工智能等新兴技术与绿色低碳产业深度融合。推进全社会、全域数字治理与各类应用场景建设，加强场景与制造业发展需求有机衔接，带动"新制造"和"新产业"蓬勃发展。

（二）大力培育战略性新兴产业和未来产业

新兴技术赋能传统产业、催生未来产业、重塑现代产业体系，在提升传统优势产业的同时，要抢占战略性新兴产业和未来产业新赛道。

1. 培育壮大战略性新兴产业

制定战略性新兴产业发展指导目录，引导战略性新兴产业加速发展。要发挥需求引领作用，积极拓展市场空间，扩大人工智能、生物技术、卫星网络、新能源与智能网联汽车、无人机等新兴产业市场应用场景，加速产业规模扩容和技术迭代。加大高端工业软件、生物医药等关键核心技术攻关，培育一批战略性新兴产业龙头企业和"专精特新"中小企业，在"强链""补链"中推动我省战略性新兴产业迈向产业链、价值链中高端。实施新赛道争先竞速五年行动计划，加快推动预制菜、无人机、动力电池等已形成赛道卡位态势的产业"建圈强链"走向规模化。在绿色低碳产业领域，着力发展新能源汽车、先进核电、分布式能源、智能电网、动力及储能电池、节能环保产品等。

2. 前瞻布局未来产业

预测未来的最好方式就是创造未来，创造未来必须主动做出着眼未来长远发展的产业选择和前瞻布局。要聚焦新技术、新产业发展前沿领域，加快布局6G、量子科技、太赫兹、元宇宙、深空深地、未来交通、生物芯片、生命科学、先进核能等一批重大创新研发和应用项目，主动获得产业主导权，抢占产业链、创新链和价值链的制高点。强化企业创新主体地位，加快对颠覆性技术的创新突破，积极对接未来技术供给和需求，支持未来技术早期应用场景建设，加快未来技术跨界应用场景开发，重点打造典型未来产业应用场景。发挥数字化改革引领作用，完善应用范围广、带动能力强的未来技术应用场景。以"未来工厂"为试点，开发未来技术生产制造应用场景，搭建标准化试验验证平台，引领新一轮智能制造技术革新。以"未来社区"为试点，建设未来技术生活应用试验场所和展示平台，促进未来产业在民生领域应用迭代。

（三）积极承接发达地区产业转移

产业转移是指某个产业或者产业群体在地理空间分布上发生变动，即由一地区向另一地区移动。当经济发展到一定的水平，将会随着当地劳动力成本逐渐增加，原材料、燃料、动力等劳动对象资源面临短缺，产业发展的竞争优势越来越弱甚至不复存在。这部分只有寻求新的有利地区才能保持或形成新的社会再生产力，因此被迫或主动向劳动力价格相对比较低、劳动对象资源相对比较丰富的地区转移。产业转移是优化生产力空间布局、形成合理产业分工体系的有效途径，是推进产业结构调整、加快经济发展方式转变的必然要求，也是后发地区促进工业转型升级的重要途径。

1. 坚持"请进来"和"走出去"并重

深化与"一带一路"合作伙伴的贸易往来和技术交流，创新打造"蓉欧产业对话"品牌，积极拓展东南亚、南亚等新兴市场，深度融入区域全面经济伙伴关系协定（RCEP）大市场。加快"走出去"步伐，高标准创建贸易投资平台，多层次拓展境内外市场。全面推进与珠江三角洲、长江三角洲、京津冀地区等合作，扩大与重庆、云南、贵州等周边省（市）合作。建设沿海加工贸易转移的重点承接地，支持自贸试验区、国家级经济技术开发区、外贸转型升级基地、综合保税区、城市新区、产业新城等高质量承接东部地区产业转移，创建国家级承接产业转移示范区、加工贸易产业园。巩固和深化东西部扶贫协作和对口支援成果，开展飞地经济合作，依托产业园区打造省际发展共同体。完善央地合作机制，搭建产业转移促进平台，吸引知名企业生产基地整体转移和关联产业协同转移。

2. 提升产业落地的配套能力

配套能力事关产业吸引力，四川省要充分发挥自身劳动力资源优势、科技创新优势、高校人才优势、清洁能源资源优势，完善水、电、路、气、信等基础服务设施建设，建设符合现代产业资本发展需要的产业新城和园区平台。优化投融资改革，充分发挥投资对优化供给结构的关键性作用，提升资金融通功能。有序放宽金融、科技等重点产业准入限制，完善外商投资促进、项目跟踪服务等工作机制，落实鼓励外商投资产业目录和支持政策，营造市场化、法治化、国际化、便利化一流营商环境。

（四）着力提升产业链、供应链韧性和安全水平

实施产业链"延链""补链""强链"工程，聚焦生产流通的各个环节和跨环节、跨行业的综合集成领域，构建全方位、宽领域、深层次融合发展格局，推动产业向价值链两端延伸。把握现代产业链条高度关联、资源要素高度集聚特点，推动形成产业优势互补、相互协调、联动发展和整体协同的格局。

1. 启动实施"珠峰攀登"行动计划

编制重点领域产业链全景图，引进落地一批、推进实施一批、投产达效一批重大制造业项目，集中力量"强链""补链""延链"。围绕"六大优势产业"，聚焦产业链规模、优势企业、优势产品等方面，重点推动集成电路、新型显示、存储、航空装备、清洁能源装备、晶硅光伏、钒钛、动力电池、生物医药、优质白酒等产业链，积极向重点产业链中与现有主营业务关联度较高环节延伸布局。围绕智能终端、晶硅光伏、新能源与智能汽车、清洁能源装备、优质白酒、集成电路、新型显示、钒钛、精细磷化工等世界级产业培育目标，精准招引和谋划推进一批投资规模大、技术水平高、经济效益好、带动作用强的"建链""补链""延链""强链"项目，塑造一批具有全球影响力和市场话语权的"地标"产业。

2. 实施产业基础再造工程

围绕核心基础零部件（元器件）、关键基础材料、先进基础工艺、产业技术基础、工业基础软件和工业大数据等领域，编制产业基础再造行动方案，发布重点领域补短板产品和技术攻关目录，采取"揭榜挂帅""赛马"等方式开展"卡脖子"关键核心技术研究攻关，集中力量攻克关系国计民生、产业安全的基础短板，开展关键核心技术攻坚。加强制造业质量标准工作，聚焦质量问题、多发环节开展质量技术攻关，提高产品可靠性、稳定性和一致性。开展制造业标准化提升工程，实施"标准化+先进制造"，面向新领域、新技术、新产品检测需求，加快高端制造急需的认

证认可技术研发，推动先进技术与标准互动支撑，创建新的"质量标准高线"。

3. 推动先进制造业与现代服务业深度融合

建设先进制造业与现代服务业融合发展的技术服务平台，为产业融合提供研发设计、协同技术创新等公共技术服务，推动产业融合相关技术创新。建设先进制造业相关上下游企业和现代服务业企业的产业联盟，推动数据信息共享和网络协同制造，提供各类配套服务，为产业融合提供信息数据支持、应用支持和标准支持。建设先进制造业与现代服务业融合发展的综合服务平台，为产业融合发展提供金融、法律、会计、咨询等综合服务，整合各类资源、提高服务水平、创新服务手段，降低企业融合发展成本。建设以先进制造业企业为中心的网络化协同制造服务体系，鼓励先进制造业企业提升信息化水平，推动制造业企业与软件信息企业、互联网企业跨界融合。创新服务模式，构建"产品+服务""制造+服务"模式，鼓励工业企业开展研发设计、集成和全周期管理等服务，培育打造一批具有竞争力的生产性服务企业、平台，培育新的增长点。鼓励文化旅游、电子商务等服务企业以委托制造、品牌授权等方式向制造环节拓展。

（五）提升清洁能源供给保障能力

围绕打造世界级优质清洁能源基地的目标，大力发展水电、天然气（页岩气）等清洁能源，提高清洁能源的供给能力，为新型工业化奠定能源保障。

1. 科学有序开发水电

加快推进电源建设，解决电源总量不足和结构性问题。重点发展国家九大清洁能源基地中位于四川省的金沙江上游清洁能源基地与涉及四川省的雅砻江流域清洁能源基地，扎实推进风电基地、光伏发电基地、水风光一体化基地建设。加快推进"三江"水风光储、抽水蓄能电源基地建设，凉山州风电基地和"三州一市"光伏基地建设。提升川内电网供电能力，解决"有电送不出、外电进不来"问题。发挥好川渝特高压交流输电工程的枢纽作用，加快建设阿坝—成都东 1 000 千伏特高压工程，加快攀西电网改造，推动四川电网提档升级。同时，规划建设西北、西藏电力通道，提升外电入川能力。

2. 规模化开发天然气

统筹推进常规气与非常规气开发，加快建设国家天然气（页岩气）千亿立方米级产能基地。发挥长宁—威远国家级页岩气开发示范区引领作用，推进川中、川东北等重点气田建设，推动川南页岩气滚动开发。支持革命老区天然气勘探开发利用。集约化、规模化布局储气设施，加强天然气应急储备能力建设。以产、供、销产业链一体化协同为核心，以产业价值最大化、资源配置最优化、产业协调可持续为目标，加强勘探、开发、输送、储存、销售、利用等主要环节的多要素组合与优化，推动上游气源、中游储运和下游市场的协同，发挥天然气产、供、储、销各个环节最大潜力。

3. 有序开发多类型清洁能源

瞄准清洁能源开发利用新领域，前瞻布局发展新型可再生能源，着力技术创新、降低成本、扩大应用，构建多能并举、协同发力的能源供给体系。积极发展氢能产业，统筹推进氢能安全生产和"制储输用"全链条发展，开展氢能运营试点示范，丰富应用场景，建设全国重要的氢能产业基地，支持有条件的市州建设"绿氢之都"、氢能产业示范城市。合理利用林草、秸秆、垃圾等开发生物质能，有序发展生物质发电。推进地热资源勘探开发，因地制宜开展地热资源综合利用示范。

4. 完善清洁能源输配体系

构建新型电力系统，提高电网对高比例新能源的消纳和调控能力。支持建设坚强智能电网，加快四川电网主网架提档升级，形成相对独立、互联互济的"立体双环网"主网结构。完善电力输送通道，推进川渝特高压交流电网等工程建设。优化天然气管网，增强主干管网互联互通和输配气能力，推进末端区域供气管网建设。支持建设微电网、智能电网，发展"5G+数字电网""5G+智能燃气管网"，促进清洁能源科学调配和智能化运用。

（六）提高工业领域清洁能源使用比例

1. 提高工业领域电力消费比例

根据《四川省能源领域碳达峰实施方案》要求，电能占终端用能比重2025年达到30%，2030年达到35%。2021年，四川省工业领域电力消耗仅占24%。四川省拥有水电优势，水电装机规模近1亿千瓦，全国每

100 度水电就有 28 度出自四川省。深入推进清洁能源替代工程，积极推进电能替代，支持企业电气化改造，降低煤炭消费占比。用好用足丰水期富余电量，鼓励工业企业在丰水期加大生产密度。积极争取提高电力地方留成比例和价格优惠。

2. 提高工业领域天然气用量和消费比例

根据《四川省能源领域碳达峰实施方案》要求，电能占终端用能比重 2025 年达到 19%，2030 年达到 20%。积极争取提高天然气（页岩气）的地方留存比例和价格优惠，特别是新开采部分的地方留存。促进天然气资源综合利用，推进天然气发电替代燃煤发电，支持天然气主产地利用优势，高质量发展绿色精细化工、有色金属、矿石冶炼、能源化工等高载能产业。推动产业园区集中供气，确保园区供气的稳定性。

第七章 空间路径：促进产业集聚与工业合理布局

一、产业集聚、工业经济发展与绿色低碳发展

产业集聚是基于企业之间的竞争与合作，在某一区域形成地理位置上相互靠近的现象。产业集聚涉及区域经济学、社会学、管理学、经济地理学等众多学科，经济地理学多将其界定为"产业区""产业集群"，区域经济学多表达为"产业集聚"，管理学领域往往表述为"产业群""产业簇群"。总体来看，产业集聚是一个相对动态的概念，指某一产业内包括同一产业链环节和产业链上下游的众多企业的空间地理位置趋于集中的过程。产业集聚的主要特征表现为地理上相对集中、产业上相互联系，产业集聚不仅显著影响集聚区内的产业变化，而且会通过技术溢出或虹吸效应对集聚区周边的经济发展产生影响。

（一）产业集聚与工业经济发展的关系

1. 产业集聚与经济增长

新经济地理学认为，地理位置上的接近对于企业与企业及其他机构通过垂直或者水平联系获得溢出收益是极为重要的。产业集聚可以减少雷同的研发活动、提高纵向一体化程度、发挥规模经济，从而有利于提高企业生产率，促进经济增长。何伟军等（2023）研究发现，工业集聚对县域及

周边的产业绿色高质量发展都呈现显著正向的空间溢出效应①。张鹏飞和刘新智（2023）的结果显示，城市产业集聚引起的大量非技术劳动力集中改变了要素投入结构，显著地促进了城市经济发展②。赵艳平等（2018）发现，工业集聚水平以区位熵 1.41 为阈值对经济增长产生正负不同的影响③。

也有观点认为，产业集聚与经济增长是一个相生相伴的过程，产业集聚在带来正外部性的同时，也可能产生拥塞效应。威廉姆森假说认为，空间集聚在经济发展初期能显著促进效率提升，但达到某一门槛值后，空间集聚对经济增长的影响变小甚至产生负效应。徐盈之等（2011）④的研究表明，工业集聚与区域经济增长存在非线性的倒"U"形关系。而也有研究发现，工业集聚与区域经济高质量发展呈"U"形关系⑤。

工业集群与经济增长和生产效率之间的关系在不同地区、不同行业、不同发展阶段呈现较大差异。吴柏莹（2022）研究发现，制造业集聚有利于本地经济高质量发展，同时对周边地区也有正向溢出效应；而生产性服务业集聚对经济的正向作用尚不明显，但与制造业配合形成的协同集聚对经济发展质量有显著的正向影响；产业集聚对人口规模大的区域的经济高质量发展推动作用相对明显⑥。王岩（2017）发现，在城市规模较小时，产业协同集聚能够促进经济增长，生产性服务业内部的多样化集聚会抑制经济增长；当城市规模较大时，产业协同集聚会抑制经济增长，生产性服务业内部的多样化集聚会促进经济增长⑦。张卉等（2007）关于中国产业集聚对劳动生产率和经济增长的内在关系的实证检验显示，产业集聚对东部地区劳动生产率的影响以产业内集聚为主，而对西部地区劳动生产率的

① 何伟军，李宜展，安敏.工业集聚对县域产业绿色高质量发展的空间溢出效应研究：来自长江三峡生态经济走廊的证据 [J/OL].生态经济，https://link.cnki.net/urlid/53.1193.F.20231102.1458.004.2023-11-2.

② 张鹏飞，刘新智.城市产业集聚与经济发展：一个 DSGE 分析框架 [J].统计与决策，2023，39（1）：109-114.

③ 赵艳平，王鹏玉，谢元涛.基于 PSTR 模型的地区工业集聚与经济增长非线性效应检验 [J].工业技术经济，2018，37（7）：86-92.

④ 徐盈之，彭欢欢，刘修岩.威廉姆森假说：空间集聚与区域经济增长：基于中国省域数据门槛回归的实证研究 [J].经济理论与经济管理，2011（4）：95-102.

⑤ 赖一鸣.工业集聚对区域经济高质量发展的影响研究：基于金融支持和经济政策不确定性的调节效 [D].赣州：江西理工大学，2022.

⑥ 吴柏莹.产业集聚对经济高质量发展的影响研究 [D].长春：吉林大学，2022.

⑦ 王岩.产业集聚对区域经济增长的影响研究 [D].北京：首都经济贸易大学，2017.

影响则主要体现在产业间集聚，但是产业内集聚和产业间集聚对中部地区劳动生产率的影响均显著为正[①]。田超和王磊（2015）对长江中游城市群的研究结果显示，资源密集型产业的集聚与经济增长存在倒"U"形关系，而劳动密集型、资本密集型和技术密集型产业的集聚与经济增长存在"U"形关系[②]。

根据集群行业的结构不同，产业集聚包括专业化集聚和多样化集聚。专业化集聚指同一产业在特定地区集中分布，多样化集聚指具有技术关联的产业在特定地区集中分布。多样化集聚又可以分为相关多样性集聚和无关多样性集聚。孙慧和邓又一（2022）发现，工业产业专业化集聚对经济高质量发展的影响是非线性的，当专业化集聚水平小于门槛值时，对经济高质量发展产生抑制作用；当专业化集聚水平超过一定值时，由于先进的技术、技术的溢出以及人才的富裕从而促进了经济高质量发展；工业产业相关多样性对经济高质量发展的影响呈现出显性且积极的作用[③]。

2. 产业集聚与经济韧性

产业集聚通过产业竞争、资源配置和创新间接对经济韧性产生影响。研究发现，产业集聚对城市经济韧性的影响为正显著关系[④]，城市经济韧性随着产业集聚水平的提高而持续增强[⑤]。然而，产业集聚也可能造成恶性竞争、资源错配，从而降低了经济韧性。有研究显示，产业集聚与经济

---

① 张卉，詹宇波，周凯. 集聚、多样性和地区经济增长：来自中国制造业的实证研究 [J]. 世界经济文汇，2007（3）：16-29.

② 田超，王磊. 长江中游城市群产业集聚与经济增长的实证研究：基于动态面板 GMM 估计的分析 [J]. 区域经济评论，2015（3）：135-141.

③ 孙慧，邓又一. 工业产业集聚对经济高质量发展的影响：以环境规制为调节变量的研究 [J]. 生态经济，2022，38（3）：62-69.

④ 陈奕玮，吴维库. 产业集聚、技术溢出与城市经济韧性 [J]. 统计与决策，2020，36（23）：90-93.

⑤ 张振，李志刚，胡璇. 城市群产业集聚、空间溢出与区域经济韧性 [J]. 华东经济管理，2021，35（8）：59-68.

韧性存在 "U" 形关系①②③，也有研究显示存在倒 "U" 形关系④。

产业集聚对经济韧性的影响还存在区域异质性和行业关联性。王珍珠和袁平红（2023）发现，产业集聚对经济韧性的促进作用在超大型城市最大、在中小型城市最小⑤。陈奕玮（2021）发现，产业相关多样化与城市经济韧性呈现出 "U" 形关系，产业无关多样化与城市经济韧性呈倒 "U" 形关系⑥。胡志强等（2021）对黄河流域工业韧性的研究结果表明，单一产业的集聚会增大区域工业受到外部冲击的风险，多样且关联的产业结构更有利于提高区域工业应对不利扰动的抵抗力，也有利于区域从危机影响中实现更快的恢复产业集聚对经济韧性的影响⑦。邓又一和孙慧（2022）的结果显示，当前我国工业产业专业化集聚水平不利于经济韧性提高，而产业相关多样性水平能够提高经济韧性；工业产业专业化集聚只影响东部和西部地区经济韧性，而相关多样性会对所有区域产生影响，但对西部地区的影响有别于对东中部地区的影响⑧。

3. 产业集聚与技术创新

产业集聚能够通过成本节约、资源集聚、知识溢出等渠道为企业创新提供必要供给，进而促进技术创新。技术创新又会催生新的产业和产业链，反过来促进经济增长。杨坤等（2020）基于对长江经济带省市面板数据分析发现，工业及其细分的高技术产业集聚对区域创新绩效有显著正向影响⑨。陶爱萍和李青钊（2016）实证检验了产业集聚与知识溢出之间的

① 谭前进，聂鸿鹏，于涛. 高新技术产业集聚对经济韧性的影响及空间溢出效应分析 [J]. 管理现代化，2023（2）：119-128.

② 王珍珠，袁平红. 产业集聚、技术创新对区域经济韧性的影响 [J]. 大连海事大学学报（社会科学版），2023，22（5）：36-48.

③ 邓又一，孙慧. 工业产业集聚对经济韧性的影响及其作用机制 [J]. 软科学，2022，36（3）：48-54.

④ 徐文炯. 长江流域经济带制造业产业集聚对城市经济韧性的影响研究 [D]. 兰州：兰州财经大学，2023.

⑤ 王珍珠，袁平红. 产业集聚、技术创新对区域经济韧性的影响 [J]. 大连海事大学学报（社会科学版），2023，22（5）：36-48.

⑥ 陈奕玮. 产业集聚与城市经济韧性 [D]. 南京：东南大学，2021.

⑦ 胡志强，苗长虹，熊雪蕾，等. 产业集聚对黄河流域工业韧性的影响研究 [J]. 地理科学，2021，41（5）：824-831.

⑧ 邓又一，孙慧. 工业产业集聚对经济韧性的影响及其作用机制 [J]. 软科学，2022，36（3）：48-54.

⑨ 杨坤，朱四伟，胡斌. 空间关联视阈下产业集聚对区域创新绩效的影响：基于不同细分产业的实证研究 [J]. 2020（3）：93-100.

互动关系，发现知识溢出、共享劳动力市场以及中间投入产品对产业集聚有着显著的促进作用，产业集聚同样促进知识溢出[①]。彭向和蒋传海（2011）认为，不论是同一产业内的企业集聚，还是不同产业间的企业邻近，都有助于提高当地创新产出，其中尤以互补关联性强的产业集聚最为有力[②]。

一些学者发现产业集聚与技术创新不是简单的线性关系，而且受其他因素共同作用。赵静（2015）发现，产业集聚程度与产业创新绩效的倒"U"形关系，市场化进程对两者关系具有显著正向调节作用，政府干预对两者关系具有显著负向调节作用[③]。衣保中和郭思齐（2020）也发现，我国工业产业集聚与技术创新整体上呈倒"U"形关系，在环境规制较弱的阶段和行业，产业集聚对技术创新的正影响最强；在环境规制适中的阶段和行业，产业集聚对技术创新的正影响减弱；在环境规制最强的阶段和行业，产业集聚对技术创新的正影响最弱[④]。徐丹和于渤（2023）基于对长三角城市群高技术产业的研究发现，高技术产业集聚的直接创新空间溢出效应呈现倒"U"形特征；长三角城市群各城市高技术产业集聚通过对邻近城市产业结构优化产生倒"U"形非线性空间溢出效应[⑤]。

产业多元化集聚和专业化集聚对技术创新的影响也存在差异。产业多元化集聚对区域创新的影响表现在提供互补资源、范围经济、完整产业链和降低路径依赖。产业专业化集聚对区域创新的促进作用，主要表现在规模效应、知识传播、降低信息不对称、垄断市场竞争激励和知识溢出等方面。洪群联和辜胜阻（2016）对中国高技术产业的研究发现，专业化集聚抑制了高技术产业区域创新活动，多样化集聚促进了高技术产业区域创新

① 陶爱萍，李青钊. 产业集聚与知识溢出的交互作用：基于联立方程的实证检验 [J]. 华东经济管理，2016，30（3）：77-82.

② 彭向，蒋传海. 产业集聚、知识溢出与地区创新：基于中国工业行业的实证检验 [J]. 经济学（季刊），2011，10（3）：913-934.

③ 赵静. 产业集聚对制造业创新绩效的影响研究：基于政府干预和市场化进程视角 [J]. 科技与管理，2015，23（3）：26-33.

④ 衣保中，郭思齐. 产业集聚对中国工业行业技术创新的影响研究：基于不同环境规制行业的比较 [J]. 内蒙古社会科学，2020，41（6）：109-118.

⑤ 徐丹，于渤. 空间溢出视角下长三角城市群高技术产业集聚与城市创新：产业结构优化升级的中介效应与时空异质性分析 [J]. 研究与发展管理，2023，35（2）：15-29.

活动①。柳卸林和杨博旭（2020）研究发现，产业多样化集聚和专业化集聚均会对区域创新绩效具有显著地正向影响；周边区域专业化集聚对区域创新具有显著地促进作用，周边区域多样化集聚对本地区域创新具有显著地负向影响②。谢露露和王昕祎（2023）发现，在其他条件既定的情况下，多样化集聚对于制造业企业创新具有显著的促进作用，但是这一集聚效应依赖于企业所在行业与其他行业之间的垂直产业关联度和产业技术相似度③。Wang 等（2016）对中国 30 个省份 2001—2011 年间的数据研究发现，多元化集聚对区域创新能力具有显著促进作用④。

还有研究表明，技术创新还在产业集聚与经济增长、经济韧性之间起中介作用。王燕等（2023）发现，科技创新在高新技术产业集聚与区域经济增长之间起中间传导作用⑤。王珍珠和袁平红（2023）的结果显示，技术创新在产业集聚与区域经济韧性的关系中起到中介作用⑥。

（二）产业集聚与绿色低碳发展的关系

产业集聚和环境效率之间并非简单的促进或抑制作用，而是规模效应、技术效应和结构效应等因素共同作用的结果。有学者认为工业集聚所产生的"拥挤效应"会导致工业污染排放水平的上升，也有学者认为产业集聚有利于工业污染减排。高集聚度并不一定对应高污染强度，低集聚也不意味着低污染强度。产业集聚对绿色发展效率的正外部性影响主要体现在治污规模效应、产业竞争效应、学习示范效应、技术外溢效应和投入产出合作等方面；产业集聚对绿色发展效率的负外部性主要体现在集聚导致的产能规模扩张、企业间的恶性竞争和拥挤效应等方面。当正外部性大于

① 洪群联，辜胜阻.产业集聚结构特征及其对区域创新绩效的影响：基于中国高技术产业数据的实证研究［J］.社会科学战线，2016（1）：51-57.

② 柳卸林，杨博旭.多元化还是专业化？产业集聚对区域创新绩效的影响机制研究［J］.中国软科学，2020（9）：141-161.

③ 谢露露，王昕祎.空间集聚、产业多样化和企业创新：来自制造业上市公司的经验研究［J］.上海经济，2023（5）：14-32.

④ WANG Y, PAN X, LI J, et al. Does technological diversification matter for regional innovation capability? Evidence from China［J］. Technology Analysis & Strategic Management，2016，28（3）：323-334.

⑤ 王燕，高静，刘邦凡.高新技术产业集聚、科技创新与经济增长［J］.华东经济管理，2023，27（4）：56-64.

⑥ 王珍珠，袁平红.产业集聚、技术创新对区域经济韧性的影响［J］.大连海事大学学报（社会科学版），2023，22（5）：36-48.

负外部性时，产业集聚对绿色发展表现出促进作用，当正外部性小于负外部性时，产业集聚对绿色发展表现出抑制作用。

1. 工业集聚与绿色低碳发展之间的关系

在不同发展阶段，产业集聚与绿色发展之间呈现出"U"形或倒"U"形、"N"形或倒"N"形等多种非线性关系。"U"形关系是指产业集聚处于初期，显著提升绿色发展水平；而在集聚处于中期时，负外部性也逐渐凸显，产生负向抑制作用，对绿色发展效率造成负面影响；在后期高级阶段，其所带来的负面影响逐渐得到平衡。沈能（2014）分析了工业集聚对绿色发展的影响，认为工业集聚和环境效率之间呈"U"形曲线关系[①]。岳书敬等（2015）发现，产业集聚对城市绿色发展的影响效应经历了一个"先抑后扬"的"U"形关系，不同的产业集聚程度对城市绿色发展影响程度不同[②]；林伯强和谭瑞鹏（2019）研究发现，产业集聚程度越高，产业集聚对绿色经济效率有明显的正向影响；产业集聚程度超过临界值时，对绿色经济效率有负向影响[③]。Yuan 等（2020）基于中国 287 个城市2003—2016 年的数据，实证检验了制造业集聚过程对提升绿色发展效率的机制，结果表明，制造业集聚过程与绿色发展效率之间呈现出显著的"U"形非线性关系[④]。张佳音（2023）在研究中部地区第二产业集聚与绿色发展效率时，发现二者之间也呈"U"形关系[⑤]。王军等（2023）对黄河流域 71 个城市的实证研究显示，工业集聚与本地绿色能源效率存在显著的倒"U"形曲线关系，与周边城市存在"U"形曲线关系[⑥]。在环境规制约束下，工业集聚对能源生态效率的影响存在单门槛效应，当环境规制强度大于 1.034 时，工业集聚才会显著促进能源生态效率提升。

---

① 沈能. 工业集聚能改善环境效率吗：基于中国城市数据的空间非线性检验 [J]. 管理工程学报，2014，28（3）：57-63.

② 岳书敬，邹玉琳，胡姚雨. 产业集聚对中国城市绿色发展效率的影响 [J]. 城市问题，2015（10）：49-54.

③ 林伯强，谭睿鹏. 中国经济集聚与绿色经济效率 [J]. 经济研究，2019，54（2）：119-132.

④ HUAXI Y，YIDAI F，CHIEN-C L，et al. How does manufacturing agglomeration affect green economic efficiency? [J]. Energy Economics，2020，92.

⑤ 张佳音. 中部地区第二产业集聚对绿色发展效率的影响研究：基于中部六省 80 个地级市的分析 [D]. 长春：吉林大学，2023.

⑥ 王军，李宏伟，苏展波. 工业集聚与绿色能源效率提升：基于黄河流域的实证分析 [J]. 工业技术经济，2023（4）：117-123.

然而，原毅军和谢荣辉（2015）的研究结果有所不同，发现产业集聚与环境污染间存在倒"U"形关系[1]。陈阳等（2018）的结果同样表明，制造业集聚对城市绿色要素生产率的影响效应呈现"先扬后抑"的倒"U"形趋势[2]。吴传清等（2018）对我国制造业的研究发现，制造业集聚水平与环境效率呈显著"N"形关系[3]。梁晴（2022）对京津冀城市群的研究发现，工业集聚水平与其工业污染排放总量还是污染排放强度呈现"N"形的非线性关系[4]。江洪等（2022）发现，伴随着政府发展性支出的不断增加，产业集聚对能源效率的影响呈倒"N"形作用路径[5]。钱敏（2022）研究发现，在全国层面，工业集聚对于工业废水脱钩具有"促进—抑制—促进"的倒"N"形影响，对周边地区的工业废水强度具有显著的空间溢出效应，二者呈现显著"N"形曲线关系[6]。

此外，一些学者还发现产业集聚与环境治理之间存在门槛效应。何好俊和祝树金（2023）认为产业集聚与环境治理绩效之间存在单门槛效应，当跨越科技创新水平门槛后，产业集聚正向影响环境治理绩效[7]。何寿奎和廖荣艳（2023）研究碳基成渝地区产业集聚对环境效率的影响时，同样发现单门槛效应，不同之处是在技术创新的驱动下，产业集聚对环境效率的抑制作用减小[8]。

2. 产业集聚结构对绿色发展的影响

以上结果差异产生的原因是研究区域聚集的产业结构、产业之间的关联度以及当地人力资源、科技创新水平等因素不尽相同。本节主要讨论产

① 原毅军，谢荣辉.产业集聚、技术创新与环境污染的内在联系 [J].科学学研究，2015，33（9）：1340-1347.

② 陈阳，唐晓华.制造业集聚对城市绿色全要素生产率的溢出效应研究：基于城市等级视角 [J].财贸研究，2018，29（1）：1-15.

③ 吴传清，邓明亮，陈文艳.中国制造业集聚对环境效率的影响研究 [J].西部论坛，2018，28（6）：73-83.

④ 梁晴.京津冀城市群工业集聚对污染排放的影响研究 [D].成都：四川大学，2022.

⑤ 江洪，李金萍，李秋雁.政府发展性支出、产业集聚与绿色能源效率 [J].技术经济，2022，41（1）：53-65.

⑥ 钱敏.工业集聚能否促进工业废水脱钩：来自中国 276 个地级市的证据 [J].工程管理科技前沿，2022，41（4）：69-75.

⑦ 何好俊，祝树金.制造业集聚是否有利于提升环境治理绩效 [J].中国科技论坛，2016（10）：59-64.

⑧ 何寿奎，廖荣艳.成渝地区双城经济圈产业集聚对环境效率的影响及空间差异研究 [J].生态经济，2023，39（11）：87-93.

业集聚结构对绿色发展的影响。

专业化集聚对绿色发展的正效应主要表现在技术创新和资源要素共享两方面。专业化集聚促进企业之间相互竞争，从而进行科技创新提升技术能力，有利于降低企业科技创新成本和绿色生产，有利于对外进行技术输出和扩散。专业化集聚还有利于企业共享资本、劳动、人力资源等生产要素和公共设施，便于污染物集中处理。专业化集聚的负效应主要是相同产业在空间上的集中会使产业规模急剧扩张，导致污染物排放量增加，增加污染强度水平。无关多样性集聚对绿色发展的正效应主要是互补溢出效应，企业之间跨产业集聚有利于企业之间进行知识和技术的互补，有助于企业开展突破性创新；而负效应主要是技术溢出效应小和产生不同的污染物不利于规模处理。与无相关多样性集聚相比，相关多样性集聚更有利于降低工业污染排放强度，因为产业的内在关联是能够发挥污染减排作用。产业链延伸和升级有助于形成产业内部及产业间的低碳循环经济，实现资源的集中消耗以及污染物的集中治理；还有利于减少企业对中间投入品的搜寻成本和产品的生产成本和运输成本，企业之间共商生产工艺和解决方案。相关多样性集聚同样有利于促进产业链技术创新，产业链某一环节的技术创新有利于促进上下游关联产业技术创新或升级，并通过技术溢出的连锁反应进一步扩散而实现持续创新。相关多样性集聚的负效应主要表现在虹吸效应，大企业吸引周边配套的中小企业，造成人才、资金、研究机构等向集聚区靠拢。

胡志强（2018）研究发现，不同的集聚结构与污染排放有着不同的空间关联特征，地理集聚、地理邻近度、多样性、相关多样性、非相关多样性与工业污染为负相关关系；专业化与工业污染强度为正相关[①]。魏丽莉等（2021）同样发现，发现产业专业化集聚会促进区域绿色发展，而产业多样化集聚则会抑制区域绿色发展[②]。Pei 等（2021）基于长三角城市群2006—2016 年地级市数据实证发现，专业化集聚与环境污染水平之间呈现

① 胡志强. 工业集聚结构与污染排放强度：以中国地市尺度工业 SO_2 排放为例［D］. 开封：河南大学，2018.

② 魏丽莉，侯宇琦. 专业化、多样化产业集聚对区域绿色发展的影响效应研究［J］. 管理评论，2021，33（10）：22-33.

出一种"U 型"的非线性关系，表明适度的专业化集聚有益于环境保护①。

对不同行业来说，产业集群对绿色发展的影响也有较大差异。屈小娥等（2018）发现，多数行业的产业集聚显著地推动了绿色全要素生产率的提升，但部分行业的影响效应并不显著甚至呈现出负相关关系，其还发现企业平均规模越小的行业越容易从产业集聚中获取正向效应②。

二、四川工业集聚现状

衡量产业集聚的指标较多，比较主流的有区位熵、空间基尼系数、产业方差系数、DO 指数、赫芬达尔指数、HHI 指数、EG 指数等。本节采用区位熵指标研究四川省工业集聚水平，首先计算四川省工业各细分行业在全国的区位熵，其次将工业作为整体计算四川省工业区位熵，并与九个经济大省进行对比。

区位熵计算公式为

$$LQ_{ij} = \frac{q_{ij}/q_i}{Q_j/Q} \tag{7.1}$$

LQ_{ij} 表示 i 地区 j 产业的区位熵，LQ_{ij} 的值越大，表明产业的集聚度越高。q_{ij} 为地区 j 产业的相关指标（产值、产量、增加值、就业人数、营业收入等），q_i 为 i 地区所有产业的相关指标之和；Q_j 为全省 j 产业的相关指标，Q 为全省所有产业相关指标之和。基于数据的可得性和可对比性，选取规上工业的营业收入作为计算指标。

（一）省域工业集聚度比较

本书选取工业增加值和地区生产总值作为指标，计算十个经济大省相对全国的区位熵，结果见表 7-1。从时间发展看，2012—2022 年，江苏、浙江、安徽、福建、广东 5 个省份的区位熵指数变化不大，表明这些省份

---

① Pei Y, Zhu Y, Liu S, et al. Industrial agglomeration and environmental pollution：based on the specialized and diversified agglomeration in the Yangtze River Delta [J]. Environment, Development and Sustainability, 2021, 23（3）：4061-4085.

② 屈小娥，胡琰欣，赵昱钧. 产业集聚对制造业绿色全要素生产率的影响：基于长短期行业异质性视角的经验分析 [J]. 北京理工大学学报（社会科学版），2019, 21（1）：27-36.

的工业集聚度与全国平均水平基本保持相同。而安徽、山东、湖北、湖南、四川 5 个省份的区位熵指数呈下降趋势，表明这些省份的工业集中度呈下降趋势。

从区位熵大于 1 的年份数量看，2012—2022 年，江苏、浙江、福建、广东等 4 个省份所有年份的工业区位熵指数都大于 1，表明这些省份在这期间，工业集聚程度均高于全国平均水平；山东、河南、湖北等 3 个省份的绝大部分年份的工业区位熵指数大于 1；安徽和湖南的工业区位熵指数均是在 2012—2016 年大于 1，在 2017—2022 年小于 1；四川省自 2016 年开始工业区位熵指数均小于 1，是十个经济大省中工业区位熵大于 1 最少的省份。

表 7-1　2012—2022 年 GDP 前十省份的工业区位熵指数

省份	2012	2013	2014	2015	2016	2017	2018	2019	2020	2021	2022
江苏	1.15	1.15	1.16	1.19	1.19	1.19	1.18	1.19	1.20	1.20	1.19
浙江	1.11	1.13	1.17	1.20	1.20	1.16	1.14	1.14	1.13	1.12	1.12
安徽	1.02	1.04	1.05	1.03	1.03	0.99	0.96	0.96	0.96	0.92	0.92
福建	1.11	1.14	1.18	1.20	1.20	1.15	1.17	1.17	1.16	1.13	1.11
山东	1.11	1.10	1.10	1.12	1.12	1.08	1.04	1.02	1.02	1.00	0.99
河南	1.15	1.13	1.14	1.17	1.17	1.13	1.06	1.06	1.02	0.96	0.96
湖北	1.12	1.07	1.09	1.13	1.14	1.09	1.09	1.09	0.99	0.98	0.98
湖南	1.02	1.04	1.05	1.07	1.04	0.96	0.91	0.95	0.97	0.94	0.93
广东	1.15	1.16	1.19	1.23	1.21	1.17	1.15	1.15	1.15	1.12	1.11
四川	1.01	1.04	1.02	1.04	0.99	0.91	0.88	0.90	0.90	0.88	0.87

图 7-1 给出了 2012—2022 年 GDP 前十省份的平均区位熵指数。我们可以看出，江苏、浙江、福建、广东 4 个省份的工业区位熵指数平均值大于 1.1，属于第一梯队；山东、河南、湖北 3 个省份的工业区位熵指数平均值在 1~1.1，属于第二梯队；安徽、湖南、四川 3 个的区位熵指数平均值 0.9~1，略低于全国平均水平，属于第三梯队。2012—2022 年，四川省工业区位熵指数在 GDP 前十省份中最低，且呈逐年下降趋势，反映了工业经济整体增长速度较慢。

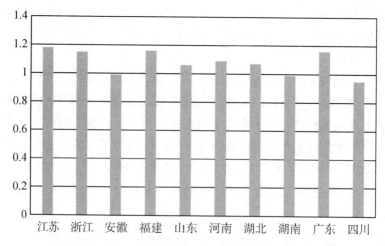

图 7-1　2012—2022 年 GDP 前十省份工业区位熵指数的平均值

2022 年，工信部公布了 45 个国家先进制造业集群，四川省仅有 3 个入选，分别为成都市软件和信息服务集群、成（都）德（阳）高端能源装备集群、成渝地区电子信息先进制造集群。低于同期江苏（10 个）、广东（7 个）、浙江（4 个）、湖南（4 个）的集群数量。

（二）工业细分行业集聚度

为清楚掌握四川省工业集聚的变化情况，本书考察了 2012 年、2017 年和 2021 年三个年份各细分行业的集聚度。基于数据的可得性，本书选取各行业的营业收入作为计算数据，数据来源于《中国工业统计年鉴》。表 7-2 给出了 2012 年、2017 年和 2021 年四川省工业细分行业的区位熵指数，我们可以看出：

2012 年，煤炭开采和洗选业（1.08）、石油和天然气开采业（1.17）、黑色金属矿采选业（1.50）、有色金属矿采选业（1.56）、非金属矿采选业（2.53）、开采专业及辅助性活动（6.45）、农副食品加工业（1.28）、食品制造业（1.22）、酒、饮料和精制茶制造业（4.68）、纺织服装、服饰业（1.14）、家具制造业（1.81）、印刷和记录媒介复制业（1.36）、医药制造业（1.45）、非金属矿物制品业（1.35）、通用设备制造业（1.18）、专用设备制造业（1.06）、计算机、通信和其他电子设备制造业（1.14）、金属制品、机械和设备修理业（1.84）、燃气生产和供应业（1.96）、水的生产和供应业（1.81）等 20 个行业的区位熵指数大于 1，表明四川省这些产业的集中度高于全国平均水平。其余21个行业的区位熵指数小于1，表现四川的这些产业集中度低于全国平均水平。区位熵指数最高的是开采专业及辅助性活动，达到6.45，表明四川的产业集中优势明显；其次是酒、饮料和精制茶制造业，区位熵指数为4.68；非金属矿采选业的区位熵指数达到2.53，居第三位。

2017年，四川省工业区位熵指数大于1的行业有20个，按大小顺序依次为：开采专业及辅助性活动（4.81），酒、饮料和精制茶制造业（4.63），黑色金属矿采选业（2.72），石油和天然气开采业（2.03），非金属矿采选业（1.87），家具制造业（1.82），水的生产和供应业（1.70），燃气生产和供应业（1.58），印刷和记录媒介复制业（1.48），非金属矿物制品业（1.41），医药制造业（1.36），食品制造业（1.33），铁路、船舶、航空航天和其他运输设备制造业（1.21），废弃资源综合利用业（1.21），铁路、船舶、航空航天和其他运输设备制造业（1.21），农副食品加工业（1.20），计算机、通信和其他电子设备制造业（1.18），通用设备制造业（1.16），金属制品业（1.06），有色金属矿采选业（1.04）。其余21个行业的区位熵指数小于1，表明行业集中程度低于全国平均水平。

2021年，四川省工业领域各行业区位熵指数大于1的行业下降到16个，依次为：酒、饮料和精制茶制造业（6.15），开采专业及辅助性活动（3.59），石油和天然气开采业（2.40），非金属矿采选业（2.36），非金属矿物制品业（1.74），水的生产和供应业（1.65），铁路、船舶、航空航天和其他运输设备制造业（1.55），食品制造业（1.40），黑色金属矿采选业（1.39），计算机、通信和其他电子设备制造业（1.37），有色金属矿采选业（1.36），家具制造业（1.34），印刷和记录媒介复制业（1.31），医药制造业（1.28），燃气生产和供应业（1.25），农副食品加工业（1.24）。其余25个行业的区位熵指数小于1，表明集中度低于全国平均水平。

表7-2　四川省工业细分行业区位熵指数变化

行业	2012年	2017年	2021年
煤炭开采和洗选业	1.08	0.70	0.32
石油和天然气开采业	1.17	2.03	2.40
黑色金属矿采选业	1.50	2.72	1.39
有色金属矿采选业	1.56	1.04	1.36

表7-2(续)

行业	2012 年	2017 年	2021 年
非金属矿采选业	2.53	1.87	2.36
开采专业及辅助性活动	6.45	4.81	3.59
其他采矿业	0.00	0.15	0.00
农副食品加工业	1.28	1.20	1.24
食品制造业	1.22	1.33	1.40
酒、饮料和精制茶制造业	4.68	4.63	6.15
烟草制品业	0.93	0.62	0.77
纺织业	0.69	0.63	0.61
纺织服装、服饰业	1.14	0.35	0.45
皮革、毛皮、羽毛及其制品和制鞋业	0.77	0.52	0.47
木材加工和木、竹、藤、棕、草制品业	0.81	0.79	0.75
家具制造业	1.81	1.82	1.34
造纸和纸制品业	0.99	0.89	0.98
印刷和记录媒介复制业	1.36	1.48	1.31
文教、工美、体育和娱乐用品	0.18	0.23	0.25
石油、煤炭及其他燃料加工业	0.37	0.61	0.47
化学原料和化学制品制造业	0.93	0.81	0.92
医药制造业	1.45	1.36	1.28
化学纤维制造业	0.80	0.89	0.94
橡胶和塑料制品业	0.82	0.90	0.81
非金属矿物制品业	1.35	1.41	1.74
黑色金属冶炼和压延加工业	0.94	0.88	0.75
有色金属冶炼和压延加工业	0.87	0.34	0.48
金属制品业	0.83	1.06	0.97
通用设备制造业	1.18	1.16	0.85
专用设备制造业	1.06	0.93	0.80
汽车制造业	0.77	0.93	0.68

表7-2(续)

行业	2012 年	2017 年	2021 年
铁路、船舶、航空航天和其他运输设备制造业	0.82	1.21	1.55
电气机械和器材制造业	0.50	0.56	0.60
计算机、通信和其他电子设备制造业	1.14	1.18	1.37
仪器仪表制造业	0.27	0.42	0.72
其他制造业	0.67	0.91	0.68
废弃资源综合利用业	0.46	1.21	0.54
金属制品、机械和设备修理业	1.84	0.66	0.99
电力、热力生产和供应业	0.98	0.94	0.83
燃气生产和供应业	1.96	1.58	1.25
水的生产和供应业	1.81	1.70	1.65

总的来看,四川省集聚度较高的工业细分行业有:酒、饮料和精制茶制造业,开采专业及辅助性活动,石油和天然气开采业,非金属矿采选业,非金属矿采选业。从时间轴看,2012—2021 年,四川省集聚度呈上升趋势的工业细分行业有:石油和天然气开采业,酒、饮料和精制茶制造业,食品制造业,非金属矿物制品业,铁路、船舶、航空航天和其他运输设备制造业、计算机、通信和其他电子设备制造业、仪器仪表制造业等行业;而煤炭开采和洗选业,开采专业及辅助性活动,纺织服装、服饰业,医药制造业,黑色金属冶炼和压延加工业,有色金属冶炼和压延加工业,通用设备制造业,专用设备制造业,电力、热力生产和供应业,燃气生产和供应业,水的生产和供应业等行业的集聚度呈下降趋势。

(三)各市州的工业集聚度

因各市州的工业产值、营业收入等数据没有连续公布,本节选取就业人数计算工业区位熵,结果见表 7-3。2009—2021 年,成都、自贡、攀枝花、德阳、绵阳、乐山、宜宾 7 个市的区位熵平均值超过 1,表明这些城市的工业集聚程度超过四川省平均水平。也就是说,四川省只有三分之一的市州的工业集聚度超过全省平均水平,而另外三分之二的市州的工业集聚度低于全省平均水平。区位熵指数最大的是攀枝花,达到 2.93,表明攀枝花是四川省工业集聚程度最高的市州;区位熵指数最低的是甘孜,仅为

0.15。按区位熵大小，四川省各市州的工业集聚度可以大致分为五个等级：第一类是攀枝花，区位熵大于 2；第二类区位熵在 1.4~2，有成都和德阳两个市；第三类区位熵在 1~1.4，有自贡、绵阳、乐山、宜宾等 4 个市；第四类区位熵在 0.5~1，有泸州、广元、遂宁、内江、南充、眉山、广安、达州、雅安、资阳 10 个市州；第五类区位熵小于 0.5，有巴中、凉山、阿坝、甘孜州等 4 个市州。

从时间上看，2009—2021 年，成都、自贡、攀枝花、内江、乐山、雅安、凉山 7 个市州的区位熵指数呈下降趋势，主要原因是这些市州以传统产业为主，随着生态环境保护力度的加大和生态文明建设的深入推进，传统产业发展受限，一些产业被迫关停或者向其他地区转移。泸州、德阳、广元、阿坝 4 个市州的区位熵指数呈上升趋势，表明这些市州的工业集聚速度较快。绵阳、宜宾、南充、达州、甘孜 5 个市州的区位熵指数基本保持不变，表明这些市州的工业集聚程度与全省平均速度基本一致。巴中和资阳的区位熵指数呈"先升后降"变化趋势。眉山的工业区位熵在 2009—2019 年间变化不大，2020 年和 2021 年快速上升。

表 7-3 2009—2021 年四川省各市州工业区位熵指数

市州	2009	2010	2011	2012	2013	2014	2015	2016	2017	2018	2019	2020	2021	平均值
成都	1.51	1.46	1.46	1.55	1.56	1.41	1.46	1.35	1.37	1.34	1.45	1.45	1.41	1.44
自贡	1.23	1.43	1.16	1.16	1.19	1.27	1.22	1.17	1.17	1.02	0.92	0.96	0.89	1.14
攀枝花	3.65	3.22	3.15	3.72	2.97	2.96	2.92	2.74	2.61	2.58	2.48	2.42	2.58	2.93
泸州	0.69	0.73	0.72	0.67	0.67	0.70	0.73	0.73	0.74	0.81	0.87	0.92	0.93	0.76
德阳	1.49	1.29	1.31	1.35	1.43	1.54	1.55	1.63	1.61	1.76	1.55	1.49	1.60	1.51
绵阳	1.17	1.11	1.09	1.03	1.00	1.07	1.07	1.06	1.13	1.13	1.13	1.14	1.11	1.10
广元	0.46	0.54	0.52	0.56	0.58	0.65	0.68	0.69	0.70	0.74	0.72	0.72	0.74	0.64
遂宁	0.93	0.63	0.78	0.69	0.72	0.82	0.84	0.87	0.93	0.96	0.92	0.94	0.95	0.84
内江	1.13	1.02	1.01	1.00	1.03	0.96	0.91	0.93	0.75	0.63	0.59	0.59	0.62	0.86
乐山	1.75	1.72	1.26	1.22	1.15	1.16	1.14	1.19	1.15	1.10	1.07	1.00	1.00	1.22
南充	0.87	0.73	0.63	0.66	0.69	0.76	0.83	0.87	0.90	0.90	0.94	0.89	0.88	0.81
眉山	0.95	0.92	0.95	0.86	0.91	0.94	0.99	0.99	0.93	0.90	0.92	0.98	1.13	0.95
宜宾	0.93	1.18	1.23	1.20	1.10	1.18	1.18	1.20	1.18	1.19	1.15	1.13	1.11	1.15
广安	0.68	0.79	0.91	0.76	0.72	0.76	0.77	0.79	0.79	0.78	0.78	0.85	0.80	0.78

表7-3（续）

市州	2009	2010	2011	2012	2013	2014	2015	2016	2017	2018	2019	2020	2021	平均值
达州	0.66	0.48	0.63	0.56	0.54	0.54	0.53	0.52	0.53	0.67	0.67	0.68	0.68	0.59
雅安	0.93	0.93	0.81	0.76	0.76	0.78	0.84	0.83	0.82	0.92	0.84	0.82	0.80	0.83
巴中	0.19	0.21	0.30	0.31	0.35	0.40	0.43	0.43	0.41	0.44	0.43	0.38	0.32	0.35
资阳	1.16	1.08	1.40	1.31	1.34	1.28	0.85	1.07	0.96	0.82	0.47	0.46	0.47	0.97
阿坝	0.34	0.31	0.31	0.33	0.35	0.39	0.43	0.46	0.44	0.45	0.41	0.42	0.44	0.39
甘孜	0.17	0.18	0.11	0.11	0.12	0.11	0.13	0.13	0.19	0.19	0.18	0.19	0.19	0.15
凉山	0.52	0.60	0.48	0.44	0.49	0.45	0.42	0.39	0.38	0.33	0.27	0.26	0.26	0.41

图7-2 呈现了2009年、2013年、2017年和2021年四川省各市州的工业区位熵指数，我们可以看出，成都平原经济区和攀枝花的工业区位熵指数较高，西部的甘孜、阿坝、凉山和北部的广元、巴中工业区位熵指数较低，东部的达州、广安、南充、遂宁和南部的内江、自贡、泸州、宜宾整体居中。资阳、乐山、内江、自贡的工业区位熵指数呈下降趋势；宜宾和眉山的工业区位熵指数呈上升趋势。

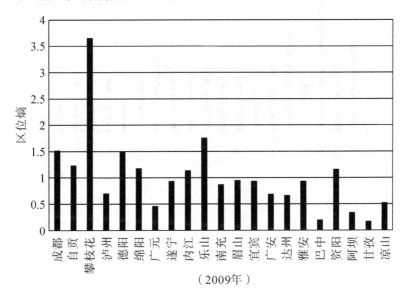

（2009年）

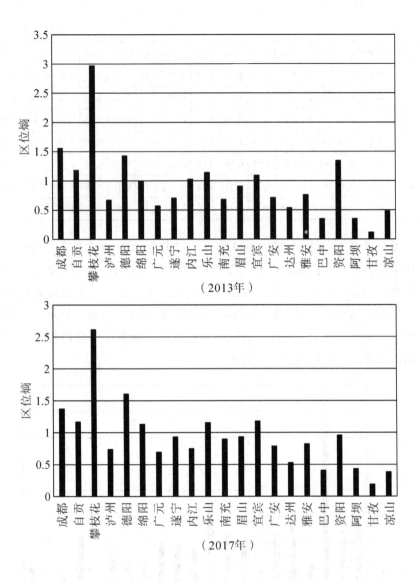

（2013年）

（2017年）

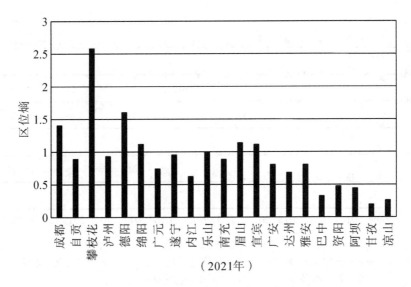

（2021年）

图7-2　四川省各市州区位熵指数分布图

　　四川省五大经济区中，成都平原经济区的区位熵最高，保持在1.2以上，是五大经济区中唯一保持区位熵大于1的经济区，表明成都平原经济区是四川省工业经济的主阵地。川西北生态经济区的区位熵最低，处于0.2~0.3，主要原因是川西北生态经济区的定位是以生态环境保护为主。2009—2021年，川南经济区的区位熵指数保持在0.9~1，呈略微下降趋势。攀西经济区的区位熵指数呈明显下降趋势，由2009年的1.13的下降到2021年的0.70，主要原因是攀西经济区中的攀枝花和凉山两市州的区位熵均下降趋势。川东北经济区的区位熵指数总体呈上升趋势，在0.6~0.75波动式上升，表明川东北经济区的工业增长速度略高于全省平均水平（详见图7-3）。

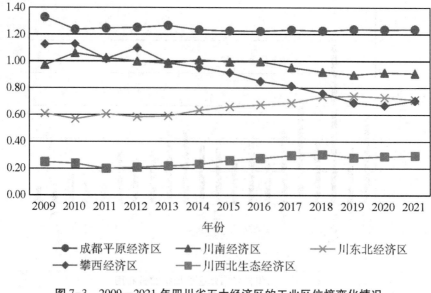

图 7-3　2009—2021 年四川省五大经济区的工业区位熵变化情况

三、四川工业空间布局现状

　　工业布局，又称工业配置或工业分布，是指地域范围内工业的分布与组织形式，是为了实现生产发展目标将工业生产要素与工业活动进行合理的空间配置的行为。工业布局包括宏观和微观两个层面，宏观层面是指不同行业、不同类型生产企业在空间上的整体布局，体现在某个工业部门的战略规划，区域工业的总体规划；微观层面是指具体的工业产业建设项目进行选址，并关注与其配套协作项目的分布及原料、能源的供给和产品的销售区域等。工业布局直接影响工业集聚，布局越疏松，集聚程度越低；布局越紧密，集聚程度越高。区位理论指出，判断产业布局是否合理时可依据高份额、低成本和集聚效应三个标准。工业布局要考虑当地的自然环境、交通条件、要素配置等因素，还要考虑地区之间的产业链协作配套，才能达到合适的产业集聚程度，实现经济效益、生态效益和社会效益的最大化。

（一）各市州工业布局重点

2018 年 12 月，四川省人民政府办公厅印发《关于优化区域产业布局的指导意见》，对各市州的产业布局给出了指导意见，详见表 7-4。四川省各市州产业布局对工业布局发挥了引导作用，但实际在运行过程中，只要有企业特别是大型企业、大型项目愿意入驻，各市州基本上都会支持落户落地。产业同质化竞争大于产业合作，一定程度存在盲目"追新""攀大""求全"的现象，尤其锂电、光伏等风口产业争夺激烈。10 个以上市州将电子信息作为主导产业，但主要集中在代工、装配等低附加值环节，缺乏在全国叫得响、拿得出的过硬产品。几乎所有市州都布局发展锂电及相关产业，据全国投资项目在线审批监管平台数据显示，2022 年四川省新增亿元以上锂电备案项目超 130 个、投资额超 2 000 亿元，锂电产业"遍地开花"现象较为突出。

表 7-4　四川省对各市州产业布局的引导

市州	布局引导
成都市	重点发展电子信息、装备制造、先进材料、食品饮料产业和数字经济，建设全国重要的先进制造业基地，打造世界级新一代信息技术、高端装备制造产业集群和国内领先的集成电路、新型显示、航空航天、轨道交通、汽车、生物医药、新型材料等产业集群，争创国家数字经济示范区和国家大数据综合试验区。
德阳市	重点发展高端装备制造、先进材料、能源化工、电子信息、食品饮料产业，打造世界级重大装备制造基地。
绵阳市	重点发展电子信息、装备制造、先进材料、食品饮料等产业和数字经济，建设中国军民融合典范城市、西部先进制造强市。
遂宁市	重点发展电子信息、食品饮料、能源化工、先进材料产业，支持发展纺织服装产业，建设成渝经济区重要的电子信息产业基地、锂电新材料产业基地、精细化工产业基地、特色农副产品精深加工基地。
乐山市	重点发展电子信息、先进材料、食品饮料、装备制造等产业，加快冶金建材、盐磷化工、农产品加工等传统优势产业高端化、精细化、特色化发展，创建国家生态工业可持续发展示范区、国家老工业基地转型升级示范区，打造临港产业、军民融合、水电消纳产业示范区。
雅安市	重点发展先进材料、装备制造、食品饮料、电子信息等产业，有序发展清洁能源产业，建设水电消纳产业示范区、绿色生态（有机）农产品加工基地。

表7-4(续)

市州	布局引导
眉山市	重点发展电子信息、装备制造、先进材料、能源化工等产业,支持发展泡菜调味品、乳制品等农产品加工业,促进制造业集聚和工业发展转型,建设特色农产品深加工基地。
资阳市	重点发展装备制造、食品饮料、电子信息、先进材料等产业,建设机车商用车制造和出口基地、国际口腔装备材料基地、临空制造服务基地。
自贡市	重点发展装备制造、先进材料、电子信息、能源化工等产业,加快培育通用航空产业集群,建设国家新材料高新技术产业化基地、国家节能环保装备制造示范基地。
泸州市	重点发展食品饮料、电子信息、装备制造、先进材料等产业,加快能源化工等传统产业转型升级,打造"泸州酿"白酒产区国际品牌和世界级白酒生产基地。
内江市	重点发展装备制造、先进材料、食品饮料、电子信息等产业,建设成渝经济区汽车零部件和电子信息产业配套基地、装配式建筑生产基地。
宜宾市	重点发展食品饮料、电子信息、装备制造、先进材料等产业,加快推动能源化工、轻纺、建材等传统优势产业精细化、高端化发展。打造世界级白酒生产基地,建设智能终端和大数据产业集聚区、绿色食品加工基地、竹产品加工基地。
广元市	重点发展食品饮料、先进材料、电子信息、建材家居等产业,打造川陕革命老区和秦巴山区域产业高地,建设中国食品工业名城、西部重要的绿色食品基地和绿色家居产业基地。
南充市	重点发展装备制造、能源化工、电子信息、纺织服装等产业,打造特色鲜明的嘉陵江沿江产业经济带,建设新能源汽车基地、油气化工基地、丝纺服装设计研发生产基地。
广安市	重点发展装备制造、电子信息、先进材料、能源化工等产业,支持发展调味品、饮料等农产品加工业。建设城市轨道交通产业基地、智能终端生产基地、玄武岩纤维材料基地、精细化工产业基地。
达州市	重点发展能源化工、先进材料、装备制造、食品饮料等产业,加快培育天然气化工产业集群,打造天然气综合开发利用示范基地、玄武岩纤维、微玻璃纤维和锂钾综合开发研发生产基地、特色农产品加工基地。
巴中市	重点发展食品饮料、先进材料等产业,建设绿色食品饮料基地、石墨新材料基地。
攀枝花市	重点发展先进材料、能源化工、食品饮料、装备制造等产业,开拓"康养+工业"领域,发展工业旅游,建设水电消纳产业示范区,打造世界级钒钛产业基地。

表7-4（续）

市州	布局引导
凉山州	重点发展先进材料、能源化工、食品饮料等产业，提高资源综合开发利用水平，打造我国重要的稀土研发制造基地，建设特色农产品生产加工基地。
阿坝州	重点发展清洁能源、特色农产品加工、民族工艺品等绿色产业，建设特色生态产品基地。
甘孜州	重点发展清洁能源、特色农产品加工、民族工艺品等绿色产业，建设高原特色农特产品加工基地、藏药产业化基地。

2023年6月，中共四川省委十二届三次全会审议通过的《中共四川省委关于深入推进新型工业化加快建设现代化产业体系的决定》，提出实施电子信息、装备制造、食品轻纺、能源化工、先进材料、医药健康6大优势产业倍增计划，培育具有世界影响力的电子信息产业集群，打造航空航天装备、清洁能源装备、动力电池、轨道交通装备4个具有行业引领力的产业集群，建设世界级优质白酒产业集群和全国重要的医药健康产业集群。培育壮大人工智能、生物技术、卫星网络、新能源与智能网联汽车、无人机等战略性新兴产业，加速培育在第六代移动通信技术（6G）、量子科技、太赫兹、元宇宙、深空深地、未来交通、生物芯片、生命科学、先进核能等领域谋划布局未来产业。

"十四五"时期，各市州根据自身资源禀赋和产业实际，纷纷对主导产业进行了新的谋划（详见表7-5）。成都平原经济区中，成都提出产业"建圈强链"，优化调整生态圈和产业链体系，布局电子信息、数字经济、航空航天、现代交通、绿色低碳、大健康、新消费、现代农业8个产业生态圈，主攻集成电路、新型显示、智能终端、高端软件与操作系统、大数据与人工智能（含车载智能控制系统）、工业互联网、卫星互联网与卫星应用、金融科技、航空发动机、工业无人机、大飞机制造与服务、汽车、轨道交通、现代物流、生态环保、新能源、新材料、创新药（含中医药）、高端医疗器械、高端诊疗、旅游业、文创业（含数字文创）、会展业、体育产业、音乐产业、美食产业（含绿色食品）、现代种业、都市农业等28条重点产业链。成都已有成渝地区电子信息先进制造业集群、成都市软件和信息服务集群、成（都）德（阳）高端能源装备集群三个集群入选先进制造业产业集群，生物医药产业集群、轨道交通产业集群入选国家战略性新兴产业集群，新都区航空大部件产业集群、温江区生物技术药产业集群、青羊区航空配套产业集群、武侯区微波射频产业集群入选国家中小企业特色产业集群。

德阳市明确机械装备、材料化工、食品饮料和数字经济的"3+1"主导产业体系。绵阳市明确电子信息、先进材料、装备制造、食品饮料四大主导产业，提出着力培育核技术应用、激光技术应用、新型显示、光伏储能、磁性材料、智能机器人及无人机、连接器及传感器、生物医药及医疗装备等8大新赛道产业。遂宁市明确打造锂电及新材料、电子信息、绿色化工、食品饮料、机械与装备制造等主导产业。乐山市将晶硅光伏产业明确为"头号工程"，提出推进核技术应用产业加速突破，积极推动绿色化工、新型建材、食品饮料等传统优势产业转型升级，前瞻布局新型储能、稀土新材料等新赛道产业。雅安市提出培育壮大先进材料、高端装备制造、特色消费品3大支柱产业，布局发展电子信息、储能及钒电池、氢能3大新兴产业。眉山市提出突出发展新能源新材料产业，重点发展电子信息、装备制造、医药食品产业。资阳市提出推动医药健康、装备制造、能源化工、电子信息、食品轻纺、先进材料、国防科技工业等产业成链集群发展。

川南经济区中，自贡市提出促进装备制造、能源化工、材料工业、食品饮料等产业推陈出新、集群成链，加快发展新能源、新材料、无人机及通航等新兴产业。泸州市提出实施白酒（食品轻纺）和能源化工两大特色产业提质倍增行动，推动电子信息、装备制造、先进材料、医药健康四大支柱产业集群突破发展，培育扶持航空航天、机器人等战略性新兴产业。内江市提出打造"页岩气+""钒钛+"千亿级产业集群和"甜味+""装备+"五百亿产业集群，培育壮大电子信息、生物医药产业。宜宾市提出加快构建新能源及智能汽车产业、智能终端产业、高端装备制造产业、新材料及精细化工产业、医疗器械产业、白酒食品产业"5+1"千亿级产业集群。

川东北经济区中，广元市提出打造铝基新材料1个超千亿产业集群，能源化工、食品饮料、硅基新材料3个五百亿产业集群，建材家居、机械电子、医药健康3个超百亿产业集群。南充市提出聚力培优汽车汽配、化工轻纺、食品医药、文化旅游、现代农业5大支柱性产业，培育壮大现代物流、电子信息、高端装备制造3大成长性产业。广安市提出壮大绿色化工、装备制造、医药健康3个优势产业，发展电子信息、先进材料、食品轻纺3个特色产业。达州市提出构建"3+3+N"现代产业集群，包括3个千亿级产业（能源化工、新材料、农产品加工）、3个五百亿级产业（智能装备制造、电子信息、轻纺服饰）和多个百亿级产业（医药健康、绿色建材等）。巴中市提出围绕食品饮料、生物医药、新能源新材料，培育壮大一批创新力强、附加值高、安全可靠的细分产业链。

攀西经济区中，攀枝花市提出培育先进钒钛钢铁材料、清洁能源2大主导产业和钒钛磁铁矿采选冶、绿色化工、装备制造3大支柱产业竞争新优势。凉山州提出打造清洁能源、钒钛稀土2个千亿级优势产业集群，培育先进材料、有色金属、装备制造、生物医药、农产品加工5个百亿级特色产业集群。

川西北生态经济区中，阿坝州提出打造1个千亿产业集群（清洁能源）、2个百亿级产业集群（高原畜牧、锂电）、2个50亿级战略性新兴产业集群（晶硅光伏、先进有色金属）。甘孜州提出培育清洁能源、优势矿产、食品饮料、中藏医药、特色加工、新兴产业6大主体产业和数字经济，着力构建"6+1"绿色现代工业体系。

表7-5　"十四五"时期四川省各市州的主导产业布局

市州	布局产业
成都市	布局电子信息、数字经济、航空航天、现代交通、绿色低碳、大健康、新消费、现代农业等8个产业生态圈和集成电路、新型显示、智能终端、高端软件与操作系统、大数据与人工智能（含车载智能控制系统）、工业互联网、卫星互联网与卫星应用、金融科技、航空发动机、工业无人机、大飞机制造与服务、汽车、轨道交通、现代物流、生态环保、新能源、新材料、创新药（含中医药）、高端医疗器械、高端诊疗、旅游业、文创业（含数字文创）、会展业、体育产业、音乐产业、美食产业（含绿色食品）、现代种业、都市农业等28条重点产业链。
德阳市	发展机械装备、材料化工、食品饮料和数字经济的"3+1"主导产业。机械装备产业主要任务是巩固工业母机装备、油气钻采装备、现代农机装备、航空航天装备等优势产业领先地位，加快建设世界级重大装备制造基地。材料化工产业的主要任务是加快培育锂电新能源材料、新型化工材料、关键战略材料三大千亿级产业集群，打造全国一流材料化工产业示范基地。食品饮料产业主要包括优质白酒、烟草制造、粮油加工、绿色饮料、预制菜及火锅产业等。
绵阳市	培育电子信息、先进材料、装备制造、食品饮料四大主导产业，以及核技术应用、激光技术应用、新型显示、光伏储能、磁性材料、智能机器人及无人机、连接器及传感器、生物医药及医疗装备8大新赛道产业。

表7-5（续）

市州	布局产业
遂宁市	明确锂电及新材料、电子信息、绿色化工、食品饮料、机械与装备制造等主导产业。
乐山市	将晶硅光伏产业作为"头号工程"，推进核技术应用产业加速突破，积极推动绿色化工、新型建材、食品饮料等传统优势产业转型升级，前瞻布局新型储能、稀土新材料等新赛道产业。
雅安市	培育壮大先进材料、高端装备制造、特色消费品3大支柱产业，布局发展电子信息、储能及钒电池、氢能3大新兴产业。
眉山市	突出发展新能源新材料产业，重点发展电子信息、装备制造、医药食品产业。聚力打造锂电、晶硅光伏、化工新材料三大千亿产业，培育做强电子信息、装备制造、医药食品等重点优势产业，加快发展储能、人工智能、卫星应用等战略性新兴产业。
资阳市	推动医药健康、装备制造、能源化工、电子信息、食品轻纺、先进材料、国防科技工业等产业成链集群发展。
自贡市	促进装备制造、能源化工、材料工业、食品饮料等产业推陈出新、集群成链。差异化、特色化培育壮大新兴产业，在错位竞争中加快发展新能源、新材料、无人机及通航等产业。
泸州市	实施白酒（食品轻纺）和能源化工两大特色产业提质倍增行动，统筹发展调味品、精制茶、油茶、预制菜和粮油加工、肉制品加工等地方特色食品产业；打造全国具有影响力的绿色纺织产业高质量发展示范区。推动电子信息、装备制造、先进材料、医药健康四大支柱产业集群突破发展。培育扶持航空航天、机器人等战略性新兴产业。
内江市	提出打造"页岩气+""钒钛+"千亿级产业集群；"甜味+""装备+"五百亿产业集群；培育壮大电子信息、生物医药产业。
宜宾市	加快发展电子信息（智能终端）、新能源与智能汽车、新材料等新兴产业，加快构建新能源及智能汽车产业、智能终端产业、高端装备制造产业、新材料及精细化工产业、医疗器械产业、白酒食品产业"5+1"千亿级产业集群。
广元市	打造铝基新材料1个超千亿产业集群，能源化工、食品饮料、硅基新材料3个五百亿产业集群，建材家居、机械电子、医药健康3个超百亿产业集群。
南充市	聚力培优汽车汽配、化工轻纺、食品医药、文化旅游、现代农业"五大支柱性产业"，培育壮大现代物流、电子信息、高端装备制造"三大成长性产业"。
广安市	壮大绿色化工、装备制造、医药健康3个优势产业，发展电子信息、先进材料、食品轻纺3个特色产业。

表7-5(续)

市州	布局产业
达州市	打造能源化工、新材料、农产品加工3个千亿级产业,智能装备制造、电子信息、轻纺服饰3个五百亿级产业,医药健康、绿色建材等多个百亿级产业的"3+3+N"现代产业集群。
巴中市	围绕食品饮料、生物医药、新能源新材料,培育壮大一批创新力强、附加值高、安全可靠的细分产业链,加快建设全省重要预制菜生产基地、区域性优质白酒基地、优质肉制品供应基地、西部现代生物医药产业基地、西南重要能源化工基地、西部先进碳材料基地和轻钙之都。
攀枝花市	培育先进钒钛钢铁材料、清洁能源2大主导产业和钒钛磁铁矿采选冶、绿色化工、装备制造3大支柱产业竞争新优势。
凉山州	打造清洁能源、钒钛稀土两个千亿级优势产业集群;培育先进材料、有色金属、装备制造、生物医药、农产品加工5个百亿级特色产业集群。
阿坝州	打造清洁能源千亿产业集群,高原畜牧、锂电2个百亿级产业集群,战略性新兴产业(晶硅光伏、先进有色金属)2个50亿级产业集群。
甘孜州	培育清洁能源、优势矿产、食品饮料、中藏医药、特色加工、新兴产业"六大"主体产业和大力培育数字经济,着力构建"6+1"绿色现代工业体系。

(二) 各市州工业经济占比

工业经济的分布在一定程度上反映了工业的空间分布情况。基于数据的可得性和可对比性,本书选取各市州规上工业企业营业收入占四川省的比值进行比较。表7-6给出了2012年、2017年和2021年,四川省各市州规上工业企业营业收入占全省的比值。我们可以看出,成都的工业经济总量一枝独大,稳居四川省第一位,占全省的比值约30%。2021年,德阳、绵阳、宜宾、南充的规上工业企业营业收入占全省的比值在5%~7.55%,分列第2至5位。攀枝花、泸州、乐山、眉山、广安、达州的规上工业企业营业收入占全省的比值在3%~5%。雅安、巴中、甘孜州、阿坝州的占比长期居全省后4位。2012年、2017年和2021年,成都、泸州、绵阳、广元、南充、眉山、宜宾7个市的规上工业企业营业收入占全省的比值呈上升趋势,而遂宁、内江、资阳、凉山的占比逐渐下降。其中,变化最为显著的是资阳。2012年资阳规上工业企业营业收入占全省的比值为5.54%,居四川全省第5位;2017年下降至2.02%,仅居四川全省第17位;2021年,进一步下降至0.75%,居全省第18位。

2012 年、2017 年和 2021 年，四川省工业分布整体呈集聚发展态势，这可以从排名居前五位和后五位的占比看出。2012 年，排名前五位的市州的总占比为 53.67%；2017 年，这一数据达到 56.27%；2021 年，进一步提高到 60.47%。2012 年，排名后五位的市州的工业总占比为 4.58%；2017 年略微上升至 5.22%，2021 年下降至 3.52%。

表 7-6　2012 年、2017 年和 2021 年
四川省各市州规模以上工业企业营业收入占全省的比重

市州	2012		2017		2021	
	占比	排名	占比/%	排名	占比/%	排名
成都市	29.72	1	30.00	1	32.13	1
自贡市	4.21	10	3.65	9	2.20	15
攀枝花市	4.32	8	4.17	6	4.23	7
泸州市	3.63	11	3.87	7	4.83	6
德阳市	6.78	2	7.98	2	7.50	3
绵阳市	5.76	4	6.56	3	6.93	4
广元市	1.80	17	2.13	15	2.85	12
遂宁市	3.31	13	3.57	10	2.74	14
内江市	4.56	7	2.52	14	2.77	13
乐山市	4.29	9	3.26	11	3.77	8
南充市	4.94	6	5.57	5	6.04	5
眉山市	2.65	16	2.91	12	3.74	9
宜宾市	5.87	3	6.16	4	7.87	2
广安市	3.09	15	3.76	8	3.19	11
达州市	3.20	14	2.59	13	3.63	10
雅安市	1.19	18	1.16	19	1.42	17
巴中市	0.97	19	1.41	18	0.66	19
资阳市	5.54	5	2.02	17	0.75	18
阿坝州	0.43	20	0.42	20	0.43	20
甘孜州	0.19	21	0.21	21	0.25	21
凉山州	3.53	12	2.08	16	2.10	16

在四川省五大经济区中，成都平原经济区规上工业企业营业收入占全省的比例最大，接近60%；川南经济区居第二位，占全省的比例约20%；川东北经济区和攀西经济区两大经济区共占全省的约20%，分别约占13%和7%；川西北生态经济区的占比不到1%（详见表7-7）。

表7-7　四川省五大经济区规模以上工业企业营业收入占全省的比重

经济区	2012 年	2017 年	2021 年
成都平原经济区/%	59.24	57.47	58.97
川南经济区/%	18.65	19.25	20.93
川东北经济区/%	13.63	12.42	13.10
攀西经济区/%	7.85	6.25	6.33
川西北生态经济区/%	0.62	0.63	0.68

（三）各市州工业空间差异

为了进一步掌握四川省工业总体空间布局，本节考察各市州工业对四川全省工业的贡献情况，主要指标有静态影响率（SR）、动态影响率（DR）和综合影响率（CR）。本书考虑到数据的可得性，仍然采用规上工业营业收入作为计算指标。

静态影响率（SR）：

$$SR = \frac{A_{i0} + A_{i1}}{A_0 + A_1} \times 100\% \tag{7.1}$$

其中，A_{i0} 表示考察起始年某市州的规上工业企业营业收入，A_{i1} 表示考察末年某市州的规上工业企业营业收入，A_0 表示考察起始年四川全省规上工业企业营业收入，A_1 表示考察末年四川全省规上工业企业营业收入。

动态影响率（DR）：

$$DR = \frac{(A_{i1} - A_{i0}) / A_{i0}}{(A_1 - A_0) / A_0} \times 100\% \tag{7.2}$$

综合影响率（CR）：

$$CR = SR \times DR \tag{7.3}$$

静态影响率（SR）的值越大，代表某地区在全省工业中所占的比重越大；动态影响率（DR）的值越大，代表某地区的工业发展速度越快；综合影响率（CR）的值越大，代表某地区的工业在全省中所占的地位越高，既考虑了量的因素又考虑了增长速度因素，是静态因素和动态因素二者相结合的综合指标。

1. 静态影响率

2012—2021 年，四川各市州对全省工业的静态影响率（SR）、动态影响率（DR）、综合影响率（CR），计算结果见表 7-8。我们可以看出，四川省静态影响率最高的是成都，远远领先其他市州，达到 31.25%。静态影响率在 5% ~ 10% 区间的有德阳、宜宾、绵阳、南充，分别达到 7.23%、7.14%、6.50% 和 5.63%；静态影响率在 3% ~ 5% 区间的有攀枝花（4.26%）、泸州（4.39%）、内江（3.43%）、乐山（3.96%）、眉山（3.34%）、广安（3.15%）、达州（3.47%）；静态影响率在 1% ~ 3% 区间的有广元（2.47%）、遂宁（2.95%）、雅安（1.34%）、资阳（2.50%）、凉山（2.62%）；静态影响率小于 1% 的有巴中（0.77%）、阿坝（0.43%）、甘孜（0.23%）。静态影响率衡量的是某市州在全省工业中所占比重，计算结果与上节各市州工业占比的结论相一致，也是成都一枝独大，德阳、宜宾、绵阳、南充为第二梯队。

2. 动态影响率

四川省动态影响率最高的是广元，达到了 2.38%，表明 2012—2021 年广元的规上工业营业收入增长速度最快。动态影响率超过 1 的还有成都（1.19%）、泸州（1.79%）、德阳（1.26%）、绵阳（1.48%）、南充（1.53%）、眉山（1.97%）、宜宾（1.81%）、广安（1.07%）、达州（1.32%）、雅安（1.45%）、甘孜州（1.76%），表明工业经济的发展潜力较大；动态影响率在 0.5% ~ 1% 区间的市州有攀枝花（0.95%）、遂宁（0.59%）、乐山（0.71%）、阿坝州（0.98%），表明这些市州的工业增长动力不足；动态影响率小于 0.5 的有自贡（−0.14%）、内江（0.07%）、资阳（−1.06%）、凉山州（0.03%），表明这些市州在此期间工业增长缓慢，自贡和资阳的动态影响率更是为负数，表明在此期间工业呈现负增长。

3. 综合影响率

四川省综合影响率最高的是成都，达到 37.26%，表明成都在 2012—2021 年对四川工业增长的贡献最大。综合影响率超过静态影响率（31.25%），表明成都在对四川省工业经济的贡献呈上升态势。宜宾、绵阳、德阳和南充的综合影响率分别居第 2 至 5 位，分别为 12.91%、

9.64%、9.08%、8.62%。我们可以看出，综合影响率居四川全省前五位的市州与静态影响率前五位的市州相同，且综合影响率的数值比静态影响率的数值更大，预示着四川省工业经济在2012—2021年集中程度在逐渐提升。综合影响率低于5%的有攀枝花（4.06%）、遂宁（1.73%）、内江（0.23%）、乐山（2.83%）、广安（3.38%）、达州（4.57%）、雅安（1.93%）、巴中（0.18%）、阿坝州（0.42%）、甘孜州（0.40%）、凉山州（0.08%）、自贡（-0.40%）、资阳（-2.65%）等13个市州。值得注意的是，自贡和资阳的动态影响率和综合影响率为负数，表明这两个市在2012年至2021年间工业发展速度滞后，一定程度上拖累了四川省工业经济的增长步伐。

表 7-8　四川省各市州工业布局分类指标（2012—2021 年）单位:%

市州	静态影响率（SR）	动态影响率（DR）	综合影响率（CR）
成都市	31.25	1.19	37.26
自贡市	2.94	-0.14	-0.40
攀枝花市	4.26	0.95	4.06
泸州市	4.39	1.79	7.85
德阳市	7.23	1.26	9.08
绵阳市	6.50	1.48	9.64
广元市	2.47	2.38	5.88
遂宁市	2.95	0.59	1.73
内江市	3.43	0.07	0.23
乐山市	3.96	0.71	2.83
南充市	5.63	1.53	8.62
眉山市	3.34	1.97	6.58
宜宾市	7.14	1.81	12.91
广安市	3.15	1.07	3.38
达州市	3.47	1.32	4.57
雅安市	1.34	1.45	1.93
巴中市	0.77	0.23	0.18

表7-8(续)

市州	静态影响率 （SR）	动态影响率 （DR）	综合影响率 （CR）
资阳市	2.50	−1.06	−2.65
阿坝州	0.43	0.98	0.42
甘孜州	0.23	1.76	0.40
凉山州	2.62	0.03	0.08

以上分析可以看出，四川省工业产业布局不平衡特征突出，大致划分为四类地区。（1）成都。无论是从量，还是从质上来说，成都都当之无愧是四川省工业经济核心。成都拥有众多的产业园区，包括国家级天府新区、高新区和多个省级高新区、经济开发区，电子信息产业集群规模超过万亿，航空航天、高端软件等8个产业集群规模超过千亿，电子信息、生物医药、轨道交通、软件和信息服务、能源装备等5个集群入选国家级产业集群。（2）德阳、绵阳、宜宾、南充。这些市州都是四川省的老工业基地，是除成都之外重要的工业经济中心。德阳拥有东方电气集团东方电机有限公司、中国第二重型机械集团公司等大型国企，机械装备、材料化工等产业优势明显。绵阳是中国唯一的科技城，拥有电子信息、智能装备、生物医药、能源化工等高精尖工业都最前沿的科技。宜宾是"中国白酒之都"，白酒产业集群规模超千亿，近年来电子信息产业和锂电产业快速发展，形成初具规模的产业集群。南充具备汽车汽配、油气化工、丝纺服装等产业优势，电子信息、新材料、高端装备制造、生物医药、节能环保等新兴产业也初具规模。（3）攀枝花、泸州、达州、眉山、广安、乐山、广元。这些市也是四川的老工业基地，大多是重工业城市，随着改革开放特别是新世纪以来，在激烈的产业竞争中，优势产业的集群规模扩展速度较慢；产业转型升级步伐相对较慢，新的产业集群规模影响力还不够。（4）其余市州。这些市州一部分由于传统产业在转型升级中竞争力逐渐降低，又没有形成新的优势产业。另一部分由于定位为生态功能区，工业不是主要发展方向，因此工业发展速度慢，没有形成产业集群。

（四）五大经济区工业空间差异

2012—2021年，四川省五大经济区对全省工业的静态影响率（*SR*）、动态影响率（*DR*）、综合影响率（*CR*），计算结果见表7-9。

1. 静态影响率

四川省五大经济区的静态影响率与上节各经济区规上工业企业营业收入占全省的比重的位次相同，分别为成都平原经济区、川南经济区、川东北经济区、攀西经济区和川西北生态经济区。成都平原经济区的静态影响率达到59.07%，接近60%；川南经济区和川东北经济区接近，分别为17.89%和15.50%；攀西经济区为6.89%；川西北生态经济区的占比最低，不到1%。

2. 动态影响率

四川省五大经济区的动态影响率由高到低分别为川东北经济区、川西北生态经济区、成都平原经济区、川南经济区和攀西经济区，分别为1.40%、1.22%、0.99%、0.92%和0.54%。这表明2012—2021年，川东北经济区的工业发展速度最快，川西北生态经济区次之，成都平原经济区第三，而攀西经济区的发展速度最慢。

3. 综合影响率

在四川省五大经济区中，综合影响率最高的是成都平原经济区，达到58.41%，遥遥领先其他经济区。这表明成都平原经济区对四川全省的工业经济增长贡献最大。川东北经济区的综合影响率为21.69%，是对全省工业经济增长贡献的第二大经济区。川南经济区的贡献率为第三位，综合影响率为16.48%。攀西经济区和川西北生态经济区的综合影响率分别为3.70%和0.80%。

表7-9　四川省五大经济区的工业布局分类指标（2012—2021年）

单位：%

经济区	静态影响率（SR）	动态影响率（DR）	综合影响率（CR）
成都平原经济区	59.07	0.99	58.41
川南经济区	17.89	0.92	16.48
川东北经济区	15.50	1.40	21.69
攀西经济区	6.89	0.54	3.70
川西北生态经济区	0.66	1.22	0.80

四、"双碳"目标下四川新型工业化的结构路径

近十年来,四川省的工业集聚度整体呈下降趋势,与经济大省、工业大省之间的差距较大且存在进一步拉大的风险。从产业集群数量看,四川省具有全球和全国竞争力的产业集群相对较少,特别是高技术产业和产业链高端竞争优势不强。从区域分布看,四川省五大经济区之间、市州之间差异很大而联动相对较少,产业竞争关系大于合作关系。因此,应以"五区共兴"战略为指引,结合各市州资源禀赋和产业基础,进一步优化工业空间布局,突出都市圈和区域中心城市的带动作用,发挥产业园区的载体功能,促进工业集聚集群发展。

(一)以"五区共兴"为指引优化工业空间布局

坚持向工业发达地区集中、向资源优势区集中的原则,突出区域比较优势,坚持有所为、有所不为,准确把握四川省在全国产业链、供应链中的地位,遵循区域经济和产业发展规律,促进各类生产要素自由流动并向优势地区集中,引导各市州打造特色产业和功能优势,培育各具特色的产业集群集聚。四川省五大经济区的工业布局应有所侧重,更加突出资源优势和基础条件,更加注重产业发展规律,形成特色鲜明、分工有序、配套紧密的产业发展格局。

1. 成都平原经济区

成都平原经济区工业基础好,交通基础设施完善、科技和人才资源富集、产业配套条件好,集中了四川省主要的国家重点实验室、企业技术中心、高等学校、科研机构。此外,成都平原经济区第三产业发达,城镇化水平高,在西部乃至全国经济发展中处于领先位置。成都都市圈是全国第三个、中西部首个由国家层面批复发展规划的都市圈。成都都市圈以成都为中心,与联系紧密的德阳、眉山、资阳共同组成,是全国经济发展最活跃、创新能力最强、开放程度最高的区域之一。"成德绵"是四川省科技创新资源最密集、创新活力最强的区域,正在建设"成德绵"国家科技成果转移转化示范区。成都平原经济区要将成都都市圈和"成德绵"国家科技成果转移转化示范区打造成为四川省的工业集聚的核心高地。这种高地

不仅是工业密度大、产值高，而且是科技含量高、产业附加值高、绿色发展水平高、辐射带动能力强。成都都市圈要按照《成都都市圈重点产业产业链全景图》确定的以成都为主导，推进新型显示、轨道交通、航空装备、新能源汽车、绿色食品（调味品）、医美服务等产业链融合发展，分别以德阳、眉山、资阳为主导推动清洁能源装备、锂电、医疗器械（口腔医疗）等产业成群成链。乐山、雅安、遂宁在自身确定的主导产业基础上，加强与成都都市圈产业布局相联系相融合，构建相互依托、相互借力、相互融合的产业链，形成错位互补的空间格局。

2. 川南经济区

川南经济区是四川省南向出川门户，资源能源富集，长江水运条件较好，已基本形成了食品饮料、能源化工、电子信息、装备制造等产业链。抢抓四川省委、省政府支持宜宾——泸州组团建设川南省域经济副中心的机遇，加强产业链融合发展、迈向高端。宜宾和泸州要围绕名优白酒产业，依托五粮液集团、泸州老窖集团等大型企业，从原料种植、生产酿造、包装材料到商务销售构建全球知名的白酒产业生态圈，打造世界级白酒产业集群。依托四川时代等龙头企业，培育锂电材料、动力电池、新能源汽车、轨道交通等产业，加快建设全球一流的动力电池生产基地，打造全国重要的装备制造产业集群。推进生物基纤维、高性能纤维纺织产业规模化绿色化发展，推动晶硅光伏产业创新发展，打造国内领先的先进材料产业集群。深度融入成渝地区电子信息全产业链，重点发展智能终端、新型显示、电子元器件、软件与信息服务等产业，打造成渝地区重要的电子信息产业集群。

3. 川东北经济区

川东北经济区在天然气、农产品、汽车汽配等方面具有一定优势，但对资源的开发利用不足。除天然气化工外，没有形成特别突出的产业集群。川东北经济区要依托天然气开发，积极发展以天然气为主要原料的化工产业，打造成渝地区重要的能源化工产业集群。围绕铝基新材料、硅基新材料等，建设具有较强影响力的新材料产业集群。积极融入成渝地区汽车产业链和电子信息产业集群，加快发展汽车汽配产业，错位发展电子元器件、智能终端等，打造国家级先进制造业集群。依托当地特色农产品资源，积极开发新产品、新品种，形成具有川东北特色的食品饮料产业集群。

4. 攀西经济区

攀西经济区依托资源优势，工业集聚程度较高，已经形成钢铁、水电、煤炭等产业优势，但产业层次较低、附加值不高。攀西经济区是国家战略资源创新开发试验区，主要是对有色金属资源和水能进行综合开发利用。重点加强钒钛、稀土、磷、铜铅锌等有色金属的深度开发，围绕钒钛产业"延链""补链""强链"，做优做强先进钒钛钢铁材料产业集群，打造世界级钒钛产业基地，提升战略性矿产资源供应保障能力。建立"水风光氢储""五位一体"、多能互补、协调发展的新型能源体系，积极发展储能及储能材料产业，加快推进地热资源勘探利用和产业发展，培育壮大清洁能源产业集群。

5. 川西北生态经济区

川西北生态经济区以保护生态环境、发展生态经济作为主攻方向，为筑牢长江黄河生态保护屏障守好第一道防线。川西北生态经济区的产业发展主要集中于生态旅游、清洁能源和特色农产品，也通过飞地模式建立了"甘孜—眉山工业园""成都—甘孜工业园""绵阳—阿坝产业园"。川西北生态经济区重点布局水电、风电、光电等清洁能源产业，打造清洁能源千亿产业集群；适度发展中藏医药、农牧产品、旅游工艺品等特色产业，通过工艺改进和技术进步，提高产品的附加值和对外影响力。

（二）以中心城市和"链主"企业为带动推进区域产业协作

突出以点带面，强化成都都市圈和省域经济副中心城市的带动作用和创新策源功能，形成核心突出、带动力强、辐射面广的区域产业发展格局，促进产业成链集群发展。突出重点"链主"企业的带动作用，支持"链主"统筹布局要素链供需侧、产业链上下游、供应链前后端，吸引关联产业和上下游企业打破行政区划集聚，形成优势互补、分工合理、布局优化的产业集群。

1. 发挥成都都市圈和区域中心城市引领作用

充分发挥成都都市圈高能级平台和高端要素汇聚优势，以产业创新融合发展为导向，以战略性新兴产业为主攻方向，吸引和对接全球创新资源与中高端产业链，建设高能级产业生态圈，以成渝主轴、两翼、腹地为主要承载地，打造成都都市圈先进制造业核心区，建设具有世界影响力的先进制造业中心。绵阳、宜宾—泸州组团、南充—达州组团要立足产业基础优势，加快推进产业基础高级化和产业链现代化，打造高能级产业发展平台，建设全国重要的先进制造业基地，加快建成省域经济副中心，打造引领带动区域产业高质量发展的重要引擎。加快打造泸州—宜宾、南充—达州制造业组团，做强"成德绵眉乐雅广西攀"经济带、"成遂南达"经济带制造业。

2. 发挥"链主"企业的产业链带动作用

"链主"企业是指在产业发展过程中，能够充分利用外部资源、发挥自身比较优势，逐渐具备某一产业上中下游核心凝聚力的企业。"链主"企业是产业集群核心节点，在产业布局、产业集聚中具有绝对的话语权、带动力、主导力，一个"链主"企业引领带动一条产业链发展。推动产业集聚发展，要充分发挥链主企业的聚合带动效应，形成一批相互配套、功能互补、联系紧密的产业集群。建立重点产业跨区域"链长""链主"合作制，依托"链主"企业统筹布局要素链供需侧、产业链上下游、供应链前后端，吸引关联产业和上下游企业打破行政区划集聚，引导各区域打造一批集群化产业链，推进产业链上下游在区域间清晰布局。

3. 加强产业跨区域合作的制度供给

按照产业横向错位融合、纵向分工协作的原则，整合跨区域同质化产业链条，组建产业发展共同体，促进产业链跨区域协同发展。通过"总部+基地""研发+生产"等模式构建产业链紧密合作关系，支持各市州主动融入成都都市圈、产业生态圈，形成"核心+基地+集群"产业分工协作体系，推动产业链跨区域整合布局，健全利益协调和保障机制，打造区域产业发展共同体。

一是建立跨区域利益共享机制。坚持市场化导向，深化经济区与行政区适度分离改革，探索跨区域产业发展利益联结机制，实施跨地区产业项目投资的税收分成和经济指标统计办法，支持跨行政区产业投资和产业转移。充分发挥市场在资源配置中的决定性作用，促进各类要素资源有序自由流动，更好发挥政府在规划引导、项目准入、要素保障、公共基础设施和政策市场环境等方面调控作用，实现有效市场和有为政府有机结合。二是完善发达地区支持后发地区的产业发展机制。鼓励省内先发地区与后发地区合作共建飞地园区，促进成都—阿坝、德阳—阿坝、甘孜—眉山等飞地园区可持续发展，依托东西部协作机制在省内省外打造一批"川浙合作产业园"，鼓励发达地区和后发地区建立产业定向转移机制。三是优化土地资源配置。建立重大产业项目用地指标统筹机制，对符合当地主体功能定位和全省生产力布局、促进产业链水平提升的高质量产业类项目优先给予用地指标支持，根据区域经济发展水平实施用地分类评价，从紧控制不符合区域产业布局和产出效率的项目用地。四是发挥财税金融的引导作用。发挥好省级政策性资金、产业基金引导作用，对围绕全省主导产业的跨区域合作的重大工业项目，加大产业基金的支持力度和工业资金的奖补力度。

（三）以产业园区为载体推进产业专业化集聚

产业园区是工业发展和集聚的重要载体，是区域经济发展、产业调整升级的重要空间聚集形式，担负着聚集创新资源、培育新兴产业、推动城市化建设等一系列的重要使命。张新芝和牛西（2016）的研究表明，工业园区与新型工业化之间具有显著的相互促进关系，承接产业转移对新型工业化具有明显的推动作用[①]。产业园区包括经济开发区、高新技术产业园区、工业园区、出口加工区、保税区、边境经济合作区等。国家设立这些园区的初衷是有所侧重地承担相关功能，经济开发区的侧重是吸引外资和国外的先进技术，提升我国的工业化水平和经济实力。高新技术开发区主要任务是发展高科技、实现产业化，提升科技创新能力和水平。工业园区的定位是突出当地产业特色，提高工业化集中集聚程度，优化功能布局，加强产业配套，实现现代化产业分工协作生产。

当前，四川省各类产业园区数量约 200 个，基本实现了县县有园区的全覆盖。但这些产业园区隶属不同部门管理，地方政府更加侧重对经济总量的考核而忽略园区专业化考核，导致经济开发区、高新技术产业园区、工业园区等之间在发展过程中呈现的区别较小，不同程度地存在同质化、恶性竞争现象。推动工业集聚要发挥好这些园区的集聚作用，提升专业化承载能力。

1. 进一步提升园区基础设施水平

加强园区道路、给排水、防洪、供热供气、垃圾和污水处理、加油加气等于一体的基础设施体系，确保企业入驻、生产经营等顺利。加强园区信息化建设，提升园区物业管理、安全防护、交通物流、行政事务服务等

---

① 张新芝，牛西.工业园区与新型工业化的发展关系研究 [J].统计与决策，2016（13）：130-132.

综合服务能力。注重提升产业园区基础设施的系统化、协同化、智能化、绿色化水平，加快构建集约高效、经济适用、智能绿色、安全可靠的现代化基础设施体系。进一步提升国家级和省级开发区、城市新城新区、新型工业化产业示范基地等现代产业园区的承载能力。

2. 打造一批主导产业突出的专业园区

抢抓新一轮国家机构改革将高新区的相关职责由科技部划归工信部的机遇，推动四川全省产业园区功能回归。推动高新区回归"发展高科技、实现产业化"的定位，经济开发区和工业园区主要承接产业规模化、集群化发展。加大省级统筹协调力度，突出区域特色化发展导向，按照产业横向错位融合、纵向分工协作的原则，对地理位置相近、资源禀赋相近、主导产业相近的县域工业园区进行优化整合。各市州围绕全省产业整体布局和自身产业基础，进一步明确产业园区的主导产业，招商引资、项目入驻、基础设施建设、先进要素供给、创新生态构建等都要围绕主导产业和主导产业延链、补链、强链进行。围绕"专精特新""小巨人"等特色产业骨干企业，以催生市场主体、培育规上企业、延伸特色产业链条、引导中小微企业聚集发展为目的，吸引产业链上下游配套企业入驻，推动全省产业园区特色化、专业化、集约化发展。

3. 增强产业园区服务供给能力

加快重点产业园区提档升级，以亩均效益为导向，增强创新驱动能力，促进产业提质倍增，不断提升核心竞争力、辐射带动力，将产业园区打造成为产业集聚、带动区域经济高质量发展的核心平台载体。从企业需求和产业特征出发构建完善的企业服务体系，推动各类产业要素资源持续向园区集聚，建设企业公共服务平台，围绕企业经营价值链所需，提供市场拓展、金融服务、运营管理、政策咨询、人才服务、政务服务、产业指导、技术创新、创业支持、生活配套等更为广泛的增值服务。

第八章 "双碳"目标下四川新型工业化的政策供给

合适的政策能有效地助推新型工业化建设，而不适应的政策可能会阻碍新型工业化的建设步伐。世界上没有放之四海而皆准的政策，而是要根据基础条件、资源禀赋和工业化所处阶段，探索符合当地实际的工业化发展政策。四川新型工业化建设离不开宏观政策的支持，应在借鉴吸纳国内外先进经验的基础上，制定适合自身的政策体系。

一、发达国家和国内先进省市支持工业化的经验启示

（一）发达国家支持工业化的经验做法

1. 美国

美国由于经济实力、科技实力等居世界首位，在不同时期支持工业化发展的手段丰富。自世界金融危机以来，美国就开始实施高端制造业回流战略。总体来看，美国推进工业化的主要经验做法包括以下几方面。

第一，大力支持制造业发展。拜登签署的"购买美国货"行政指令，提出提高美国货国产成分门槛、设置国产成分后备门槛、增强对关键产品的价格优惠、增强规则透明度。例如，将把美国国产成分的百分比提升至60%，到2029年将美国国产成分的百分比提升至75%。将对被视为关键产品或由关键部件组成的最终产品和建筑材料实行更高的价格优惠。要求供应商提供最终产品和建筑材料中国产成本含量的具体数据，以促进市场主体遵守相关法规。

第二，高度重视科技创新。2013年，美国政府实施制造业创新网络计

划，打造以核心关键共性技术的研发和应用推广为目标的创新载体。制造业创新中心采用公私合营模式，由联邦政府和产业界按照1∶1的资金配比共同建立，形成一个5至7年的合资计划。目前，美国已建成16家制造业创新中心，广泛分布在13个州内，形成了一个颇具规模的制造业创新网络。同时加大对科技创新的资金支持，在技术创新方面，2022财年的联邦政府财政预算总额超过1.5万亿美元，2014—2019年累计向6 400家企业投资超过210亿美元①。

第三，强化对重点领域技术标准发展的规范性指引。以安全领域为例，美国将制造业纳入关键基础设施范畴，通过发布安全架构并以此为牵引提升网络安全水平。美国商业部的技术管理部门（NIST）负责制定相关的行业标准，并将安全和风险管理作为技术规范和标准指引的重中之重。各部门依据相关标准，主要责任部门按照整体架构要求，并结合行业的实际情况推出更细化的工具或标准，为行业发展提供部署和指导。

2. 德国

德国是老牌工业强国，始终把制造业摆在国家发展的第一位。第二次工业革命中，正是依靠工业才异军突起，一跃成为了世界一流强国。德国的主要经验做法有：

第一，注重战略引领。2019年，德国针对性扶持重点工业领域，为相关企业提供更廉价的能源和更有竞争力的税收制度，并放宽垄断法，允许形成"全国冠军"甚至"欧洲冠军"企业，并采取个性化的优惠与扶持政策支持中小企业的数字化转型发展。将钢铁铜铝、化工、机械、汽车、光学、医疗器械、绿色科技、国防、航空航天和3D打印等十个工业领域列为"关键工业部门"。

第二，注重基础设施建设。据OECD统计，德国联邦州政府预计2016—2030年将通过各种项目，累计投资110亿欧元支持宽带部署。数据设施方面发起成立了欧洲数据云计划"GIGA-X"，通过联合基础设施建立一个能够支持欧盟云服务提供商的生态系统。

第三，注重产业发展资金保障。通过财政资金、银行资金和风投等多种渠道和方式，为工业发展提供资金支持。在财政方面，德国联邦财政部（BMF）于2020年宣布，将每年为每家公司在200万欧元至1 500万欧元

---

① 数据来源：中国信息通信研究院政策与经济研究所发布的《主要国家和地区推动制造业数字化转型的政策研究报告（2022年）》。

研发支出的基础上提供 25% 的补贴。2021 年德国联邦教育与研究部（BMBF）启动 6G 技术研究项目，计划在 2025 年之前为其提供 7 亿欧元资金①。银行方面，2017—2019 年，德国复兴信贷银行通过支持数字化和创新的贷款项目，累计向 1 164 家企业发放 1 603 笔贷款，累计贷款金额高达 35.8 亿欧元②。风投方面，针对处于初创阶段的企业，专门成立了 INVEST、高科技创业基金（HTGF）等以缓解企业创业资金不足的问题；针对处于成长期的企业，通过欧洲天使基金（德国）、ERP/EIF 风险投资基金等扩大企业融资规模和融资金额。

第四，注重公共服务平台建设。德国政府牵头搭建了工业 4.0 平台，为各类企业获得技术支持及相关服务的有效途径，促进产业链各环节、各主体之间交流合作。平台可以为重点问题提供咨询建议，为中小企业数字化转型提供信息、技术、网络等服务，并与美国、日本等国家开展国际合作。

3. 日本

日本国土面积不大，能够承载的产业数量有限，因此其特别重视工业发展质量和效益，通过产业结构调整、科技创新、中小企业培育等不断迈向产业高端和发展高端产业。

第一，重视对产业结构的引导。由于日本国土面积不大，能够承载的产业数量有限，因此他们通过产业结构的调整实现对产业转型升级。譬如，20 世纪 50 年代其将钢铁产业作为重点产业；20 世纪 70 年代制定《产业结构长期设想》，鼓励电子信息、节能环保等产业发展，引导资本密集型产业向知识密集型产业转变；20 世纪 90 年代通过产业结构报告和内阁会议确定的"行动计划"，把信息技术、新型制造、环境保护、新能源和节能等 15 个领域明确为 21 世纪的新增长领域。

第二，重视科学技术的支撑作用。20 世纪 70 年代日本在《80 年代通商产业政策构想》中提出科技立国的新战略，1995 年确立了科技创新立国战略，并在此基础上又先后于 2000 年推出 IT 立国战略，2002 年推出知识产权立国战略。提出知识价值革命和知识价值社会理念，实施科学技术基

---

① 数据来源：中国信息通信研究院政策与经济研究所发布的《主要国家和地区推动制造业数字化转型的政策研究报告（2022 年）》。

② 国务院发展研究中心金融研究所"金融支持科技创新"课题组. 金融支持创新型中小企业的德国实践及借鉴 [J]. 新经济导刊，2021 (4)：81-86.

本计划，在推动民间研究转向官方研究、加强同先进国家的科技合作、培育科技创新人才等方面加大政策支持。

第三，积极促进和扶持中小企业发展。日本将中小企业作为工业发展的重要主体，专门为中小企业制定了相关的法律法规，一方面严格限制进口保护新兴产业；另一方面为中小企业提供财政投入、产业金融和政府采购等政策扶持，建立了高效完善的信用保证制度、多层次资本市场体系和财政支持政策，为中小企业发展提供了良好环境，日本中小企业的平均寿命为全球最高。日本制造业中小企业数量多，所占比重达到 90% 以上，为日本实现工业化作出了重要贡献。

4. 韩国

韩国只用了 30 多年的时间就历经了轻工业、重工业、资本密集型、技术知识密集型等发展阶段，政府在工业化过程中发挥了主导作用，主要经验做法有以下几方面。

第一，实施企业回迁战略，适时调整产业战略。1997 年亚洲金融危机后，韩国迅速调整产业方向，大力发展手机、电脑等信息技术。为中小型回迁企业的设施投资提供 4.5 万亿韩元资金支持，为小型项目提供至少 1.5% 的资金支持；对参与产业技术研发业务的回迁企业给予优惠政策；增加对回迁所需咨询费用的支持[①]。

第二，注重科技创新和技术引进。对于韩国技术欠缺的领域，其采取引进、并购相关技术企业、吸引海外优秀人才、给予税收优惠等。如对并购企业，给予收购金额的 5%（大公司）、7%（中型公司）、10%（中型公司）税收抵免；对于外籍技术人员，给予 3 年所得税减免 70% 及接下来 2 年减免 50% 的个人所得税优惠[②]。为了支持全球扩张和进口替代等有前景的材料、零部件和设备公司的发展，设立 1 100 亿韩元的新投资基金[③]。

第三，注重对外交流合作。一方面吸引外资，在材料、零部件和设备等领域吸引优秀的全球公司入驻，支持为稳定尖端技术和核心产品供应链作出贡献的国内外企业，建立"投资支持制度创新计划"。另一方面积极参与全球供应链建设，譬如，在东南亚国家建立技术合作和供应链拓展平台，包括韩越材料零部件任务中心（越南）、模具技术支持中心（菲律

---

① 白玫. 韩国产业链供应链政策变化及其影响研究 [J]. 价格理论与实践，2022（1）：54-60.
② 白玫. 韩国产业链供应链政策变化及其影响研究 [J]. 价格理论与实践，2022（1）：54-60.
③ 白玫. 韩国产业链供应链政策变化及其影响研究 [J]. 价格理论与实践，2022（1）：54-60.

宾）、韩缅工业园区（缅甸）等。建立韩德部长级产业合作对话、建立韩俄部长级产业合作对话，建立韩国—德国材料和零部件合作中心等。其通过对外合作建立多元化供应链，既可以从供应链中多个供应商处收集和采购物品以提高物流效率，还能分散供应链风险。

（二）国内先进省市支持新型工业化的经验做法

1. 广东

第一，推动传统产业智能化数字化转型。支持行业龙头骨干企业建设数字化转型标杆示范项目，支持战略性产业集群"链主"企业以产业链在线高效协同为目标，建设产业链、供应链协同标杆示范项目。要求聚焦战略性产业集群，推动重点行业中小型制造企业"上云上平台"数字化转型。鼓励推动产业园区数字化转型，要求新建产业园区进行网络部署、公共云平台建设、数据采集和传输系统部署等。

第二，支持产业集聚集群发展。鼓励有条件的地市向园区下放更多管理权限，将经济技术开发区、高新技术产业开发区、省产业园打造成为全省先进制造业项目建设的主阵地。全面推动20个战略性产业集群建设，推动重点产业创新发展，加快培育一批先进制造业集群。

第三，促进创新链与产业链深度融合。提出在每个战略性产业集群建设至少1家省级技术创新中心、产业创新中心或制造业创新中心，鼓励各地对国家级、省级技术创新中心、产业创新中心、制造业创新中心和中试基地给予资金支持。提出大力推进集成电路、核心软件、新型显示设备研发和试点应用，选择一批基础条件好、产业需求大、带动作用强的制造业基础零部件及元器件、基础软件、基础材料、基础工艺和产业技术基础等领域项目给予重点政策支持。引导职业院校重点建设20个与战略性产业集群相匹配的专业集群。

第四，强调金融和产业资本的支撑作用。省财政设立先进制造业发展专项资金，对各地级以上市引进、建设的先进制造业项目予以支持。对20个战略性产业集群的大型技术改造项目给予奖励。支持金融机构加大对战略性产业集群企业和项目的信贷支持力度。推动金融机构增加制造业信用贷款和中长期贷款，提高制造业中长期贷款和信用贷款占比。引导金融机构完善信贷管理机制，优化融资服务。鼓励地市成立本地先进制造业重点项目金融信贷工作专班，协调金融机构加强融资支持。

2. 上海

第一，加大资金支持力度。强化产业基金投资引导功能，发挥基金对重点产业投资促进的前置牵引作用，支持设立市场化的市级园区高质量发展基金，其所投项目主体认定为园区开发平台。

第二，支持企业数字化绿色化发展。明确支持企业技术改造，对符合条件的重点产业领域技术改造项目最高可达 1 亿元；支持企业购买智能工厂诊断咨询、数字化改造解决方案等服务；支持企业开展节能技改、合同能源管理、清洁生产示范以及零碳低碳示范；单个项目支持金额最高可达 1 000 万元。通过奖励或算力券形式支持中小企业采购人工智能算力服务。

第三，支持新产品拓展市场。加大创新产品政府采购及推广应用力度，引导优先采购符合国家和本市重点发展导向的工业软件和智能硬件，对使用上述产品的企业提高资金扶持比例。对人工智能、5G、工业互联网等创新领域应用场景的标杆示范项目予以资金支持。鼓励经过充分验证的智能网联汽车、无人驾驶装备商业试运营和测试应用；在安全评估前提下加大无人机、无人船等应用场景开放和测试。

3. 江苏

第一，支持企业做大做强。对首次入围全国 500 强的制造业企业给予不超过 500 万元奖励；对国家认定的单项冠军示范企业，给予不超过 100 万元奖励；对收购国外研发机构的企业，按收购合同金额给予最高不超过 500 万元奖励等；对组织重大技术攻关招标，对中标单位给予不超过 1 000 万元支持；每年安排专项资金加大对先进制造业重大项目的支持力度。

第二，支持制造业优化升级。对"中国制造 2025"试点示范城市，每个城市专项安排 5 000 万元给予支持；对"中国制造 2025"卓越提升试点示范基地给予 100 万元奖励等。适当提高制造业中小微企业不良贷款容忍度，并实行单独考核。

（三）发达国家和国内先进省市推动工业化的政策启示

根据各地实际情况，美国、德国、日本、韩国和我国上海、广东、江苏对工业化支撑的政策有所差异，但都有一些共同的方向和共通的经验值得四川省学习借鉴。

1. 制定重点产业的引导政策

不同地区的产业基础、资源禀赋有所差异，因此在产业选择上必须有所侧重，不能一哄而上，而要选择适合于本地区产业。譬如，韩国在亚洲金融危机后，迅速抓住电子信息产业的先机，成为全球手机、电脑的主要生产地，同时也为汽车装备等提供产业配套支撑。德国作为老牌工业强国，一直将制造业作为重要发展方向，但也有侧重，在《工业战略2030》中将重工业钢铁铜铝、化工、机械、汽车、光学、医疗器械、绿色科技、国防、航空航天和3D打印等十个工业领域列为关键部门。选择主导产业要根据当地的资源状况、自然条件、经济基础和国家赋予的定位等，按照扬长避短的原则，因地制宜选择适合本地的主导产业。

2. 制定科技创新的引导政策

科技是第一生产力，创新是第一动力。科技创新是工业化发展的不竭动力，追求创新是全球工业化推进的鲜明特点和永恒主题。只有坚持科技创新，工业化才有动力源泉，才能实现"人无我有、人有我优"，才能抢占发展先机和制高点，才能在国内外产业分工中占据主动权。大部分国家和地区为了科技创新，从出台减税降费、人才引进、政府采购、知识产权保护等方面都加大了政策支持。

3. 制定产业集聚的引导政策

产业集聚有利于产业之间形成明确分工、形成规模效应和品牌效益、提高全要素生产率，也是塑造竞争力的重要抓手。推动工业集聚化、集约化发展，最大限度发挥规模效应和集散作用是发达国家和先进省市推动工业化的又一经验启示。有的围绕主导产业建设专业化产业园区，有的针对主导产业专门出台招商引资政策。譬如，美国、日本等都出台一系列优惠政策来扶持工业平台建设。

4. 制定环境优化的引导政策

企业发展是一个由小到大、循序渐进的过程，需要优质的发展环境才能壮大成型。发达国家和先进省市推动工业化的进程表明，工业发展既需要人力资本、资金要素、基础设施等硬环境，还需要优良的政府服务、公平竞争的制度环境和营商环境。要持续为企业发展、科技创新等提供融资服务、人才供给、基础设施建设等，创造优质的政务环境、市场竞争环境。

5. 制定生态保护的引导政策

部分国家和地区在工业化早中期，都因为粗放式发展而不同程度地存在能源资源消耗过大，对生态环境造成污染等问题。但进入工业化后期和较高发展水平阶段，这些国家和地区都不约而同地出台各种引导政策集约利用能源资源节约、加强生态环境保护。譬如，日本在工业化前期环境保护方面走过"高增长、高污染""先污染、后治理"的弯路，但从工业化后期陆续颁布了较多的环境保护法令，强制和引导污染严重的企业停业、转产或削减生产能力，鼓励劳动密集型企业从临海城市迁向内地或者转移到海外。

二、四川新型工业化的政策供给方向

借鉴欧美日等发达国家以及东南沿海等发达地区经验，四川省新型工业化政策制定既需要针对我省发展阶段的现实问题有的放矢，也需要借鉴发达国家和地区的先行发展经验，突出强化政策的系统性、科学性、精准性，重点在产业集聚、企业扶持、科技创新、开放合作、资源要素保障等方面着力。

（一）资源要素政策

1. 强化能源资源保障。建立健全新能源参与市场交易机制、燃煤火电容量补偿机制，深化电力市场化交易。加大能耗替代指标省级统筹力度，对新型工业化规划布局建设的重点项目、绿色低碳优势产业项目、国家和省级新区范围内建设且符合新区建设总体方案中主导产业发展方向的项目，能耗替代量由省级统筹给予支持。探索"工业上楼"新模式，鼓励建设功能复合、高效利用的楼宇厂房，鼓励产业用地混合使用和按需确定规划参数。

2. 加大人才培养供给。围绕优势产业领域布局建设高等职业院校或设立相关专业学科。鼓励在川高等院校聚焦新能源汽车、集成电路等产业细分领域优化专业设置建设"新工科"，发挥优势设立专业化新型工业化发展研究院。支持重点行业和重点领域的龙头企业和在川高等院校、职业学院牵头组建跨区域产教融合共同体。将大数据、区块链、云计算、集成电路、人工智能等新职业纳入职称评审范围，支持重点产业的科研人员参评各类人才称号。

3. 优化多元化资本参与工业化的引导政策。每年安排支持推进新型工业化和制造业高质量发展的财政资金，省财政对工业税收增长较快的市（州）、县（市、区）优先奖励支持。深入实施企业上市行动计划，及时将符合条件的优质企业纳入全省上市后备企业资源库，支持优质企业挂牌、上市。推动银行机构加大工业信贷配置力度，合理设置贷款期限和还款方式，提高制造业中长期贷款比重。整合优化省级产业发展投资引导基金体系，成立省级新型工业化发展母基金，六大优势产业每个重点细分产业集群设立专项基金。引导和激励"风投""创投""天使"等各类基金积极参与新型工业化建设，积极推进"险资入川"。

4. 强化新型要素支撑。加快要素市场化配置，推动数据开放和交易，鼓励建设和发展数据登记、数据价值评估、数据合规认证、交易主体信用评价等第三方服务机构，构建和完善数据要素市场服务体系。加大公共数据、行业数据向未来产业开放共享力度，提升数据要素对未来技术研发、应用场景创新的支撑作用。探索实行工业用电阶梯电价政策，进一步降低5G、数据中心、新能源汽车充电桩等新型基础设施用电价格。支持符合条件的项目申请发行新型基础设施建设项目专项债，支持金融机构给予新型基础设施项目库企业利率优惠。

（二）企业扶持政策

1. 加大对优质企业梯度培育的政策支持。大力培育世界一流企业，支持有条件的企业进行跨地区兼并重组，对首次入围"世界企业 500 强"且总部在川的重点企业、现有世界 500 强在川投资工业板块占集团业务达到一定比例的总部型企业予以资金激励。安排专项资金支持企业"专精特新"发展，聚焦优势产业培育国家级产业链"领航"企业、国家级制造业"单项冠军"企业和国家级"专精特新""小巨人"企业等。加快完善绿色低碳科技企业孵化服务体系，培育一批低碳科技领军企业，优化绿色低碳领域创新创业生态。

2. 制定支持国资国企加强先进制造业布局的政策支持。持续深化"央地合作"，支持省内装备、材料等企业与央企、省外国有企业组建联合体参与国内外项目建设。吸引在川央企、大院大所等新设区域总部、重要分支机构。对国有企业投资我省优势产业领先领域、"新赛道"产业、绿色低碳产业、战略性新兴产业的，相关产业营业收入或利润总额达到一定比例的，纳入企业主业管理。现代工业营收占比年度增长一定比例的，在绩效考核中予以激励。

3. 加大民营企业发展的支持政策。建立激励民营企业积极参与发展先进制造业、现代服务业等的支持政策。在国家规定的税额幅度内，民营经济纳税人按上限享受有关税收优惠政策。持续开展拖欠民营企业和中小企业账款、涉企收费专项整治，完善防止拖欠长效机制。定期清理和废止涉民营企业、外资企业市场准入限制和妨碍公平竞争的政策，强化宣传公示接受监督。大力落实企业家参与涉企政策制定机制，强化政策效果评估。

（三）产业促进政策

先进制造业集群日益成为产业创新策源地，区域经济发展新高地。近年来，国家发展和改革委员会、工信部、科技部和各省区市纷纷出台支持先进制造业集群建设的政策措施，例如工信部实施先进制造业集群发展专项行动，打造了 45 个国家级先进制造业集群。广东省出台了《关于培育发展战略性支柱产业集群和战略性新兴产业集群的意见》以及 20 个战略性支柱产业集群的行动计划，鼓励发展由市场主体牵头的新型集群促进机构，促进"政产学研金介用"合作。

1. 支持优势产业高端化发展。支持国家级先进制造业集群向世界级迈进，支持六大优势产业细分集群争创国家级先进制造业集群，打造一批产业地标。实施增品种、提品质、创品牌"三品"战略，定期发布首台套、首批次、首版次产品，积极打造高端产品和服务；支持企业和社会组织参与工业和信息化领域主导制定国家标准、行业标准、地方标准；支持企业参与申报中国工业大奖、中国质量奖、四川省天府质量奖。

2. 支持新兴产业规模化发展。制定实施"新赛道"产业发展计划，在六大优势产业遴选若干"新赛道"重点培育，设置专项资金支持"赛手"企业培育、场景赋能体系建设等，推广行业应用场景和典型案例。加大政府采购、首购、订购等力度，实行"三首"产品优先采购政策，促进其应用。加大对省级新经济示范企业实施的新技术、新产业、新业态、新模式等涉及的新增设备、软件投资额度给予。发挥省内重大展会、重大赛事引领作用，优先采购创新产品。

3. 支持传统产业新型化发展。开展万企技改行动，鼓励企业智能转型，五年内对规上企业开展全覆盖转型诊断和服务，支持企业从制造到服务的一体化发展。支持企业跨界融合发展，加大对国家服务型制造示范企业（项目、平台）的奖励，推动向"制造+服务"转变。支持企业实施智能化改造，对成功创建国家级智能制造示范工厂、优秀场景的企业给予奖励。开展制造业数字化转型行动，对国家级综合型、特色型、专业型工业互联网平台给予支持。开展"亩均论英雄"评价，鼓励在用地、用能、财政、金融等方面实施差异化激励。

4. 支持产业强基固链发展。设立产业基础再造年度专项资金，对符合条件的项目在研制期内持续按研制期内总投入经费的一定比例给予资金支持。支持建立风险预警监测和应急处置机制，支持重点产业链龙头企业建立同准备份、降准备份机制，定期梳理断链、断供风险清单，形成必要的产业备份系统，提升产业链韧性和安全水平。

5. 支持环保产业发展。支持有条件的地区结合资源禀赋与产业基础，建设环保产业集聚区。鼓励国有企业深度参与环保产业集聚区建设，引导各类资本参与环保产业相关项目的投资、建设、运营。鼓励第三方治理企业提供包括环境污染问题诊断、系统解决方案，污水和固体废物集中处理处置、烟气治理、污染物排放监测以及监管信息平台等环境综合治理服务。加快传统产业升级改造和业务流程再造，实现资源多级循环可持续利用。

6. 支持五区产业协同共兴。支持成都发挥产业辐射带动作用，牵头打造成都都市圈制造高地。制定全省产业结构调整和产业转移指导目录，支持市州、省级以上开发区围绕产业链和产业集群开展区域合作。鼓励市州、园区共同设立产业基金，推动研发制造和资源地以多种模式进行协同发展，各类共建园区、"产业飞地"产生的收益按约定进行分享。

（四）科技创新政策

1. 支持建设高水平科技创新平台。支持企业围绕自身产业发展所需，自建或联合高校、科研院所共建高水平研发平台。支持设立跨高校院所的省级中试研发平台。鼓励省内有条件的工科高校结合专业实际建设一批产业基础共性技术中心，对取得实质性成果的给予有关项目倾斜支持，对取得突破性成果的给予奖励性后补助。对获批的国家和省级制造业创新中心，参照国家和省级产业（技术）创新中心予以专项补助，对运行良好且较好完成技术攻关任务书进度要求的创新中心给予专项政策支持。

2. 加大对企业创业创新的政策支持。对初创期、萌芽期企业，以创业投资基金、天使投资、风险投资为主要融资渠道，采用投贷联动和股权融资相结合的方式进行轮番滚动投资，确保投资的稳定性。充分发挥省中小企业发展专项资金等资金要素的作用，加大对种子期、初创期、成长期科技型企业支持力度。对新建的国家和省级科技企业孵化器（含改扩建）、大学科技园、国家和省级众创空间、国家级专业化众创空间给予奖励性后补助。市（州）出台工业企业"小升规"支持政策。对"创客中国·创业天府"等创新创业大赛中实力强、潜力大、辐射广的优秀项目，引导创投资金给予支持。

3. 加强对产业绿色低碳技术创新政策支持。建立科技研发风险资金池，实施绿色低碳技术攻关风险分担。大力落实最新企业研发费用税前加计扣除政策。围绕重点产业设立攻关专项资金，每年支持一批关键共性技术攻关研制和"一条龙"应用示范项目。

（五）开放合作政策

1. 加强川渝产业协作。持续加大对成渝地区双城经济圈产业合作示范园区建设的支持力度，鼓励以"飞地经济"等形式加强跨域协作、促进产业融通。支持国家级或省级高新区、经开区等高能级园区探索资源共享与利益平衡机制，整合或托管区位相邻、产业相近、分布零散的各类工业园区。联合建设成渝地区双城经济圈商品商场保障体系和商品交易市场。

2. 加强与东部发达地区的合作。深化与粤港澳大湾区、长三角、京津冀等区域的产业合作，引导金融机构创新产业转移合作金融产品，推动产业链融资、订单融资、无形资产质押融资。支持在承接产业转移的重点地区、园区配套人力资源服务产业园或工作站，推动与东部发达地区职业资格、职业技能等级、职称地区间互认。鼓励特殊类型地区承接发展特色产业，对特殊类型地区中小企业开展普惠性、公益性和专业化的一揽子服务，在项目申报、贷款融资等方面给予支持。

3. 强化国际市场开拓。支持企业开展并购重组尤其是跨境并购，对并购省外、境外企业迁回四川并注册的企业适度提高奖励标准。支持企业收购或控股国外高质量研发机构。设立"企业境外能源矿业投资基金"，支持企业在海外投资设厂或股权投资，支持"走出去"企业以境外资产和股权、采矿权等权益为抵押获得国际金融机构贷款。持续办好动力电池、清洁能源装备等专业性展会，对签约落地制造业项目投资额较大、数量较多的市（州）给予奖励，支持制造业企业参加综合性国际展会。持续深化低碳科技创新领域国际合作，构建绿色技术创新国际合作网络。

（六）生态环保政策

1. 加强分类管控和简化项目环评编制内容。加强与生态保护红线、环境质量底线、资源利用上线和生态环境准入清单"三线一单"生态环境分区管控体系衔接，全面推动环境影响评价、节能审查、安全评价、航空限高等方面评估评审结果的共享共用。简化项目环评编制内容，对于符合产业园区生态环境准入要求的，项目环评可引用规划环评结论，共用项目所在地环境监测数据。

2. 开展环境影响前置评估。通过线上"三线一单"系统服务+线下行业专家会诊，进一步加强对重大建设项目环境可行性的精准预判和政策支撑，提前预判建设项目环境可行性，指导建设项目主动选择先进可靠的污染防治设施和生态保护措施，降低生态环境风险隐患和建设项目投资风险。

3. 建立完善地方生态环境标准体系。严格执行落实污染物排放（控制）和风险管控等强制性标准，持续建立、完善地方生态环境标准体系。积极推动对没有国家污染物排放标准的特色产业、特有污染物，或者国家有明确要求的特定污染源或者污染物，补充制定地方污染物排放标准；对存在产业密集、环境问题突出，或者现有污染物排放标准不能满足当地环境质量要求，或者当地环境形势复杂，无法适用统一的污染物排放标准等情形的，推动制定地方污染物排放标准。

参考文献

安娜. 山东省工业部门碳生产率变动及影响因素研究 [D]. 呼和浩特: 内蒙古农业大学, 2021.

白玫. 韩国产业链供应链政策变化及其影响研究 [J]. 价格理论与实践, 2022 (1): 54-60.

白静. 中国省域碳生产率: 时空差异与影响因素 [D]. 呼和浩特: 内蒙古财经大学, 2023.

昌忠泽, 毛培, 张杰. 中国工业投资与工业结构优化实证研究 [J]. 河北经贸大学学报, 2018, 39 (6): 31-44.

成新轩, 宋长钰. 新型工业化发展绩效评价及障碍因子诊断: 以河北唐山为例 [J]. 科技管理研究, 2023 (12): 85-92.

程郁泰, 张纳军. 碳排放 IDA 模型的算法比较及应用研究 [J]. 统计与信息论坛, 2017, 32 (5): 10-17.

崔建华. 我国新型工业化进程中的制度创新 [J]. 安徽师范大学学报 (人文社会科学版), 2009, 37 (1): 15-19.

崔连标, 王佳雪. 安徽省工业碳达峰的多情景分析 [J]. 安徽大学学报 (哲学社会科学版), 2023 (4): 110-123.

陈阳, 唐晓华. 制造业集聚对城市绿色全要素生产率的溢出效应研究: 基于城市等级视角 [J]. 财贸研究, 2018, 29 (1): 1-15.

陈栋. 自主创新与中国工业结构升级研究 [D]. 武汉: 华中科技大学, 2011.

陈佳贵. 中国工业现代化问题研究 [M]. 北京: 中国社会科学出版社, 2004.

陈佳贵, 黄群慧. 工业现代化的标志、衡量指标及对中国工业的初步评价 [J]. 中国社会科学, 2003 (3): 18-28.

陈奕玮. 产业集聚与城市经济韧性 [D]. 南京: 东南大学, 2021.

陈奕玮，吴维库.产业集聚、技术溢出与城市经济韧性 [J].统计与决策，2020，36（23）：90-93.

程钰，徐成龙，任建兰，等.山东省工业结构演变的大气环境效应研究 [J].中国人口·资源与环境，2014，24（1）：157-162.

蔡惠光、李怀政.人均收入、产业结构与环境质量：基于EKC曲线的分析 [J].经济与管理，2009，23（1）：15-18.

杜传忠，刘英基，孙晓霞.中国新型工业化区域差异及协同发展分析：基于因子分析模型的研究 [J].东岳论丛，2011，32（8）：144-149.

杜传忠，王纯.我国工业化道路探索及新发展阶段创新方向研究 [J].天津社会科学，2022（2）：79-85.

杜传忠，王纯，王金杰.中国式现代化视域下的新型工业化研究：发展逻辑、内涵特征及推进机制 [J].财经问题研究，2023（12）：41-51.

邓又一，孙慧.工业产业集聚对经济韧性的影响及其作用机制 [J].软科学，2022，36（3）：48-54.

范秋芳，张园园.碳排放权交易政策对碳生产率的影响研究 [J].工业技术经济，2021，40（12）：113-121.

付凌晖.我国产业结构高级化与经济增长关系的实证研究 [J].统计研究，2010，27（8）：79-81.

付伟，罗明灿，陈建成.碳足迹及其影响因素研究进展与展望 [J].生态经济，2021（8）：39-49.

傅智宏，杨先明.能源视角下的云南省工业结构与增长分析 [J].资源开发与市场，2015，（31）12：1423-1428.

樊杰，李平星，梁育填.个人终端消费导向的碳足迹研究框架：支撑我国环境外交的碳排放研究新思路 [J].地球科学进展，2010（1）：61-68.

郭克莎，彭继宗.制造业在中国新发展阶段的战略地位和作用 [J].中国社会科学，2021（4）：128-149.

辜胜阻，郑凌云.新型工业化与高技术开发区的二次创业 [J].中国软科学，2005（1）：15-22.

郭晓芳.遵义市规模以上工业能源消费碳排放测度及影响因素 [J].贵州科学，2020（6）：57-63.

胡志强，苗长虹，熊雪蕾，等.产业集聚对黄河流域工业韧性的影响研究 [J].地理科学，2021，41（5）：824-831.

胡剑波，赵魁，杨苑翰. 中国工业碳排放达峰预测及控制因素研：基于 BP-LSTM 神经网络模型的实证分析 [J]. 贵州社会科学，2021，381 (9)：135-146.

胡海波，毛纯兵，黄速建. 新中国成立以来中国工业化制度演进逻辑与基本规律 [J]. 当代财经，2023 (6)：16-28.

胡志强. 工业集聚结构与污染排放强度：以中国地市尺度工业 SO_2 排放为例 [D]. 开封：河南大学，2018.

韩永辉，黄亮雄，王贤彬. 产业结构升级改善生态文明了吗：本地效应与区际影响 [J]. 财贸经济，2015 (12)：129-146.

韩永辉，黄亮雄，王贤彬. 产业结构优化升级改进生态效率了吗？[J]. 数量经济技术经济研究，2016 (4)：40-59.

韩德超. 我国工业结构升级发展模式研究 [J]. 科技进步与对策，2012，29 (13)：60-65.

韩钰铃，刘益平. 基于 LMDI 的江苏省工业碳排放影响因素研究 [J]. 环境科学与技术，2018，41 (12)：278-284.

何天祥，朱翔，王月红. 中部城市群产业结构高度化的比较 [J]. 经济地理，2012 (5)：54-58.

何伟军，李宜展，安敏. 工业集聚对县域产业绿色高质量发展的空间溢出效应研究：来自长江三峡生态经济走廊的证据 [J]. 生态经济，2024，40 (10)：80-89.

何小钢，张耀辉. 中国工业碳排放影响因素与 CKC 重组效应：基于 STIRPAT 模型的分行业动态面板数据实证研究 [J]. 中国工业经济，2012 (1)：26-35.

何乐天，杨泳琪，李蓉，等. 基于 STIRPAT 模型的黑龙江省工业碳排放情景分析与峰值预测 [J]. 资源与产业，2024，26 (1)：162-172.

何好俊，祝树金. 制造业集聚是否有利于提升环境治理绩效 [J]. 中国科技论坛，2016 (10)：59-64.

何寿奎，廖荣艳. 成渝地区双城经济圈产业集聚对环境效率的影响及空间差异研究 [J]. 生态经济，2023，39 (11)：87-93.

贺胜兵，刘友金，周华蓉. 我国工业碳强度的空间分布及影响因素研究 [J]. 地域研究与开发，2011，30 (4)：1-5.

黄中伟，陈刚. 我国产业结构合理化理论研究综述 [J]. 经济纵横，

2003（3）：56-58.

黄南. 中国工业结构调整的地区差异性研究 ［J］. 南京社会科学，2011（11）：15-21.

黄群慧. 论新型工业化与中国式现代化 ［J］. 世界社会科学，2023（2）：5-19.

洪群联，辜胜阻. 产业集聚结构特征及其对区域创新绩效的影响：基于中国高技术产业数据的实证研究 ［J］. 社会科学战线，2016（1）：51-57.

江洪，李金萍，李秋雁. 政府发展性支出、产业集聚与绿色能源效率 ［J］. 技术经济，2022，41（1）：53-65.

金碚. 中国工业的转型升级 ［J］. 中国工业经济，2011（7）：5-14.

计彤. 新型工业化道路的生态原则初探 ［J］. 自然辩证法研究，2019，35（4）：42-47.

蒋惠琴，李奕萱，陈苗苗，等. 碳中和愿景下浙江省工业部门碳达峰预测与实现策略 ［J］. 地域研究与开发，2022，41（4）：157-161.

姬新龙，张清瑞. 基于扩展 STIRPAT 模型的工业碳排放达峰情景预测 ［J］. 兰州文理学院学报（社会科学版），2023，39（3）：99-107.

干春晖，郑若谷，余典范. 中国产业结构变迁对经济增长与波动的影响 ［J］. 经济研究，2011（5）：4-17.

孔庆宝，张欣然，唐若馨，等. "双碳"背景下我国工业碳达峰预测研究 ［J］. 煤炭经济研究，2022，42（11）：47-56.

吕明元，尤萌萌. 韩国产业结构变迁对经济增长方式转型的影响：基于能耗碳排放的实证分析 ［J］. 世界经济研究，2013（7）：73-80.

吕政. 我国新型工业化道路探讨 ［J］. 经济与管理研究，2003（2）：3-6.

李蒙. 城市工业结构竞争力和工业发展影响因素研究 ［D］. 成都：西南财经大学，2021.

李同宁. 我国及各省市区新型工业化进程监测分析 ［J］. 软科学，2006，20（2）：40-42.

李世英，李亚. 新型工业化发展水平评价指标体系的构建及实证研究：基于陕西的数据 ［J］. 当代经济科学，2009，31（5）：28-25.

李国栋. 数字经济对中国工业结构升级的影响研究 ［D］. 蚌埠：安徽财经大学，2023.

李攀，高红贵. 中西部及东北地区工业结构升级研究 ［J］. 经济问题，

2019 (6)：113-120.

李晓华. 推进新型工业化要牢牢把握高质量发展的要求 [J]. 前线，2024 (1)：24-27.

李晓华. 数字化是新型工业化的时代特征 [J]. 新型工业化，2023，13 (5)：5-8.

李晓华. 深刻把握推进新型工业化的基本规律 [J]. 人民论坛，2024 (2)：8-13.

李园，张传平，谢晓慧. 中国二氧化碳排放差异及影响因素分析：基于工业分行业的实证分析 [J]. 工业技术经济，2012 (8)：39-45.

李顺毅. 城市体系规模结构与工业碳排放强度：基于中国省际面板数据的实证分析 [J]. 贵州财经大学学报，2016 (4)：77-85.

李虹，刘凌云，王瑞珂. 区域企业异质性特征、节能减排与碳排放强度：基于中国省市工业企业面板数据的研究 [J]. 南京审计大学学报，2016 (4)：43-51.

李湘梅，叶慧君. 中国工业分行业碳排放影响因素分解研究 [J]. 生态经济，2015，31 (1)：55-59.

李莉，王建军. 高耗能行业结构调整和能效提高对我国 CO_2 排放峰值的影响：基于 STIRPAT 模型的实证分析 [J]. 生态经济，2015，31 (8)：74-79.

李永明，张明. 碳达峰、碳中和背景下江苏工业面临的挑战、机遇及对策研究 [J]. 现代管理科学，2021 (5)：20-29.

李鹏，蒋美琴. 中国新型工业化进展、区域差异及推进策略 [J]. 当代财经，2024 (5)：3-16.

李敬，王朋朋. 人口城镇化与工业结构升级 [J]. 产业经济研究，2016 (4)：29-38.

李苒，仇立慧，胡胜，等. 西安市工业结构演变与环境影响的灰色关联分析 [J]. 西北大学学报（自然科学版），2014，44 (5)：817-820.

李姝. 城市化、产业结构调整与环境污染 [J]. 财经问题研究，2011 (6)：38-43.

刘楷. 我国地区工业结构变化和工业增长分析：兼论经济新常态下我国地区工业发展 [J]. 经济管理，2015，37 (6)：32-42.

刘晓燕. 基于 STIRPAT 模型的工业能源消费碳排放影响因素分析 [J]. 生态经济，2019 (3)：27-31.

刘雯，姜佳．新发展格局视角下西部欠发达地区新型工业化及空间溢出效应研究：以甘肃省为例［J］．海峡科技与产业，2023（10）：31-36．

刘昌年，梅强．基于技术经济范式的新型工业化本质及特征研究［J］．预测，2008（6）：1-5．

刘含笑，吴黎明，林青阳，等．碳足迹评估技术及其在重点工业行业的应用［J］．化工进展，2023（5）：2201-2218．

刘飞．信息化对省域工业结构升级的促进作用［J］．商业研究，2015（7）：32-36．

刘世锦．正确理解"新型工业化"［J］．中国工业经济，2005（11）：5-9．

刘延慧．我国东西部产学研R&D投入强度对工业结构变迁的影响研究［D］．西安：西安石油大学，2018．

卢华丽．中国新型工业化进程的区域比较研究［J］．生产力研究，2008（20）：81-82．

卢江，杨光．《资本论》对产业结构升级的约束条件理论解析［J］．经济纵横，2017（6）：1-6．

路红艳．中国工业化进程与新型工业化［J］．经济纵横，2007（1）：29-31．

柳卸林，杨博旭．多元化还是专业化？产业集聚对区域创新绩效的影响机制研究［J］．中国软科学，2020（9）：141-161．

柳杨，左璇，陈杨，等．我国新型工业化发展水平评价与态势分析［J］．新型工业化，2023（11）：9-17．

梁晴．京津冀城市群工业集聚对污染排放的影响研究［D］．成都：四川大学，2022．

林伯强，谭睿鹏．中国经济集聚与绿色经济效率［J］．经济研究，2019，54（2）：119-132．

林志炳，陈志注．工业结构绿色化对绿色经济效率的影响研究［J］．电子科技大学学报（社科版），2021，23（1）：19-26．

林娜．工业结构优化升级对中国工业绿色全要素生产率影响的实证研究［D］．大连：东北财经大学，2020．

廖祖君，张剑宇，陈诗薇．碳排放影响因素及达峰路径研究［J］．软科学，2023，37（9）：95-101．

骆玲，赵放，曹洪．对四川新型工业化的几点认识与建议［J］．战略与决策，2023（3）：1-7.

罗超平，张梓榆，王志章.金融发展与产业结构升级：长期均衡与短期动态关系［J］.中国软科学，2016（5）：21-29.

伦蕊.工业产业结构高度化水平的基本测评［J］.经济学研究，2015（2）：69-74.

赖一鸣.工业集聚对区域经济高质量发展的影响研究：基于金融支持和经济政策不确定性的调节效［D］.赣州：江西理工大学，2022.

苗壮，龙腾驹，张月池.工业部门碳足迹研究进展与应用现状［J］.兰州财经大学学报，2023，39（6）：57-70.

马明，唐乐.生产诱发作用下吉林省工业产业链生态效率评价：基于投入产出法与 DEA 法的结合［J］.税务与经济，2018（1）：103-108.

马晓君，陈瑞敏，董碧滢，等.中国工业碳排放的因素分解与脱钩效应［J］.中国环境科学，2019，39（8）：3549-3557.

毛丰付，王建生，毛璐琪.房价水平对区域工业结构调整的影响：促进还是抑制：全国 36 个大中城市样本的实证检验［J］.经济问题研究，2016，36（6）：89-102.

欧元明，周少甫.省域工业行业碳排放分解研究［J］.工业技术经济，2014（11）：102-110.

庞瑞芝，李鹏，路永刚.转型期间我国新型工业化增长绩效及其影响因素研究：基于"新型工业化"生产力视角［J］.中国工业经济，2011（4）：64-73.

潘家华，张丽峰.我国碳生产率区域差异性研究［J］.中国工业经济，2011（5）：47-57.

彭向，蒋传海.产业集聚、知识溢出与地区创新：基于中国工业行业的实证检验［J］.经济学（季刊），2011，10（3）：913-934.

曲永义.实现新型工业化是强国建设和民族复兴的关键任务［J］.红旗文稿，2023（24）：38-41.

曲昭仲，孙泽生.关于推进我国新型工业化进程的思考［J］.经济问题，2010（1）：27-29.

屈小娥，胡琰欣，赵昱钧.产业集聚对制造业绿色全要素生产率的影响：基于长短期行业异质性视角的经验分析［J］.北京理工大学学报（社会科学版），2019，21（1）：27-36.

钱敏. 工业集聚能否促进工业废水脱钩: 来自中国 276 个地级市的证据 [J]. 工程管理科技前沿, 2022, 41 (4): 69-75.

钱水土, 周永涛. 金融发展、技术进步与产业升级 [J]. 统计研究, 2011, 28 (1): 68-74.

任保平. 新型工业化: 中国经济发展战略的创新 [J]. 经济学家, 2003 (3): 4-11.

任保平, 张嘉悦. 数实深度融合推动新型工业化的战略重点、战略任务与路径选择 [J]. 西北大学学报 (哲学社会科学版), 2024, 54 (1): 45-54.

任亮, 李博文, 李秉蔚. 以产业科技创新为着力点加速推进我国新型工业化进程 [J]. 企业科技与发展, 2023 (4): 33-36.

任建兰, 徐成龙, 陈延斌, 等. 黄河三角洲高效生态经济区工业结构调整与碳减排对策研究 [J]. 中国人口·资源与环境, 2015, 25 (4): 35-42.

荣兆梓. 工业化阶段的生产力特征和社会主义市场经济体制 [J]. 经济纵横, 2021 (6): 44-57.

史清琪. 中国产业发展与新型工业化 [M]. 北京: 经济科学出版社, 2003.

史玉琪. 我国银行业结构对工业结构的影响研究 [D]. 北京: 北京理工大学, 2018.

师博, 方嘉辉. 数字经济赋能中国式新型工业化的理论内涵、实践取向与政策体系 [J]. 人文杂志, 2023 (1): 7-12.

宋鹏, 慧敏, 毛显强. 面向碳达峰目标的重庆市碳减排路径研究 [J]. 中国环境科学, 2022, 42 (3): 26-35.

宋文飞. 中国外商直接投资对碳生产率的双边效应 [J]. 大连理工大学学报 (社会科学版), 2021, 42 (5): 52-63.

邵帅, 杨莉莉, 曹建华. 工业能源消费碳排放影响因素研究: 基于 STIRPAT 模型的上海分行业动态面板数据实证分析 [J]. 财经研究, 2010, 36 (11): 16-27.

沈能. 工业集聚能改善环境效率吗: 基于中国城市数据的空间非线性检验 [J]. 管理工程学报, 2014, 28 (3): 57-63.

沈友娣, 章庆, 严霜. 安徽制造业碳排放驱动因素、锁定状态与解锁路径研究［J］. 华东经济管理, 2014, 28 (6)：27-30.

盛朝迅. 发展格局下推进新型工业化的时代特征、目标要求与发展路径［J］. 中国发展观察, 2022 (6)：71-75.

孙慧, 邓又一. 工业产业集聚对经济高质量发展的影响：以环境规制为调节变量的研究［J］. 生态经济, 2022, 38 (3)：62-69.

孙智君, 周滢. 中三角区域新型工业化水平测度［J］. 统计与决策, 2013 (2)：46-49.

陶爱萍, 李青钊. 产业集聚与知识溢出的交互作用：基于联立方程的实证检验［J］. 华东经济管理, 2016, 30 (3)：77-82.

唐浩, 贺刚. 中国特色新型工业化综合评价指标体系的构建与实证研究［J］. 软科学, 2014, 28 (9)：139-144.

唐志良, 王双英. 推进我国新型工业化的机制体系研究［J］. 生态经济, 2009 (3)：107-111.

唐德才, 李长顺, 华兴夏. 我国传统制造业低碳化驱动因素研究［J］. 华东经济管理, 2012, 26 (9)：86-91.

谭前进, 聂鸿鹏, 于涛. 高新技术产业集聚对经济韧性的影响及空间溢出效应分析［J］. 管理现代化, 2023 (2)：119-128.

田超, 王磊. 长江中游城市群产业集聚与经济增长的实证研究：基于动态面板 GMM 估计的分析［J］. 区域经济评论, 2015 (3)：135-141.

田华征, 马丽. 中国工业碳排放强度变化的结构因素解析［J］. 自然资源学报, 2020, 35 (3)：639-653.

吴英姿, 都红雯, 闻岳春. 中国工业碳排放与经济增长的关系研究：基于 STIRPAT 模型［J］. 华东经济管理, 2014, 28 (1)：47-50.

吴敏燕. 马克思近代科学技术制度综合创新论：《机器。自然力和科学的应用》的哲学意蕴［J］. 哲学动态, 2008 (11)：35-40.

吴传清, 邓明亮, 陈文艳. 中国制造业集聚对环境效率的影响研究［J］. 西部论坛, 2018, 28 (6)：73-83.

吴雪萍, 高明. 基于灰色投影关联模型的工业结构、环境管制与大气污染关系研究：以福州市为例［J］. 2019, 21 (6)：1-9.

吴柏莹. 产业集聚对经济高质量发展的影响研究［D］. 长春：吉林大学, 2022.

吴寿平. 广西工业结构变化及其影响因素［D］. 桂林：广西师范大学,

2012.

魏丽莉, 侯宇琦. 专业化、多样化产业集聚对区域绿色发展的影响效应研究 [J]. 管理评论, 2021, 33 (10): 22-33.

王聪. 基于知识的新型工业化: 内在逻辑与路径选择 [J]. 天津社会科学, 2016 (6): 101-105.

王良健, 钟春平. 产业结构调整中金融发展的作用与定位 [J]. 经济地理, 2001 (6): 669-673.

王珏, 张连城. 中国制造业向低碳经济型增长方式转变的影响因素及机制研究: 基于 STIRPAT 模型对制造业 28 个行业动态面板数据的分析 [J]. 经济学动态, 2015 (4): 35-41.

王军, 李宏伟, 苏展波. 工业集聚与绿色能源效率提升: 基于黄河流域的实证分析 [J]. 工业技术经济, 2023 (4): 117-123.

王金南, 严刚. 加快实现碳排放达峰推动经济高质量发展 [N]. 经济日报, 2021-01-04 (1).

王强, 伍世代, 李婷婷. 中国工业经济转型过程中能源消费与碳排放时空特征研究 [J]. 地理科学, 2011, 31 (1): 36-41.

王少剑, 田莎莎, 蔡清楠, 等. 产业转移背景下广东省工业碳排放的驱动因素及碳转移分析 [J]. 地理研究, 2021, 40 (9): 2606-2622.

王岩. 产业集聚对区域经济增长的影响研究 [D]. 北京: 首都经济贸易大学, 2017.

王燕, 高静, 刘邦凡. 高新技术产业集聚、科技创新与经济增长 [J]. 华东经济管理, 2023, 27 (4): 56-64.

王勇, 毕莹, 王恩东. 中国工业碳排放达峰的情景预测与减排潜力评估 [J]. 中国人口·资源与环境, 2017, 27 (10): 131-140.

王勇, 刘厚莲. 中国工业绿色转型的减排效应及污染治理投入的影响 [J]. 经济评论, 2015 (4): 17-30.

王中亚. 我国区域新型工业化水平综合评价的实证研究 [J]. 生态经济, 2013 (1): 85-88.

王珍珠, 袁平红. 产业集聚、技术创新对区域经济韧性的影响 [J]. 大连海事大学学报 (社会科学版), 2023, 22 (5): 36-48.

王微, 林剑艺, 崔胜辉, 等. 碳足迹分析方法研究综述 [J]. 环境科学与技术, 2010, 33 (7): 71-78.

汪晓昀，吴纪宁. 新型工业化综合评价指标体系设计研究 ［J］. 财经理论与实践（双月刊），2006，27（6）：122-124.

谢春，李健. 我国新型工业化指标体系构建及评价方法 ［J］. 财经理论与实践（双月刊），2011，32（4）：114-118.

谢守红，邵珠龙，牛水霞. 无锡市工业碳排放的测算及影响因素 ［J］. 经济地理，2012，32（5）：140-146.

谢婷婷，赵莺. 科技创新、金融发展与产业结构升级：基于贝叶斯分位数回归的分析 ［J］. 科技管理研究，2017，37（5）：1-8.

谢露露，王昕祎. 空间集聚、产业多样化和企业创新：来自制造业上市公司的经验研究 ［J］. 上海经济，2023（5）：14-32.

徐成龙，程钰，任建兰. 山东省工业结构演变的水环境效应研究 ［J］. 华东经济管理，2014，28（4）：18-22.

徐丹，于渤. 空间溢出视角下长三角城市群高技术产业集聚与城市创新：产业结构优化升级的中介效应与时空异质性分析 ［J］. 研究与发展管理，2023，35（2）：15-29.

徐文炯. 长江流域经济带制造业产业集聚对城市经济韧性的影响研究 ［D］. 兰州：兰州财经大学，2023.

徐盈之，彭欢欢，刘修岩. 威廉姆森假说：空间集聚与区域经济增长：基于中国省域数据门槛回归的实证研究 ［J］. 经济理论与经济管理，2011（4）：95-102.

徐圆，陈曦，郭欣. 强制性减排政策与工业结构升级：来自民营企业的经验证据 ［J］. 财经问题研究，2021（2）：42-52.

余东华，马路萌. 新质生产力与新型工业化：理论阐释和互动路径 ［J］. 天津社会科学，2023（6）：90-102.

袁晓玲，张薇，景行军. 新型工业化发展水平及影响因素的实证分析：以陕西省为例 ［J］. 城市发展研究，2012，19（6）：91-97.

袁晓玲，郗继宏，李朝鹏，等. 中国工业部门碳排放峰值预测及减排潜力研究 ［J］. 统计与信息论坛，2020，35（9）：72-82.

阎晓，田钰，李子鑫. 工业结构变动对生态效率影响的时间滞后效应和空间异质特征 ［J］. 忻州师范学院学报，2020，36（2）：65-71.

杨坤，朱四伟，胡斌. 空间关联视阈下产业集聚对区域创新绩效的影响：基于不同细分产业的实证研究 ［J］. 2020（3）：93-100.

杨金强，陈兴鹏. 兰州市工业碳排放估算实证研究 [J]. 经济论坛，2014 (11)：66-70.

杨智峰. 分类行业、地区差异与中国工业结构升级 [J]. 郑州大学学报 (哲学社会科学版)，2019, 52 (3)：41-46.

杨智峰，汪伟，吴化斌. 技术进步与中国工业结构升级 [J]. 财经研究，2016 (11)：44-59.

岳书敬，邹玉琳，胡姚雨. 产业集聚对中国城市绿色发展效率的影响 [J]. 城市问题，2015 (10)：49-54.

原毅军，谢荣辉. 产业集聚、技术创新与环境污染的内在联系 [J]. 科学学研究，2015, 33 (9)：1340-1347.

衣保中，郭思齐. 产业集聚对中国工业行业技术创新的影响研究：基于不同环境规制行业的比较 [J]. 内蒙古社会科学，2020, 41 (6)：109-118.

易信，刘凤良. 金融发展、技术创新与产业结构转型 [J]. 管理世界，2015 (10)：24-40.

叶祥凤，廖功磊，宾勇. 四川省新型工业化发展水平评价及对策研究 [J]. 开发研究，2010 (2)：66-69.

禹湘，娄峰，谭畅. 基于 CIE-CEAM 模型的中国工业"双碳"路径模拟 [J]. 中国人口·资源与环境，2022, 32 (7)：49-56.

曾康佳. 中国工业碳排放影响因素分析及减排机制仿真研究 [D]. 广州：华南理工大学，2019.

曾祥坤，邓翔. 西部民族地区新型工业化的动力机制：理论框架和政策措施 [J]. 贵州民族研究，2013, 34 (5)：116-119.

曾国平，王燕飞. 中国金融发展与产业结构变迁 [J]. 财贸经济，2007 (8)：12-20.

查建平，唐方方. 中国工业碳排放绩效：静态水平及动态变化：基于中国省级面板数据的实证分析 [J]. 山西财经大学学报，2012, 34 (3)：71-80.

周五七，聂鸣. 中国工业碳排放效率的区域差异研究：基于非参数前沿的实证分析 [J]. 数量经济技术经济研究，2012 (9)：58-70.

朱东波. 环境规制、技术创新与中国工业结构绿色转型 [J]. 工业技术经济，2020, 39 (10)：57-64.

朱东波. 中国工业结构转型研究：基于绿色经济的视角 [D]. 厦门：厦门大学，2018.

朱英. 习近平在中共中央政治局第十一次集体学习时强调：加快发展新质生产力 扎实推进高质量发展 [EB/OL]. (2024-02-01) [2025-03-05]. https://www.gov.cn/yaowen/liebiao/202402/content_6929446.htm.

赵静. 产业集聚对制造业创新绩效的影响研究：基于政府干预和市场化进程视角 [J]. 科技与管理，2015，23 (3)：26-33.

赵昌文. 新型工业化的三个新趋势 [N]. 人民日报，2019-4-1.

赵艳平，王鹏玉，谢元涛. 基于 PSTR 模型的地区工业集聚与经济增长非线性效应检验 [J]. 工业技术经济，2018，37 (7)：86-92.

翟超颖，龚晨. 碳足迹研究与应用现状：一个文献综述 [J]. 绿色金融，2022 (5)：39-50.

中国社会科学院工业经济研究所课题组. 新型工业化内涵特征、体系构建与实施路径 [J]. 中国工业经济，2023 (3)：5-19.

邹璇，许珊珊. 人力资本对工业结构调整影响的地区差异研究：基于中国高技术行业数据的经验分析 [J]. 广西社会科学，2016 (12)：82-88.

张琳杰，崔海洋. 长江中游城市群产业结构优化对碳排放的影响 [J]. 改革，2018 (11)：130-138.

张一清，刘传庚，白卫国. 碳足迹概念、特征、内容框架与标准规范 [J]. 科技进步与对策，2015，32 (9)：20-25.

张一清，王琳晴，刘传庚，等. 基于碳足迹研究的中国地区工业低碳转型：以山东省为例 [J]. 生态学报，2016，36 (20)：6646-6655.

张乐勤，许信旺. 气候变暖背景下碳足迹研究现状与展望 [J]. 中国科技论坛，2011 (8)：99-105.

张胜利，俞海山. 中国工业碳排放效率及其影响因素的空间计量分析 [J]. 科技与经济，2015，28 (4)：106-110.

张传平，谢晓慧，曹斌斌. 我国工业分行业二氧化碳排放差异及影响因素分析：基于改进的 STIRPAT 模型的面板数据实证分析 [J]. 生态经济，2012 (9)：113-116.

张丹，刘建文，高一茹. 四川省工业碳排放量影响因素与预测 [J]. 重庆交通大学学报（社会科学版），2019 (4)：90-96.

张卉，詹宇波，周凯. 集聚、多样性和地区经济增长：来自中国制造业的实证研究 [J]. 世界经济文汇，2007 (3)：16-29.

张琳，黎小明，刘冰洁，等. 土地要素市场化配置能否促进工业结构优化：基于微观土地交易数据的分析 [J]. 中国土地科学，2018，32 (6)：23-31.

张巍，徐可欣，李丹妮. "双碳"目标下陕西省工业碳减排路径模拟研究 [J]. 西安理工大学学报，2024，40 (3)：373-381.

张培刚. 发展经济学理论：第 1 卷 [M]. 长沙：湖南人民出版社，1991：191.

张琦峰，方恺，徐明，等. 基于投入产出分析的碳足迹研究进展 [J]. 自然资源学报，2018 (4)：696-708.

张鹏飞，刘新智. 城市产业集聚与经济发展：一个 DSGE 分析框架 [J]. 统计与决策，2023，39 (1)：109-114.

张佳音. 中部地区第二产业集聚对绿色发展效率的影响研究：基于中部六省 80 个地级市的分析 [D]. 长春：吉林大学，2023.

张新芝，牛西. 工业园区与新型工业化的发展关系研究 [J]. 统计与决策，2016 (13)：130-132.

张克俊，曾科. 新型工业化标准与评价指标体系研究 [J]. 中国科技论坛，2004 (6)：125-127.

张泽一.《资本论》产业结构理论及其蕴含的"市场决定" [J]. 现代经济探讨，2014 (3)：29-32.

张振，李志刚，胡璇. 城市群产业集聚、空间溢出与区域经济韧性 [J]. 华东经济管理，2021，35 (8)：59-68.

马克思恩格斯选集：第 3 卷 [M]. 中共中央马克思恩格斯列宁斯大林著作编译局，译. 北京：人民出版社，1995：325.

马克思恩格斯选集：第 3 卷 [M]. 中共中央马克思恩格斯列宁斯大林著作编译局，译. 北京：中央编译出版社，2022：617.

马克思恩格斯文集：第 9 卷 [M]. 中共中央马克思恩格斯列宁斯大林著作编译局，译. 北京：人民出版社，2009：314.

鲁道夫·吕贝尔特. 工业化史（中译本）[M]. 戴鸣钟，等，译. 上海：上海译文出版社，1983：1.

卡尔·马克思. 资本论：第一卷 [M]. 中共中央马克思恩格斯列宁斯

大林著作编译局，译. 北京：人民出版社，2004：512.

卡萝塔·佩雷斯. 技术革命与金融资本：泡沫与黄金时代的动力学 [M]. 田方萌，等译，北京：中国人民大学出版社，2007：21.

约瑟夫·熊彼特. 经济发展理论 [M]. 何畏，易家详，译，北京：商务印书馆，1990：68-106.

列宁全集：第34卷 [M]. 中共中央马克思恩格斯列宁斯大林著作编译局，译. 北京：人民出版社，1985：212.

莱斯特·R·布朗. 生态经济 [M]. 林自新，戢守志，译. 北京：东方出版社，2002.

AUTY R M. Pollution patterns during the industrial transition [J]. Geographical Journal, 1997: 206-215.

Cui S, Wang Y, Xu P, et al. The evolutionary characteristics and influencing factors of total carbon productivity: evidence from China [J]. Environmental science and pollution research international, 2023, 30 (6): 15951-15963.

Kaya Y, Yokobori K. Environment, Energy and Economy: Strategies for Sustainability [J]. United Nations University Press, 1997.

MEHMET ADAK. Technological Progress, Innovation and Economic Growth; the Case of Turjey [J]. Procedia Social and Behavioral Science, 2015 (195): 776-782.

Ren X, Wu X, Liu Y, et al. The Spatial Spillover Effect of Environmental Regulation and Technological Innovation on Industrial Carbon Productivity in China: A Two-Dimensional Structural Heterogeneity Analysis [J]. Hindawi limited, 2021.

ROMER, PAUL M. Increasing Returns and Long-Run Growth [J]. Journal of Political Economy, 1986, 94 (5): 1002-1037.

SCHMIDT H J. Carbonfootprinting, labelling and life cycle assessment [J]. International Journal of Life Cycle Assessment, 2009, 14 (suppl. 1): 6-9.

SHAN Y, GUAN D, ZHENG H, et al. China CO_2 emission accounts 1997-2015 [EB/OL]. (2024-02-21). nature. com/articles/sdata2017201.

Pei Y, Zhu Y, Liu S, et al. Industrial agglomeration and environmental pollution: based on the specialized and diversified agglomeration in the Yangtze

River Delta [J]. Environment, Development and Sustainability, 2021, 23 (3): 4061-4085.

PENEDER M. Industrial structure and aggregate growth [J]. Structural Change and Economic Dynamics, 2003, 14 (4): 427-448.

WANG Y, PAN X, LI J, et al. Does technological diversification matter for regional innovation capability? Evidence from China [J]. Technology Analysis & Strategic Management, 2016, 28 (3): 323-334.

Xu R, Wu Y, Huang Y, et al. Measurement and convergence of carbon productivity across Shanghai as manufacturing sectors [J]. International Journal of Climate Change Strategies and Management, 2020, 12 (3): 369-387.

YUAN H, FENG Y, LEE C, et al. How does manufacturing agglomeration affect green economic efficiency? [J]. Energy Economics, 2020, 92.

人民日报. 积极稳妥推进碳达峰碳中和 [EB/OL]. (2023-04-06) [2025-03-03].http://www.gov.cn/yaowen/2023-04/06/content_5750183. html

四川日报. 中共四川省关于深入推进新型工业化加快建设现代化产业体系的决定[EB/OL].(2023-07-03)[2025-03-03].https://epaper.scdaily.cn/shtml/scrb/20230703/297030. shtml